中国发展研究基金会
China Development Research Foundation

中国儿童发展报告 2024

新型城镇化下的儿童优先发展

中国发展研究基金会　著

中国发展出版社
CHINA DEVELOPMENT PRESS

图书在版编目（CIP）数据

中国儿童发展报告 . 2024：新型城镇化下的儿童优先发展 / 中国发展研究基金会著 . -- 北京：中国发展出版社，2024. 12. -- ISBN 978-7-5177-1452-1

Ⅰ. D432.5

中国国家版本馆 CIP 数据核字第 20244U1Q09 号

书　　　名： 中国儿童发展报告 2024: 新型城镇化下的儿童优先发展
著作责任者： 中国发展研究基金会
责 任 编 辑： 吴　佳　王海燕
出 版 发 行： 中国发展出版社
联 系 地 址： 北京经济技术开发区荣华中路 22 号亦城财富中心 1 号楼 8 层（100176）
标 准 书 号： ISBN 978-7-5177-1452-1
经　销　者： 各地新华书店
印　刷　者： 北京博海升彩色印刷有限公司
开　　　本： 889mm × 1194mm　1/16
印　　　张： 14.5
字　　　数： 320 千字
版　　　次： 2024 年 12 月第 1 版
印　　　次： 2024 年 12 月第 1 次印刷
定　　　价： 98.00 元

联 系 电 话：（010）68990635 68990625
购 书 热 线：（010）68990682 68990686
网 络 订 购： http://zgfzcbs.tmall.com
网 购 电 话：（010）88333349 68990639
本 社 网 址： http://www.develpress.com
电 子 邮 件： 15210957065@163.com

《中国儿童发展报告2024》课题组名单

顾　问：

卢　迈　中国发展研究基金会原副理事长

项目负责人：

方　晋　中国发展研究基金会副理事长兼秘书长

项目协调人：

杜智鑫　中国发展研究基金会儿童发展研究院常务副院长

主报告作者：

蔡　昉　中国社会科学院国家高端智库首席专家

韩嘉玲　暨南大学经济与社会研究院讲座教授、北京市社会科学院社会学研究所研究员

背景报告作者：

王振耀　北京师范大学中国公益研究院理事长、创始院长

段成荣　中国人民大学人口与健康学院教授

霍军生　中国疾病预防控制中心营养与健康所研究员

佟丽华　北京青少年法律援助与研究中心主任

张本波　国家发展和改革委员会宏观经济研究院社会发展研究所社会政策研究室主任

陈祉妍　中国科学院心理研究所教授

李玉顺　北京师范大学教育学部教授

肖　月　国家卫生健康委卫生发展研究中心研究员

张　悦　国家卫生健康委妇幼健康中心研究员

张　绘　中国财政科学研究院研究员

孙　诚　中国教育科学研究院职业与继续教育研究所研究员

张守礼　21世纪教育研究院理事长
李奇文　中国发展研究基金会儿童发展研究院项目主任
李雨童　中国发展研究基金会儿童发展研究院儿童发展创新实验室副主任

项目执行人：
李雨童　中国发展研究基金会儿童发展研究院儿童发展创新实验室副主任
李奇文　中国发展研究基金会儿童发展研究院项目主任

序言

改革开放40多年里，我国经历了世界上规模最大、速度最快的城镇化进程。伴随快速的城镇化，出现了数量巨大的受城镇化影响的儿童，包括流动儿童、留守儿童和“城市（新）落户儿童”（或“新市民儿童”），这些不同儿童群体间相互联系和相互转化。从总量来看，2020年全国近一半儿童直接受到人口流动的影响。城镇化是经济发展的必然结果，也是推动高质量发展、实现中国式现代化的必由之路。党的十八大作出以人为核心的新型城镇化战略部署以来，我国城镇化进入了由速度型向质量型转变的新发展阶段。党的二十届三中全会从完善城乡融合发展体制机制、改善民生制度等角度再次明确了加快推进农业转移人口市民化，进一步提高基本公共服务均等化水平的决策部署，并对推动相关公共服务随人走，保障随迁子女在流入地受教育权利作出了具体要求。儿童是人的发展的“基础”和“希望”，深入实施新型城镇化战略，加快提高城镇化质量，离不开儿童发展环境的优化提升。一方面，要完成剩余农业转移人口市民化的任务，最重要的是让儿童优先在城市里落户，享受到更加充分的发展条件和公平发展的机会。儿童能待得下，他们的父母和家庭才能真正融入城市。另一方面，流动儿童和留守儿童未来的发展和就业直接影响我国劳动力质量，关系经济增长和社会进步。随着人口出生率快速下降，儿童成为更宝贵的社会财富。现在的儿童绝大部分都会在2050年之前进入劳动力市场，成为城市的建设者和贡献者。确保他们获得充分良好的养育环境和发展条件，形成高水平的认知能力和非认知能力，将为推动城镇化高质量发展、实现中国式现代化夯实基础。

在此背景下，中国发展研究基金会组织完成了《中国儿童发展报告2024：新型城镇化下的儿童优先发展》，倡导将“儿童优先”原则纳入国家的新型城镇化战略。报告系统梳理和分析了近年来受城镇化影响的儿童群体面临的问题和挑战，在翔实的数据和事实基础上，结合最新儿童发展理论研究与实践经验，为制定“儿童优先”的城镇化政策提供了科学建议。报告还提出了城镇化下儿童发展的美好愿景：到2030年，实现儿童优先的新型城镇化，确保城镇化进程中的所有儿童都享有公平的早期发展、营养健康和教育机会，发展差距显著缩小；到2035年国家基本实现社会主义现代化的同时，儿童优先的新型城镇化质量得到进一步提升，儿童发展的各项指标接近发达国家水平。

本报告的完成离不开课题组的辛勤工作和努力。蔡昉教授与韩嘉玲研究员作为主报告作者，为报告付出了大量心血。他们以深厚的理论积淀和政策实践经验，从更高的站位，将儿童发展和城镇化问题结合起来，确保了报告分析的深度和质量。在报告的筹备和写作过程中，中国发展研究基金会先后召开了多次专家研讨会，并委托多个跨学科背景报告团队从不同主题和角度撰写了 12 份背景报告，包括《新型城镇化背景下受人口流动影响儿童的发展状况与挑战》（段成荣、梅自颖）、《人口变迁与学前教育资源优化配置》（张守礼）、《新型城镇化背景下儿童早期照护服务现状、挑战及建议》（张悦、赵风华）、《新型城镇化下职业教育改革和发展》（孙诚、吕华）、《新型城镇化进程中儿童的营养问题及对策》（霍军生）、《新型城镇化背景下的中国儿童健康》（肖月）、《教育政策对流动和留守儿童心理健康的影响》（陈祉妍、方圆）、《城乡儿童数字鸿沟与信息化教育》（李玉顺）、《新型城镇化背景下的儿童福利与保护制度体系建设》（王振耀）、《流动儿童保护法律制度研究》（佟丽华、王羽）、《流动儿童教育财政政策改革研究》（张绘）、《儿童友好城市倡议及良好实践》（张本波）。这些背景报告提供了坚实的研究基础和广阔的视角，其中的很多研究资料和建议已经为本报告采纳，在此表示衷心感谢。

此外，中国发展研究基金会儿童发展研究院副院长杜智鑫带领团队成员李雨童、李奇文，出色地完成了报告的策划、组织、写作、出版和传播等工作。还有一些研究人员也对报告各章节的修订工作提供了支持，他们是冯思澈（第四章）、张妍（第五章）、雍琳（第六章）、顾然（第六章）、农麟（第六章）、陈欣（第六章、第七章）、刘月（第十章）。

中国儿童发展基金、滨州士平公益基金会为本报告的撰写提供了慷慨资助。

值此报告付梓之际，再次感谢所有为报告提供支持和帮助的单位及个人。期待本报告的出版，能够帮助读者了解新型城镇化下儿童发展的最新情况和政策取向，对促进儿童优先发展、建设儿童友好型社会起到积极作用。未来我们将一如既往地致力于儿童事业的研究、呼吁和推进，让报告提出的儿童优先发展美好愿景早日实现，也希望社会各界予以关注和支持。

中国发展研究基金会副理事长兼秘书长　方晋

2024 年 12 月

目 录

第一章

导　论

中国的城市化是影响 21 世纪人类社会发展进程的大事。改革开放 40 多年里，中国的城市化以人类历史上前所未有的规模快速发展，成为世界上城市化增长最快的国家之一。城市化既是经济发展的必然结果，又是实现中国式现代化的必由之路，也是新时代推动中国经济高质量发展的重要动力。伴随中国快速的城市化，出现了数量巨大的受城市化影响的儿童，或“城市化的孩子”，其中既包括流动儿童，也包括留守儿童，还包括“城市（新）落户儿童”（或“新市民儿童”）。中国的新型城镇化的落脚点在于“以人为本”，受城市化影响的儿童理应从城市化中受益。流动儿童和留守儿童未来的发展和就业直接影响我国劳动力人口的质量，关系经济发展和社会进步。受新型城镇化影响儿童的发展问题，是经济社会发展中的问题。解决问题的根本，在于制度建设顺应人口迁移流动转变，实现完全彻底的新型城镇化。理想的成长前景应该是政府和社会加大对“城市化的孩子”的关爱和重视，大力投资早期发展、营养健康和教育，促使他们向上流动，健康成长，成为“新市民”和“新劳动力”，为实现中国式现代化贡献力量。

一、儿童发展为新型城镇化高质量发展固基

儿童发展是新型城镇化的重要目的和坚实基础。中国的新型城镇化立足以人为本，注重在社会公平公正与可持续发展的基础上加速城市化进程。儿童是人的发展的“基础”和“希望”，从儿童优先的原则出发，保障儿童全面发展、整体提升儿童人口素质是实现新型城镇化的战略性和基础性工作。

儿童优先是新型城镇化的内在要求和重要特征。儿童优先原则是指在涉及儿童的事宜中以儿童的最大利益为出发点，所有关于儿童的行动都要考虑儿童的最大利益。儿童优先原则有 4 层含义。①政策制定：在相关领域出台法律、制定政策、编制规划、部署工作时，应优先考虑儿童的利益和需求。②资源配置：在公共资源分配方面，儿童的基本需求应高度优先，确保他们的生存、发展和幸福感得到保障。③政府责任和社会参与：要求在公共政策制定实施过程中采取儿童优先原则。这不仅需要政府的主体责任，更需要全社会的支持和参与。④公共服务：提高面向儿童的公共服务的可及性和优质化水平，特别是在社会救助、儿童残疾、儿童早期发展和学前教育、卫生健康、儿童保护和儿童友好城市等方面，

在公共投入上具有优先地位，确保公共投入资金和资源得到优先保障和领先增长。在新型城镇化的进程中让儿童享受到更加充分的发展条件和公平的发展机会，是推进新型城镇化的重要内容。

儿童发展为人口高质量发展固基。当前中国政府关于人的发展的最新战略部署就是促进人口高质量发展。人口高质量发展，从内涵上可以归结为两个重要目标，一是着力提高人口整体素质，二是努力保持适度生育水平和人口规模。从外延上则意味着，上述目标需要从全体居民全生命周期着眼和施策。在从儿童早期到老年的全生命周期中，儿童（早期）发展最具有基础性。从直接的功能来看，儿童发展决定着整体人力资本禀赋，特别是在人力资本中具有日益提高的重要性的非认知能力培养中，具有不可替代的作用，会影响一个国家经济增长的长期可持续性。从外溢效应来看，国家承担儿童发展的主要支出责任，使得人力资本禀赋的培养摆脱家庭背景的影响，有助于打破阶层固化，从整体上促进社会流动。这个在社会层面显现出的正外部性，还会反过来促进家庭的健康发展。一方面，家庭一旦拥有更好的社会环境，父母花在养育和照护方面的物质和时间投入便可以显著增加。另一方面，把养育、照护和教育更多地作为公共产品供给，由国家买单，可以大大解除父母特别是母亲在劳动参与方面的后顾之忧，从而提高生育意愿，促进生育率回升。

儿童发展为新型城镇化高质量发展固基。新型城镇化过程包含儿童的城市化，城市化的福利改善效应自然要首先覆盖到儿童。城市所具有的更充足的养育、照护和教育资源，以及其他基本公共服务供给，有利于提高儿童福利，也预示着他们的未来会因城市化而拥有更好的发展机会，全社会具有更充分的流动性。对城市的发展而言，能否善待城市中生活的每个人，能否真正做到儿童友好，能否让流动人口子女与父母居住、生活在一起的比例提高，应该是重要指标。新型城镇化要促进儿童的发展，核心是通过国家政策的改善和社会环境的支持，让更多的流动人口子女能够与父母“一起”居住和生活，在居住的城市享有公平、优质、适宜的发展机会，安全、健康地成长，成为更好的自己。

二、新型城镇化下儿童发展面临的特殊挑战

城镇化和现代化对儿童发展产生积极影响的同时，也会带来发展中的问题。未来一段时期内，与城镇化发展相伴的人口流动和迁移仍将继续，甚至可能愈加频繁，科技进步亦不断更新，加之我国少子化、家庭结构和社会结构的变化等都将对儿童发展产生多方面的影响，儿童发展将面临更多新问题和新挑战。

中国的高速城镇化带有自身的特色，具有特殊的路径，因而也带来独特的难题和挑战。迄今为止中国城镇化过程一个最大的特点，就是常住人口城镇化率与户籍人口城镇化率之间存在一定程度的脱节现象。2023 年，在中国常住人口城镇化率达到 66.2% 的同时，户籍人口城镇化率仅为 48.3%，两者之间仍然保持着 17.9 个百分点的差别。这个差别就意味着超过 2.5 亿的城镇常住人口没有城镇户籍，因而不能均等地获得城镇的基本公共服务，其中既包括流动儿童，也包括留守儿童的父母，进而影响到留守儿童。

2020 年，全国流动儿童和留守儿童总计 1.38 亿人，概括而言，全国近一半儿童直接受到人口流动的影响。从流动儿童规模来看，我国流动儿童数量保持快速增长，从 2000 年的 1982 万人增长至 2010 年的 3581 万人，再到 2020 年的 7109 万人。2000—2010 年流动儿童增加了 1599 万人，增幅为 80.7%，2010—2020 年流动儿童增加 3528 万人，增幅为 98.5%。

中国新型城镇化过程中儿童发展的特殊挑战，集中于受这个过程影响的儿童，即流动儿童、留守儿童以及“新市民儿童”，问题的核心是作为基本公共服务的儿童发展事业如何均等地覆盖到这些受影响儿童。

人口流动与家庭结构变迁影响儿童成长。我国城市化过程中，大量农民进入城市务工，农村家庭中主干家庭，即由父母和一对已婚子女组成的祖孙三代同居家庭大量瓦解。因而，农村在人口外流导致空心化的同时，也出现空巢老人以及留守儿童现象。大量的农村人口涌入城市，根据其是否携带子女一同在城市居住，产生了流动儿童和留守儿童两类特殊群体——7109 万流动儿童和 6693 万留守儿童，近半数的儿童受到了新型城镇化和人口流动的影响。已有大量的研究表明，随着父母外出打工，流动儿童和留守儿童都经历了家庭结构和家庭社会经济地位的变化，这给儿童的身心健康和发展水平造成影响。

流动儿童难以完全平等地享受教育服务。教育公平是社会公平的重要基础。目前，虽然国家要求城市政府将流动儿童纳入公办义务教育体系，针对流动儿童的教育政策还是与户籍制度紧密联系，特别在我国一些特大城市的经济转型和产业升级过程中，对流动儿童设置了入学门槛和烦琐的入学政策。许多流动儿童仍然被迫就读于民办学校，与公立学校相比，这些学校通常设施质量较差，教师资质较低，课程设置有限及收费高昂。这种将流动儿童“分隔”到不同学校的做法加剧了社会不公，使教育不公平等现象长期存在。此外，户籍制度对教育的影响超出了小学和初中。由于根据户口参加高中和大学入学考试这一严格要求，许多农民工随迁子女即使在义务教育阶段跟随父母在城市生活，进入高中后他们也不得已返回户籍所在地接受教育和参加考试。这种矛盾会在回流学生中产生适应困难等问题，导致学习成绩下降和辍学率上升。因此，户籍制度为农民工子女接受高等教育和向上流动设置了障碍，易于使弱势特征代际传递。

流动儿童和留守儿童营养健康问题多发，医疗服务可及性和保障性仍有差距。与新型城镇化进程相伴的社会结构、家庭结构、生活行为方式以及居住环境的改变，导致儿童面临的近视、肥胖、意外伤害、脊柱侧弯、听力受损等公共卫生领域问题，正在取代常见的传染病、慢性病，成为困扰儿童的主要健康问题。在应对这些问题的过程中，尽管国家和社会层面作出了很多努力，但仍存在着儿童健康水平和保健服务体系的区域性和群体之间差异、儿童医疗保障不足、流动儿童和留守儿童的健康状况和医疗服务可及性差、儿童药品供应保障体系不完善等情况。诸多研究发现，留守儿童面临着生理健康方面的不利状况，母亲外出务工对留守儿童生存境地最为不利，患病风险最高而就诊率最低。流动儿童的医疗保险漏保、断保现象比较普遍，降低了他们的卫生服务获得水平。

城镇化推进中出现的儿童心理健康问题需高度重视。伴随着中国城镇化的推进，心理健康问题成为伴生的社会性难题，并逐渐从成人、职业性群体延伸至大中小学生，呈现出“低龄化”发展趋势。整体来看，中国儿童心理健康状况面临着严峻的挑战。《中国国民心理健康发展报告（2019—2020）》《中国国民心理健康发展报告（2021—2022）》披露了中国儿童的情绪状况，指出 17 岁以下儿童的情绪问题已经影响到学生的心理健康，学习焦虑是学生检出率最高的五大心理情绪问题之一。留守儿童缺乏父母的陪伴及足够的亲子沟通，心理健康问题更为突出。近年来，针对农村留守儿童心理健康状况的多项调查均发现，这一群体存在较高的心理健康风险，尤其是双亲都外出务工的留守儿童，抑郁、焦虑等情绪问题更严重。此外，农村留守儿童也表现出更多问题行为，留守经历对儿童的影响具有持续性。

数字鸿沟日益成为儿童发展的新问题。在我国仍然存在城乡二元结构的情况下，数字信息技术的快速发展及其在儿童发展方面的运用，尚未能够均等地惠及全体儿童，在城镇儿童、流动儿童和留守儿童之间仍然存在着明显的数字鸿沟。数字鸿沟使儿童在认知、技能、思维和社会交往等能力上产生明显的分化。

儿童福利和保护有待加强。伴随新型城镇化的快速推进，各类儿童的发展有共同的需求，同时，城镇儿童、流动儿童和留守儿童发展也面临着不尽相同的问题，因而呈现多元化发展的需求特征，现行的儿童福利和保护体系出现“不足”和“空白”。尤其是城镇儿童和农村儿童在教育、医疗、社会救助和保护方面的公共服务水平仍存在很大差距；关于流动儿童和留守儿童关爱和发展的法律亟待制定和完善。

城镇化条件下对儿童发展的投入仍有不足。无论从目前流动儿童和留守儿童群体的发展差距来看，还是从整体儿童发展需求来看，中国城镇化过程中的儿童发展最大制约是公共投入问题，分别表现为投入总量的不足、投入优先项和重点的确定不尽合理、投入机制创新不足等。

三、儿童优先的新型城镇化

儿童发展机会的保障和均等化、儿童福祉的持续提高是新型城镇化的题中应有之义，应该在实施新型城镇化战略中得到落实。本报告的出发点和政策结论，就是倡导在新型城镇化的推进过程中，全面贯彻儿童优先理念和实践，据此提出以下主要观点和建议。

树立儿童优先原则，建设儿童友好社会。建议把罗尔斯原则与赫克曼曲线结合起来，形成一种理念指导，编制儿童发展优先指数（Priority Index of Children's Development），作为落实国家政策的一种评价机制和激励手段，以及城市发展的第三方评估形式。这里，罗尔斯原则是指，儿童作为社会上相对脆弱的群体，其福利和权利保障应该作为规则和政策制定的最低保底标准；赫克曼曲线是指，越是早期的儿童发展和教育项目，总收益率以及其中的社会收益率越高，越应该成为政府履行的职能以及承担的支出责任。基于这种理念，借鉴人类发展指数的编制实践，利用全社会人均受教育年限、各级各类教育经费相对增长速度、各级各类入学率和完成率（巩固率）、儿童健康（如特定年龄段预期寿命）、儿童发展机会均等化、儿童早期发展领先指数等指标，合并成为儿童发展优先指数，每年发布。

儿童优先的理念得到落实，归根结底要体现在公共投入上具有优先地位。保障和改善民生、提高基本公共服务供给水平、满足人民群众不断增长的美好生活需求，需要坚持尽力而为和量力而行的原则，保持两者之间的对立统一关系，也需要对长期愿景与现实国情具有深刻的认识和娴熟的把握。然而，遵循这个总体原则，并不意味着要把相同的平衡关系运用于所有的民生领域，而是应该善于把握不同政策目标的优先序和政策执行的轻重缓急。对于儿童发展领域来说，应该更突出地体现尽力而为的政策倾向，确保公共投入资金和资源得到优先保障和领先增长。

为了确实落实“相关公共服务随人走”或“钱随人走”的政策要求，应该深化制度和机制改革，把儿童发展相关的公共服务供给，与户籍身份、居住状况等相关条件彻底脱钩。同时进行顶层设计，从制度安排上确保儿童发展相关投入水平优先，独立决定，不受地方经济发展水平、地方财政能力、特定时期的经济形势（财政收支状况）以及户籍制度改革进展的影响。

在目前 0 ~ 6 岁儿童育幼服务资源统筹的基础上，加快推进 0 ~ 6 岁儿童养育、照护和学前教育的整合，完善儿童早期发展一体化治理。托幼与学前教育的一体化，在很多国家特别是发达国家取得了共识，也付诸实施。如果说这是一种对少子化、老龄化等人口转变特征的必然应对，中国目前在诸多人口特征指标上已经跟发达国家十分相似，因此，以这种一体化思路推进儿童发展治理模式改革，条件和时机都已经成熟。

利用各种主推手段和助推手段，提高儿童发展资源的利用率和使用效率。当下最常见的资源低效利用现象大体有两种类型。一是少子化趋势使得幼儿园和小学数量显著减少的情况下，尚未采取统筹的办法，把这种资源富余现象转化为增加儿童发展投入的契机。二是校舍、体育和文娱设施利用的封闭性、排他性，降低了本来具有公共品或准公共品性质的稀缺资源利用率。主推手段是指通过制定法律法规和政策强制执行，助推手段则是指利用提高知情度、便利性和利益激励等方式，鼓励资源开放和合理利用。

通过立法贯彻党中央关于完善新时代人口发展战略精神，促进形成全社会共识、规范各主体行为。目前社会上有不少关于加强儿童立法工作的建议，反映了人们对一些领域的关注。不过，总体来说，目前在对未成年人权益的保护、预防犯罪等方面的法律法规已经比较完备。在新型城镇化过程中有针对性、有重点地进行法律修订的同时，有必要加快制定一部儿童发展促进法，以便为促进儿童友好社会的形成、保障儿童发展优先、防止流动儿童和留守儿童发展机会不足等提供依据和规范。鉴于第十四届全国人大常委会已经把制定学前教育法列入 2024 年度立法工作计划，可以采取两种方式处理：一方面，以拓展该法的方式把更广义的儿童发展纳入其中；另一方面，有必要把该法的名称从学前教育拓展为儿童发展。

“儿童优先的新型城镇化战略”的内容应该包括：将儿童优先纳入国家的新型城镇化战略和“十五五”发展规划。进一步降低各级城市公立学校的入学门槛与转学要求，保障流动儿童的公平教育机会。加快异地中高考改革，为流动儿童创造公平的升学条件。增强对 0 ～ 3 岁城市流动儿童的照护支持和普惠托育供给，提高 3 ～ 6 岁城市流动儿童的学前教育普惠率。开展流动儿童和留守儿童健康服务的国家行动，对超重肥胖、近视、营养不良、发育迟缓、脊柱侧弯等进行积极干预。加快将流动儿童纳入城市医保体系。高度重视儿童心理健康问题，建立医教结合、家校社结合、以五育并举为抓手的儿童心理干预机制。完善流动儿童和留守儿童的福利和保护体系，积极推动相关立法工作。优先保障并加大儿童发展投入，积极向儿童早期发展倾斜，完善随迁子女义务教育经费的省级统筹，加大中央财政资助与督导问责机制。积极整合社会和家庭投入。积极建设儿童友好城市。

本报告提出的愿景是：到 2030 年，实现儿童优先的新型城镇化，新型城镇化进程中的所有儿童都享有公平的早期发展、营养健康和教育发展机会，发展差距显著缩小；到 2035 年，儿童优先的新型城镇化质量进一步提升，达到基本实现社会主义现代化标准，儿童发展的各项指标达到中等发达国家水平。

第二章

儿童发展与新型城镇化

中国式现代化是 14 亿人口整体迈进的现代化。这个现代化过程和目标，既体现在巨大的人口规模上，也表现在作为重要人口特征的人口年龄分布上，涉及代际关系、人口队列关系和全生命周期等。既然实现现代化是一个不断演进的动态过程，对应的人口关系也必然是跨代的。因此，现代化的目标无疑符合儿童的利益，在推进现代化的整个过程中，也必须做到保障儿童权益，不断增进儿童福祉。

在推进中国式现代化的过程中，就目标、过程、任务和路径来说，既包含着各国现代化的共同特征，又因中国的国情而表现出诸多特殊性。以人为核心的新型城镇化就是现代化进程中呈现出的重要方面。一方面，城市人口比重不断提高，进而达到一个较高的城市化率，这是各国现代化的一个重要标志。另一方面，推进城市化的过程中，各国面临着不同的挑战，也应该相应采取有所差异的政策措施。新型城镇化过程中的儿童问题，便是这种共性和特殊性相统一的表现。

在中国，儿童发展与新型城镇化的关系中，最突出的表现是与劳动力从农村向城镇转移过程以及人口跨地区流动和迁移过程相关的问题。中国政府高度重视儿童发展和权益保护，着力解决受人口流动影响儿童的教育、健康和保护等问题，相关领域也取得了可喜成绩。然而，受人口流动影响儿童的发展仍然面临诸多挑战，例如，始终存在一定比例的适龄儿童，在一些方面受到不利的影响。这就要求我们进一步关注这些儿童群体的福利和发展状况，提供及时且充分的发展保障，为未来接班人和劳动者奠定人力资本的基础，实现从乡土中国经迁徙中国到城市中国的转变和人口质量提升。

一、新型城镇化下的儿童发展问题

改革开放以来，我国经历了历史上最快的经济发展以及最为深刻的社会变迁。我国经济持续增长，人民的生活、收入、健康和教育水平均显著提高；人口发展模式也发生了深刻变化，表现在人口的增长速度放缓、人口年龄结构老化和新型城镇化水平大幅度提高。与此同时，我国人口还悄然发生着一个重要变化，即从在乡村居住、从事农业生产到进入城镇、从事非农产业的转变。从农村和城镇的角度分别观察新型城镇化，可以看到两者在生产方式和生活方式上表现出一定的反差，人们追求更高质量的就业和更高的收入，从农村向城镇转移；同时，也可以从动态的角度观察新型城镇化，农村与城镇的人口消长、农业与非农产业的产业消长的变化特征更为凸显。从某种意义上，从乡土中国向城市中国转变的过程，或者人口空间运动形态从低流动性到高流动性的转变，成为一种中间形态，也可以把费孝通先生的概念予以拓展，称其为迁徙中国。

鉴于中国新型城镇化具有独特的推进方式，这种概括有助于揭示新型城镇化过程的特点、相伴产生的现象、特有的挑战，以便提出有针对性的对策建议。新型城镇化以人为核心，旨在推进以农民工为主体的流动人口市民化。在这个过程中，受人口流动影响儿童的发展问题，既应该包括在这个目标之中，也需要置于优先和超前的位置。

（一）以迁徙中国表达新型城镇化的转型特征

人口低空间流动性是数千年乡土中国的人口特征。回顾我国历史上的人口迁移流动，社会对人口迁移流动采取排斥的态度。根源在于我国社会生产中农业生产长期占据核心地位，而农业生产的主要生产要素土地是固化的，因此劳动力和人口长期居住、生产、生活于相对固定的地区，人口的空间流动性较低，人口迁移活动较少发生（段成荣等，2020）。费孝通先生的乡土中国概念，高度概括了中国人口的这种低空间流动性特点（费孝通，2006）。在传统生产方式之外，我国几千年来的乡土社会崇尚传统静文化，还形成生于斯、长于斯、死于斯的观念，带来广泛深刻的文化和社会影响。

改革开放之初，我国人口的空间流动性仍然很低，较少发生人口迁移和流动。1982 年全国第三次人口普查数据显示，全国只有 657 万流动人口，占全国人口的 0.7%。1988 年全国生育节育抽样调查数据显示，全国人口中 85.1% 在调查时居住在他们出生地所在县内，仅 4.2% 的被调查人口在他们出生地所在的地市范围内进行过跨县迁移，4.7% 的被调查人口在他们出生地所在的省范围内发生过跨地市迁移，约 6% 的被调查人口发生过跨越省界的迁移（段成荣，2000）。这意味着截至 20 世纪 80 年代，由出生地资料揭示出我国人口累积的空间流动性是很低的，仍然完全符合低空间流动性的乡土中国特点。

改革开放 40 多年来，我国已经迅速实现了由乡土中国到迁徙中国的转变，从一个没有迁移和流动人口的社会，转变为一个有大规模迁移和流动人口的社会，从一个低空间流动性的社会转变为一个高空间流动性的社会。全国人口的流动参与度大幅度提高，流动性显著增强，中国的人口迁移流动已经经历并将延续全方位、多层次、多元化的转变历程（段成荣等，2022）。1990 年第四次全国人口普查数据显示，我国的人口流动参与度只有 1.9%，相当于 100 个人中流动的不足 2 人。到 2020 年第七次全国人口普查时，我国流动人口达到 3.76 亿人，占全国人口的 26.6%，相当于每 4 个人中就有 1 个参与了流动（见图 2-1）。部分城市的流动人口规模超过本地户籍人口规模，比如深圳、东莞等城市的流动人口占常住人口的比例超过七成。由此可见，人口的高流动性已然成为中国人口格局的新常态。

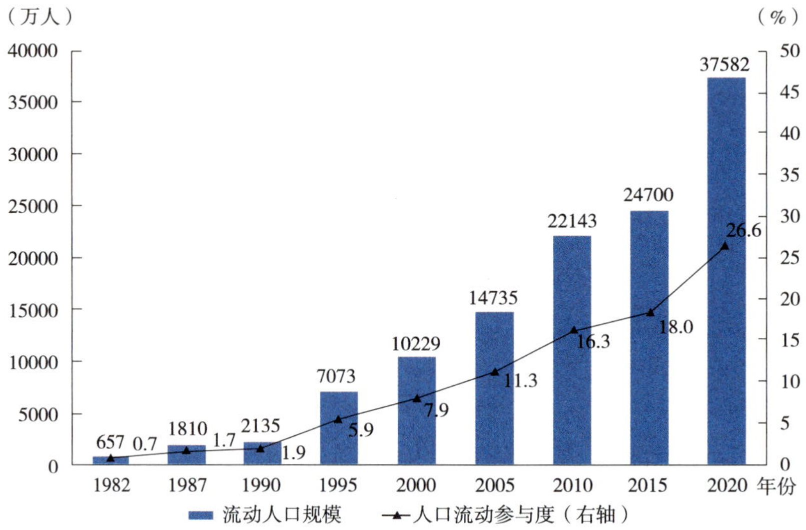

图 2-1　我国流动人口规模和人口流动参与度

资料来源：根据历次全国人口普查数据计算所得。

注：人口流动参与度用以衡量一个地区人口参与流动的活跃程度，指某时点某地区外出的流动人口数量与该地区户籍人口数量之比。如果人口流动参与度是20%，意味着该地区100个户籍人口中有20个人在该时点参与了流动。

经历了过去 40 多年的人口、劳动力、人才大流动之后，人的流动已经成为当前人们的一种生活方式。从流动人口来看，人们在迁移流动和新型城镇化背景下不断进入新的城镇环境，由稳定社会进入流动社会，由礼治社会进入法治社会，由熟人社会进入陌生人社会，面临心理和文化等方面的适应和冲突。从流入地市民来看，他们在思想观念、文化氛围等方面所提供的条件更大程度上决定了流动人口的适应程度。当前，从乡土中国的静文化到迁徙中国的动文化，成为文化建设和文化适应的重要内容。

（二）流动人口驱动的中国特色新型城镇化

回顾改革开放 40 多年来的人口迁移转变历程，历史空前的人口空间流动为社会带来诸多挑战。人口加速流动、流动人口规模过大和分布过于集中的基本特征，使社会治理和文化适应面临的挑战日益严峻。一是治理方式尚未适应人口迁移的格局。针对流动人口的治理尚未适应人口的快速空间变动，劳动力和人口流动过程中，流动者和管理者均面临一些难题。二是人们对人口迁移流动规律的认识还不够，社会文化的形成常常滞后于社会实践，流动人口和市民从传统的静文化理念升级到迁移形态的动文化理念需要一定的过程。当前对流动人口的尊重、接纳和包容还有待进一步提升，未能完全进行文化和观念的适应。顺应人口迁移流动的规律，发挥“移民优势”助推城市繁荣，迫切需要加快制度变革和理念更新的步伐。

人口迁移流动是新型城镇化和城镇发展的重要驱动力，新型城镇化建设是随着我国的工业化发展，城市的农村人口不断向非农产业以及城镇地区转移而发展起来的。人口流动是工业化和新型城镇化历程中的必然现象，新型城镇化的实质是实现农业人口非农化，由农村人口转变为城镇人口。

改革开放以来，我国经历了高速的城镇化发展，城镇化水平迅速提升。2020 年我国居住在城镇的人口总量为 9.02 亿人，常住人口城镇化率从 1953 年的 13.26% 上升到 2020 年的 63.89%（程梦瑶，2022）。从人口规模上看，流动人口主要流向城镇，流动人口已成为城镇人口增长的主导因素。流入城镇的人口数量快速增长，从 1990 年的不足 2000 万增长到 2020 年的 3.31 亿，城镇地区流动人口能见度从 1990 年的 5.54% 上升到 2020 年的 36.70%（见表 2-1）。

表 2-1　　1990—2020 年我国城镇地区人口吸引度变化

普查年份	流入城镇的流动人口数（亿人）	城镇常住人口总数（亿人）	城镇地区流动人口能见度（%）
1990 年	0.17	3.07	5.54
2000 年	0.74	4.56	16.23
2010 年	1.86	6.66	27.93
2020 年	3.31	9.02	36.70

资料来源：根据程梦瑶、段成荣《迁徙中国形态得到进一步确认》整理。

注：流动人口能见度指某时点某地区流入的流动人口数量与该地区常住人口数量的比值。如果流动人口能见度是 20%，可以理解为该地区 100 个常住人口中有 20 个人是流动人口。

改革开放以来，中国流动人口增长对城镇人口总增长的贡献度不断提高，人口迁移流动已经成为城镇人口增长的主要动力（程梦瑶、段成荣，2021）。2010—2020 年，中国流动人口增量对城镇人口总增长的贡献度达到 61.44%，较 1982—1990 年 15.38% 的贡献度翻了约两番（见表 2-2）。大

表 2-2　　1982—2020 年我国流动人口对城镇人口总增长的贡献度

时期	城镇流动人口增量（亿人）	城镇常住人口增量（亿人）	流动人口对城镇人口总增长的贡献度（%）
1982—1990 年	0.14	0.91	15.38
1990—2000 年	0.57	1.49	38.26
2000—2010 年	1.12	2.10	53.33
2010—2020 年	1.45	2.36	61.44

资料来源：根据程梦瑶、段成荣《迁徙中国形态得到进一步确认》整理。

注：流入城镇地区的流动人口的增量占城镇常住人口总增量的比重称为流动人口增长对城镇人口总增长的贡献度，用来测量流动人口对城镇人口变动的影响程度。

规模劳动力从农村流向城镇，从农业流向非农业，不仅实现了剩余劳动力的有效转移和优化配置，而且极大地促进了经济的发展。未来“城镇中国”的持续发展，将仍然依靠已经形成的迁徙中国的人口形态。

在新型城镇化快速推进的过程中，农业转移人口的市民化成为迈向高质量城镇化迫切需要解决的问题。一方面，在新型城镇化战略的推进过程中，仍将有相当数量的农村人口流入城镇，这是新型城镇化发展的必经道路。虽然目前我国的常住人口城镇化率达到了 66.2% 的水平，但是未来新型城镇化的推进仍是大势所趋，人口流动大潮将继续推动着新型城镇化的进程。另一方面，流动人口的产生和发展与新型城镇化发展交织，产生了一系列的社会问题。最严峻的挑战是，流动人口在城乡转移过程中的新型城镇化和市民化进程不同步，使其在城市的就业和生活面临诸多困境。2010 年，我国常住人口和户籍人口城镇化率分别为 49.7% 和 34.2%，两者相差 15.5 个百分点；2023 年，我国常住人口和户籍人口城镇化率分别为 66.2% 和 48.3%，两者相差 17.9 个百分点。过去 10 余年间两者的差距出现了扩大之势。户籍人口城镇化率增速慢于常住人口城镇化率，农业转移人口市民化进程受阻。

人口流动问题始终是国家治理重点关注的领域。21 世纪以来特别是党的十八大以来，党和政府更加重视人口迁移流动问题，通过深化户籍制度改革和出台《国家新型城镇化规划（2014—2020 年）》等举措，在农业转移人口市民化和基本公共服务均等化方面采取了一系列切实有力的措施，进一步从制度建设的高度夯实了从乡土中国向迁徙中国转变的基础。然而，从农村向城镇流动的人口，虽然实现了空间意义上的城镇化，却没有实现身份意义上的市民化。从这个方面来说，流动人口不能依托户籍获得城镇基本公共服务，对这个群体融入城镇构成巨大阻碍，特别是在生育、养育和教育公共服务不充分的条件下，儿童也会受到不利的影响。

二、受人口流动影响儿童群体的发展状况

受人口流动影响儿童的发展，一直以来都是儿童高质量发展的关键点。在快速的新型城镇化进程和高频率的人口流动背景下，人口流动越来越频繁，流动人口规模不断扩大，受人口流动影响的留守儿童和流动儿童数量也在增长。受人口流动影响儿童发展面临的困难，是人口高质量发展的短板问题。流动儿童和留守儿童未来的发展和就业直接影响我国劳动力人口的质量，关系经济发展和社会进步。受人口流动影响儿童的发展问题，是经济社会发展中的问题。

流动儿童问题是经济社会发展中的阶段性问题，根源在于制度建设尚未顺应人口迁移流

动的节奏，中国社会尚未实现真正意义上的城镇化。中国人均 GDP 已经高于中等偏上收入国家的平均水平，十分接近中等收入到高收入分组的门槛水平。但是，在城镇化水平上，中国仍然有所滞后。一是城市化率偏低。2022 年，按照世界银行统计口径，高收入国家城市化率平均为 81.6%，中等偏上收入国家平均为 68.0%，中国为 63.6%（国家统计局数据为 65.2%）。二是中国仍然存在着常住人口城镇化率与户籍人口城镇化率之间的巨大差别，约差 18 个百分点。这意味着中国不仅继续处在城镇化过程中，显示出迁徙中国的特征，而且还需要赶超型的速度，这就要求打破人才和劳动力流动的体制政策障碍，特别是应对受人口流动影响儿童面临的挑战。

在迁徙中国的背景下，有未成年子女的流动人口，有些将子女一起带到流入地，有些选择让子女留守在老家，还有一些大龄儿童独自外出求学或务工，这些流动或留守儿童也因此直接受到人口流动的影响。留守儿童和流动儿童概念是在流动人口开始大规模出现的背景下提出的，特别在进入 2000 年以后，逐渐作为一个面临突出问题的群体而引起社会的重点关注。本报告将受人口流动影响的流动儿童和留守儿童共同纳入讨论。流动儿童指年龄为 0 ~ 17 岁且跟随父母一方或双方离开户籍所在地居住在外乡镇街道的儿童；留守儿童指年龄为 0 ~ 17 岁且父母一方或双方外出而自身留守在户籍登记地的儿童。

其中，留守儿童可进一步划分为农村留守儿童和城镇留守儿童。延续以往研究基础，将农村留守儿童基本界定为父母至少一方跨乡镇外出流动 6 个月以上的 0 ~ 17 岁农村儿童。相应地，城镇留守儿童是指留守儿童中户籍所在地为城镇的儿童。具体来说，城镇留守儿童人口的可能来源包括：一是城镇户籍人口流动造成的子女留守；二是城乡行政区划调整使得农村留守儿童就地转化为城镇留守儿童；三是家庭中部分成员和儿童因教育或其他原因落户城镇地区，部分成员仍留守农村；四是与父母一起外出流动的儿童，因户籍制度限制或城市人口疏解政策，在考试或升学时被迫回流至周边或户籍所在地城镇地区形成的城镇留守儿童。同时考察和分析农村留守儿童和城镇留守儿童的状况，有助于识别受人口流动影响儿童的最新形势。

（一）受人口流动影响儿童的规模

2020 年，全国流动儿童和留守儿童总计 1.38 亿人，概括而言，近一半儿童直接受到人口流动的影响（见表 2-3）。从流动儿童规模来看，我国流动儿童规模保持持续快速增长，从 2000 年的 1982 万人增长至 2010 年的 3581 万人，再到 2020 年的 7109 万人。2000—2010 年流动儿童增加了 1599 万人，增幅为 80.7%，2010—2020 年流动儿童增加 3528 万人，增幅为 98.5%。

表 2-3　　2000 年、2010 年、2020 年全国流动儿童和留守儿童的规模

	2000 年	2010 年	2020 年
农村留守儿童（万人）	2699	3970	4177
城镇留守儿童（万人）	310	1521	2516
流动儿童（万人）	1982	3581	7109
小计（万人）	4991	9072	13802
受人口流动影响儿童占全国儿童比例（%）	14.5	32.5	46.4

资料来源：国家统计局、联合国儿童基金会和联合国人口基金发布的《2020年中国儿童人口状况：事实与数据》，留守儿童规模根据2000年、2010年、2020年全国人口普查微观数据计算，其他数据根据汇总资料计算整理。

从留守儿童规模来看，2020 年全国留守儿童为 6693 万人，2010 年为 5491 万人，2000 年为 3009 万人。2000—2010 年全国留守儿童增加了 2482 万人，其中城镇留守儿童规模增加 1211 万人，增加了近 4 倍，农村留守儿童增幅仅为 47.1%；2010—2020 年全国留守儿童增加了 1202 万人，其中城镇留守儿童规模增加 995 万人，对应增幅 65.4%，农村留守儿童增量和增幅均较小，10 年间仅增加了 207 万人，对应增幅只有 5.2%。城镇留守儿童和农村留守儿童规模保持增长态势，但增速放缓，城镇留守儿童增速远高于农村留守儿童。

整体看来，不同类型受人口流动影响儿童的增长幅度和增长态势有所差异。2000—2010 年，我国流动儿童、城镇留守儿童和农村留守儿童均有所增加，总的增量为 4081 万人，其中 39% 为流动儿童、30% 为城镇留守儿童、31% 为农村留守儿童。2010—2020 年，流动儿童和城镇留守儿童增长较快，农村留守儿童规模小幅上升，总的增量为 4730 万人，其中 75% 为流动儿童，21% 为城镇留守儿童，仅 4% 为农村留守儿童。

（二）受人口流动影响儿童的年龄结构

流动儿童和留守儿童的年龄结构延续了 2000 年和 2010 年所表现出来的基本特征。从 2020 年流动儿童、农村留守儿童和城镇留守儿童的人口金字塔图来看（见图 2-2），我国流动儿童在较大的年龄段堆积，平均年龄为 9.4 岁；农村留守儿童和城镇留守儿童的年龄结构类似，在较低的年龄段堆积，平均年龄分别为 7.8 岁和 7.6 岁。整体呈现出留守儿童低龄化和流动儿童大龄化的趋势。

分年龄段来看，流动儿童和留守儿童占全国儿童总人口的比例不同。农村留守儿童和城镇留守儿童中 0 ~ 2 岁儿童占比相对较高，分别为 17.1% 和 18.0%，但 0 ~ 2 岁流动儿童对应比例明显更低，仅为 11.4%；留守儿童和流动儿童中 3 ~ 5 岁和 6 ~ 14 岁儿童占比差异较小，但留守儿童仍然高于流动儿童；流动儿童中 15 ~ 17 岁占比明显更高，约 1/4（25.2%）属于这个

年龄段，留守儿童中只有 10% 左右。说明随着年龄增长，儿童流动的可能性提高，留守的可能性降低。

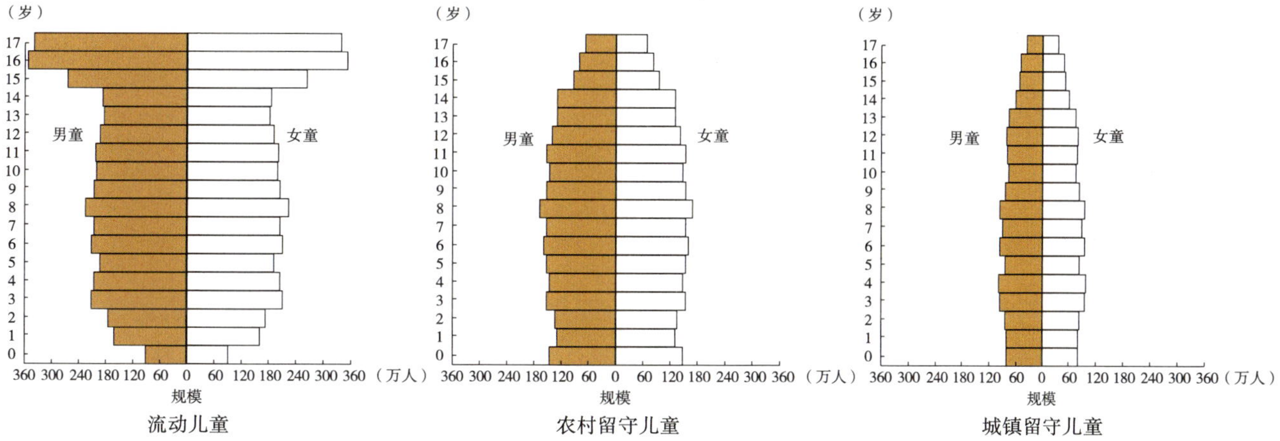

图 2-2 2020 年我国流动儿童和留守儿童人口金字塔图

资料来源：根据2020年全国人口普查微观数据计算整理。

（三）受人口流动影响儿童的性别结构

表 2-4 比较了 2000—2020 年我国不同类型儿童的性别比。从全国儿童人口的性别比来看，2020 年，我国儿童人口中男童 1.58 亿人，占 53.2%，女童 1.39 亿人，占 46.8%，男童比女童多 1918 万人，儿童人口性别比为 113.8，性别结构仍处于失衡状态，但已经比 2010 年的 116.1 有所下降，失衡程度相对有所改善。流动儿童的性别比自 2000 年以来持续升高，从 2000 年的 108.2 增至 2010 年的 114.7，2020 年已经达到 115.3，超过了全国儿童人口的性别比。留守儿童的高性别比从 2010 年开始有所下降，开始低于全国儿童人口的性别比。其中，2020 年，农村留守男童为 2216 万人，占 53.1%，女童 1961 万人，占 46.9%，性别比为 113.0，略低于全国儿童性别比（113.8）。说明男童更有可能随同父母一起流动或者独自流动，更有可能获得更好的照料并从城市资源和公共服务中受益。总体看来，流动儿童的性别比失衡更加严峻，而留守儿童的性别比渐趋于平衡。

表 2-4 2000 年、2010 年、2020 年全国儿童、流动儿童和留守儿童的性别比

	2000 年	2010 年	2020 年
全国儿童	112.3	116.1	113.8
流动儿童	108.2	114.7	115.3
农村留守儿童	113.0	115.7	113.0
城镇留守儿童	111.6	113.6	110.1

资料来源：根据历次全国人口普查数据计算整理。

流动儿童的性别比高于留守儿童，反映了父母在儿童留守和随迁之间进行选择时的性别偏好。除 3 ~ 5 岁流动儿童的性别比略低于农村留守儿童，女孩在其他各年龄段成为留守儿童的可能性都比男孩更大，6 ~ 14 岁男孩外出的可能性稍高于女孩，15 ~ 17 岁年龄段女孩有更强的流动参与性。6 ~ 14 岁儿童正处于接受义务教育阶段的关键期，这一时期从农村向城镇的流动意味着可以获取更好的教育资源和机会。

（四）受人口流动影响儿童的地区分布

在城镇化大趋势背景下，人口迁移流动的活跃度在加强，城镇儿童中不同流动和留守状态的儿童占比也快速增加：①城镇流动儿童规模增加最快，2020 年达到 6407 万人，2010—2020 年规模增加超过 1 倍。城镇儿童中流动儿童的占比显著上升，从 2000 年的 13.3% 上升至 2020 年的 34.2%，也就是说每 3 名城镇儿童中就有 1 名是流动儿童。②城镇留守儿童也从 2000 年的几乎不为人知增加至 2020 年的 2516 万人，占城镇儿童的 13.4%。城镇儿童中流动儿童和留守儿童合计占比从 2000 年的 16.2% 增加至 2020 年的 47.6%，城镇儿童中接近一半儿童受人口流动影响。在人口城镇化和人口流动背景下，儿童及其家庭被卷入流动的巨大浪潮之中，家庭成员的居住空间往往呈现分离状态，由此我国留守儿童问题从农村地区向城镇地区渗透。

在农村地区，虽然农村儿童规模在全国儿童中的占比都在下降，但其中农村留守儿童的规模却保持稳定。2020 年农村留守儿童规模达到了 4177 万人，占全部农村儿童的 37.9%，也就是说，每 10 名农村儿童中有近 4 名是留守儿童。农村儿童中留守儿童的占比继续增加，从 2000 年的 11.3% 增长至 2020 年的 37.8%，凸显了农村留守儿童问题仍然严峻。

流动儿童和留守儿童的省际分布，与人口流动的模式相互对应。我国流动儿童主要集中分布在东部和中部省份。我国人口以流向东部地区为主，2020 年全国流动人口中 49.5% 在东部地区。与全部流动人口的流向一致，我国流动儿童也向东部集中，2020 年全国流动儿童中有 42.5% 集中在东部地区，另有 30.7% 和 26.8% 在中部和西部地区。2020 年全国共有 9 个省（广东、河南、山东、河北、江苏、浙江、四川、湖南和安徽）的流动儿童规模在 300 万人以上，9 省合计流动儿童 3969 万人，占全国的 55.8%。其中广东流动儿童规模最大，占全国流动儿童比例为 10.8%，规模达到 767 万人。

留守儿童则主要集中分布在中部和西部省份。农村留守儿童超过 200 万人的省份有 8 个（河南、四川、广西、湖南、广东、安徽、贵州和江西），8 省合计农村留守儿童 2570 万人，占全国的 61.5%。河南农村留守儿童比例占全国农村留守儿童比例最高，为 14.6%，相比 2010 年增加 2.4 个百分点，居全国第一，对应的规模为 611 万人。在重庆、四川等省市，农村留守儿童的比例很高，超过当地农村儿童的一半。

流动儿童与农村留守儿童在某些省份更为集中，有些省既是流动儿童大省也是留守儿童大省。在四川、贵州和湖南等省份，流动儿童和留守儿童合计占比超过 50%，意味着一半以上的儿童受到人口流动的影响，并且大多数省份流动儿童和留守儿童的占比都在 40% 以上，即便在流动儿童和留守儿童规模占比最低的天津市也已经超过 30%。

三、人口流动给儿童发展带来的严峻挑战

（一）受人口流动影响儿童的流动特征

受人口流动影响的流动儿童群体，本身就是人口流动过程的参与者，因而表现出同我国人口流动相同的特征。首先，我国儿童人口仍然以省内流动为主。流动儿童的跨省流动比例明显低于成年人口，2020 年，全国流动人口中 66.8% 属于省内流动，33.2% 属于跨省流动（段成荣等,2022）；相比之下，全国流动儿童中 79.4% 属于省内近距离流动，另外 20.6% 属于跨省流动。虽然流动儿童相比流动人口整体，远距离跨省流动的比例始终在 30% 以下，且近二十年来变化幅度相对不大，但超过 1/5 的流动儿童仍然面临跨省流动带来的诸多不便。

其次，跨省流动儿童的分布相对集中。东部沿海城市是跨省流动儿童的主要流入地，北京、上海、天津等直辖市以及浙江、广东、江苏等省份的跨省流动儿童在流动儿童中的占比较高，浙江（51.2%）超过一半，广东（40.0%）和江苏（35.3%）超过 1/3。

最后，不同年龄儿童的跨省流动距离有所差异，处在较高学龄阶段的流动儿童，跨省流动的比例相对较小。有研究基于 2015 年全国 1% 人口抽样调查微观数据分析后发现，学龄前流动儿童跨省比例为 37% 左右，小学学龄对应比例为 32.8%，初中学龄对应比例进一步降低为 26.0%，高中学龄达到最低为 16.2%（吕利丹等，2018）。从 2020 年第七次全国人口普查数据分析可以看到，不同学龄流动儿童的构成模式延续了 2015 年的基本特征，在跨省流动儿童中，学龄前流动儿童占比为 32.2%，小学学龄占比为 37.2%，初中学龄和高中学龄占比分别为 14.3% 和 16.3%。

对于跨省流动儿童来说，在流入地接受学前教育、义务教育和进行中高考仍然面临限制，教育成为跨省流动儿童面临的最大阻碍。流动儿童的跨省流动模式的产生也主要因为跨省流动儿童完成义务教育以后在流入地接受高中教育和参加高考面临较大困难。

当前，我国受人口流动影响儿童呈现出规模大、增速快、留守儿童低龄化和流动儿童大龄化、流动儿童性别比失衡、流动集中分布在东部城市和留守儿童集中分布在中西部农村地区、家庭居住拆分明显等特征，流动儿童主要以省内流动为主，跨省流动儿童集聚分布在东部沿海城市，高学龄流动儿童跨省比例较小。在我国新型城镇化背景下，要把受人口流动影响的 1.38 亿儿童作为人口高质量发展的重要抓手，准确把握受人口流动影响儿童变动的最新趋势。

进入 21 世纪以来的 20 余年，我国流动儿童和留守儿童人口状况不断发生变化，最为突出的表现是规模持续增长。由于流动儿童、留守儿童的增长幅度不同，其构成模式也发生了显著变化。2000 年和 2010 年，留守儿童规模均显著高于流动儿童，两者之比约为 1.5 ∶ 1。但到 2020 年，留守儿童和流动儿童的规模比下降到不足 1 ∶ 1，留守儿童尤其是农村留守儿童的增速较流动儿童的增速更为缓慢。这客观上说明我国政府针对农村留守儿童的关爱保护工作在不断深入，从源头上逐步减少儿童留守现象的政策举措取得显著成效。

把握流动儿童和留守儿童的关系转换，首先需要准确掌握流动儿童和留守儿童的基本信息，获得其基本的人口学特征，刻画出这个群体的基本面貌；其次需要合理认清流动儿童和留守儿童的变动趋势，把握两个群体在相互转换过程中的变动趋势，能够遵循人口迁移流动和城镇化发展的基本规律，为从根本上解决受人口流动影响儿童问题提供事实依据。

在迁徙中国形态下，我国的流动人口在空间上呈现高流动性特征，其群体本身的结构和特征也在发生变化。当前，我国形成了无论男女老幼、不分城市乡村、不管东西南北、不论民族身份均参与流动的全民齐流动格局。由此，对于将流动人口等同于农民工、流动儿童等同于流动人口子女或农民工随迁子女的身份假定已然不再成立。在我国人口流动日益频繁和新型城镇化水平不断提升的背景下，需要及时关注流动人口城乡结构的变化，关注儿童群体在人口流动影响下呈现出来的新特征和新形势。

根据第七次全国人口普查数据，城镇留守儿童规模达到 2516 万人，相比 2010 年增加了 995 万人，增幅达到 65.4%。近 10 年来城镇留守儿童的规模和占比逐年攀升，但目前相关的制度设计和学术研究相对匮乏，对城镇留守儿童的各项基础信息把握仍不全面。我国处于人口快速转型的关键时期，城镇留守儿童是新型城镇化加速和人口高流动性的产物。当前，我国流动儿童和留守儿童规模仍以较快速度增长，其中城镇留守儿童规模增长尤其迅速。新时期推进儿童工作，需综合判断留守儿童人口新形势，未雨绸缪，做好儿童人口发展形势预判，关注城镇留守儿童群体的现实状况和未来发展。

（二）受人口流动影响儿童接受义务教育状况

1. 受人口流动影响儿童各学龄阶段规模

《中华人民共和国义务教育法》明确规定，凡年满 6 周岁的儿童应当送其入学接受并完成义务教育。有学者根据普查数据结构特点，构建了“未按规定接受或完成义务教育”指标，用以描述留守儿童和流动儿童是否按照《中华人民共和国义务教育法》规定入学接受义务教育状况（段成荣等，2017；吕利丹等，2018）。具体计算时，本章将普查时年满 6 周岁但在该普查年份 9 月 1 日未满 6 周岁的儿童（即出生在 9 月 1 日至 11 月 1 日之间的儿童）排除，因为这部分儿童可能未入学但未违背入学规定。该指标包括 3 种情况：①未上过学；②小学阶段终止学业，包括小学辍学、小学肄业和小学毕业后终止学业的情况；③初中阶段终止学业，包括初中辍学的情况。

图 2-3 为 2020 年我国流动儿童和留守儿童各学龄阶段规模的人口金字塔。在流动儿童中，0 ~ 5 岁学龄前儿童规模为 1955 万人（占流动儿童的比例为 27.50%），6 ~ 14 岁义务教育适龄流动儿童为 3363 万人（对应占比为 47.31%），15 ~ 17 岁高中学龄流动儿童为 1791 万人（对应占比为 25.19%）。留守儿童的义务教育适龄儿童规模略高于流动儿童，为 3582 万人，占全部留守儿童的 53.52%；0 ~ 5 岁学龄前留守儿童规模较流动儿童更高，为 2444 万人；15 ~ 17 岁高中学龄留守儿童规模则显著小于流动儿童，仅为高中学龄流动儿童的 1/3 左右。

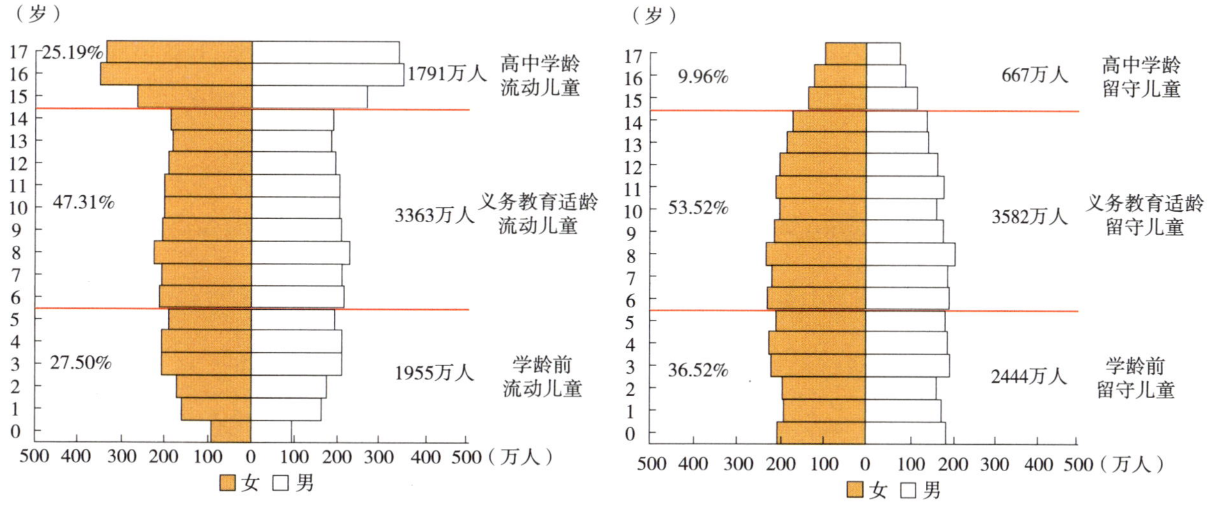

图 2-3　2020 年我国流动儿童和留守儿童各学龄阶段规模

资料来源：根据第七次全国人口普查数据计算整理。

2. 未按规定接受或完成义务教育的比例

过去 20 余年间，我国教育事业发展取得巨大成就，义务教育普及率大幅度提高。2000—2020 年，我国 6 ~ 14 岁流动儿童和留守儿童未按规定接受义务教育比例显著降低。流动儿童未按规定接受义务教育的比例从 2000 年的 5.92% 下降到 2020 年的 1.84%，留守儿童未按规定接受义务教育的比例从 2000 年的 4.45% 下降到 2020 年的 1.85%。流动儿童和留守儿童未按规定接受义务教育比例相差不大。

值得关注的是，当前我国仍有一定规模的适龄留守儿童和流动儿童未在校接受或未按规定接受义务教育。2020 年，我国 6 ~ 14 岁流动儿童为 3364 万人，未按规定接受义务教育的比例为 1.84%，由此进行推算，意味着约有 61.9 万流动儿童处于未上学或在小学阶段、初中阶段终止学业的状态；6 ~ 14 岁留守儿童为 3582 万人，未按规定接受义务教育的比例为 1.85%，由此推算，意味着约有 66.3 万留守儿童处于未上学或在小学阶段、初中阶段终止学业的状态。

按照《中华人民共和国义务教育法》的规定，年满 6 周岁的儿童送其入学接受义务教育，那么按照正常的教育递进情况来说，15 ~ 17 岁的儿童应当已经顺利完成义务教育。基于历次人口普查数据资料分析发现，仍有一定规模的 15 ~ 17 岁受人口流动影响儿童未按规定完成义务教育。2000—2020 年，15 ~ 17 岁流动儿童未按规定完成义务教育的比例从 9.98% 降至 0.76%，15 ~ 17 岁留守儿童未按规定完成义务教育的比例从 13.79% 下降至 1.23%。根据流动儿童和留守儿童的规模进行推算，2020 年意味着约有 13 万名 15 ~ 17 岁的流动儿童和 8 万名 15 ~ 17 岁的留守儿童未完成义务阶段的教育就终止学业。

由此可见，受人口流动影响儿童的教育面临的突出问题是流动儿童和留守儿童未能按时接受或完成义务教育，6 ~ 14 岁未按规定接受义务教育和 15 ~ 17 岁未按规定完成义务教育的受人口流动影响儿童状况值得关注。对这一部分受人口流动影响儿童的基本状况有待进一步认识和掌握，他们与未来人力资本的积累息息相关，也与人口的高质量发展直接相关。

（三）托育服务的有效供给严重不足

从托育服务供给数量看，根据国家卫生健康委 2019 年全国人口与家庭动态监测调查数据，我国有超过三成的婴幼儿家庭有托育需求，但目前 3 岁以下婴幼儿的入托率仅为 5.5%，仅有 1/5 的托育服务需求被满足。分城乡看，城镇和农村地区 3 岁以下婴幼儿的入托率分别为 6.7% 和 3.8%，其中直辖市和副省级城市为 6.9%。分年龄看，0 ~ 1 岁婴幼儿几乎没有入托，1 ~ 2 岁婴幼儿入托率为 1.1%，2 ~ 3 岁为 14.1%。此外，还有一些潜在需求被抑制，因无人帮忙照看婴幼儿而选择不生育或不再生育属于被抑制的生育意愿，也是潜在的托育服务需求（贺丹等，2021）。中国婴幼儿早期发展迫切需要相应的配套政策支持，然而现实是中国托育服务供给严重不足，托育服务面临政策及管理缺位的困境。

（四）受人口流动影响儿童接受学前教育状况

随迁儿童在学前教育阶段面临的入园难和入园贵问题也是制约受人口流动影响儿童高质量发展的重要问题。相对于义务教育阶段，学前教育尚未被纳入基本公共服务范畴，当前随迁儿童进入公办幼儿园就读仍然困难。

国务院印发的《中国儿童发展纲要（2021—2030 年）》提出儿童与教育的主要目标之一是适龄儿童普遍接受有质量的学前教育，学前教育毛入园率达到并保持在 90% 以上。《中国儿童发展纲要（2021—2030 年）》的统计监测报告显示，2022 年我国学前教育毛入园率为 89.7%，比 2021 年提高 1.6 个百分点。根据 2018—2022 年国家统计局发布的《农民工监测调查报告》，可以获得 3 ~ 5 岁随迁儿童的学前教育信息（见表 2-5）。随着我国学前教育全部普及、水平进一步提高，2022 年，3 ~ 5 岁随迁儿童的入园率明显提升，达到 91.1%，但在公办幼儿园或普惠性民办幼儿园就读的比例仍然较低，2022 年有 69.7% 的 3 ~ 5 岁随迁儿童就读于公办幼儿园或普惠性民办幼儿园，在 2020 年仅有 28.9% 的随迁儿童就读于公办幼儿园。对于随迁儿童来说，入读公办幼儿园仍然面临阻碍，随迁儿童的学前教育质量仍然有待提高。

表 2-5　　2018—2022 年我国 3 ~ 5 岁随迁儿童学前教育状况

年份	3 ~ 5 岁随迁儿童入园率（含学前班）（%）	在公办幼儿园或普惠性民办幼儿园就读率（%）	
		公办幼儿园	普惠性民办幼儿园
2018 年	83.5	26.0	35.2
2019 年	85.8	25.2	35.7
2020 年	86.1	28.9	37.2
2021 年	88.2	61.6	
2022 年	91.1	69.7	

资料来源：2018—2022 年国家统计局《农民工监测调查报告》。

（五）受人口流动影响儿童的异地高考状况

流动儿童的异地高考问题一直备受关注。2010 年国务院下发《国家中长期教育改革和发展规划纲要（2010—2020 年）》，指出要研究制定进城务工人员随迁子女接受义务教育后在当地参加升学考试的办法，中央和各地政府出台系列政策持续推进解决流动儿童的异地高考问题。当前，流动儿童的异地高考问题仍然是难点。笔者根据 2020 年全国人口普查数据、《中国统计年鉴 2020》、《中国教育统计年鉴 2020》等，用两种方式估算我国异地高考青少年的人数，尝试掌握这个群体的基本人口事实。第一种方案参考侯亚杰等人（2015）对异地高考流动青少年规模的方法，估计 2020 年我国约有 20.7 万异地高考流动青少年。第二种方案估算出，2020 年全国跨省迁移的进城务工子女中，约有 22.2 万人进入普通高中就读。解决这 20 余万流动青少年的异地高考问题，不仅关乎流动人口的市民化权益、流动青少年受教育权益，也会影响到城乡之间和城市内部的教育资源配置。

（六）受人口流动影响儿童的心理健康状况

城镇化发展背景下，我国面临着社会层面的变革，各种社会环境的巨大变化与矛盾冲突也随之而来，作为缺少知识经验和社会阅历的儿童群体，他们的心理社会性功能尚未成熟，无法在学习生活、自我意识、人际交往、社会适应和生涯发展等方面合理调试，容易产生问题（俞国良，2022）。也有研究显示，我国儿童情绪障碍和行为问题有上升趋势，且在不同阶段和不同区域有一定的差异，其中社会环境变化、竞争激烈和父母期待等因素影响着儿童的心理健康。

2022 年，中国科学院心理研究所国民心理健康评估发展中心对全国 47563 名儿童进行的心理健康状况调查发现，我国儿童在抑郁风险和焦虑风险上有着相对较高的检出率。数据显示，14.9% 的儿童存在轻度抑郁风险，4.9% 存在重度抑郁风险。在焦虑风险检出率上，22.7% 的儿童存在轻度焦虑风险，6.0% 存在中度焦虑风险，2.5% 存在重度焦虑风险（方圆等，2023）。

从不同的区域来看，我国儿童心理健康状况也有一定的差异，中国科学院心理研究所 2022 年的调查发现，从地区差异来看，东部地区儿童的心理健康状况最好，中部地区次之，西部地区最差，城市儿童心理健康状况也优于农村儿童（方圆等，2023）。

（七）受人口流动影响儿童的数字鸿沟状况

在数字时代，互联网已经成为儿童获取知识、提升技能的关键渠道。在逐步解决了接入问题之后，数字素养的差异会导致城乡儿童对于数字化设备的使用差别，进而导致了另一条数字鸿沟——使用鸿沟。虽然乡村学生在家庭中能够自主使用数字设备，但由于他们数字素养整体偏弱，对于数字设备的使用仍然停留在学习、玩游戏、看短视频和听音乐几个层面，在需要更多主观能动性的搜索信息和内容创作上则与城市学生差距较大。城市儿童由于生活环境的优势，能够较早且频繁地接触到并熟练使用各类数字设备和在线平台。他们不仅掌握了基本的计算机操作技能和信息检索能力，还在日常生活中形成了依赖数字媒体进行阅读、娱乐及社交的习惯。结果鸿沟是在接入鸿沟和使用鸿沟产生之后导致的，结果鸿沟不仅表现在学业成绩的差异上，还表现在社会影响、社会包容、学术成就、学习能力、满意度、协作能力等方面（虎二梅、乜勇，2023）。城乡儿童的结果鸿沟主要体现在学业成就、学习能力和协作能力等方面的差异上。

乡村儿童与城镇儿童之间也会因为情感智力的区别而产生情感鸿沟，他们可能会因为对情感的识别和处理能力不足而产生相对应的问题。在线教学、直播教学、混合式教学等新型教学模式在一定程度上推动了教育信息化物化形态的发展，但同时也伴随学习者社会临场感不足、满意度偏低与学习体验不良等心理与情感差异，进一步造成情感鸿沟（虎二梅、乜勇，2023）。

（八）受人口流动影响儿童的福利和保护状况

我国儿童福利与保护工作和制度建设仍然面临挑战。一方面是长期存在的且具有共性的均衡性问题。例如，目前的政策较多侧重于物质保障，然而资源分配却存在着不均衡现象，特别是城乡之间的儿童福利保障水平仍然存在差距。另一方面是快速城镇化进程中特有的问题。大批农村劳动力进城务工，除了会有大量儿童留守农村，也会出现一批跟随父母在城市生活或出生在城市的流动儿童或“类留守儿童群体”。对此，基于受人口流动影响儿童的基层儿童保护工作队伍的专业化水平也有待进一步提升。

四、新型城镇化下儿童发展目标与路径

以人为核心的新型城镇化，是新发展理念在城市化方面的体现。这个定义下的中国城镇化有双重任务或者两条途径：一是以提高常住人口城镇化率为目标，促进人口和劳动力的横向流动；二是以推进非户籍常住人口的市民化为目标，促进由就业机会、岗位质量、收入水平和社会保障水平所体现的纵向流动。促进城乡儿童和受人口流动影响儿童发展，也应该从这两条路径出发进行体制改革、政策调整和制度建设。

（一）顺应人口流动规律，完善社会治理模式

我国城镇化仍在继续，流动儿童和留守儿童存在格局未变。要综合判断流动人口和流动儿童的新形势，顺应现代化的一般规律，从中国城镇化道路出发，在畅通城乡要素流动、破除阻碍人口流动体制政策弊端的同时，应该越来越注重塑造面向流动人口和流动儿童的社会治理体系。农民工是当下劳动力供给的重要源泉，流动儿童、留守儿童和“新市民儿童”则是未来的人力资源。解决好对他们的养育、照护和教育，既是社会公平正义的要求，也是人力资源开发的需要。从源头上解决流动子女问题，必须在体制和政策层面深化改革，破除妨碍劳动力、人才流动的体制弊端和政策滞后问题。一方面，加快户籍制度改革是根本出路。另一方面，解决流动子女发展受阻等一系列问题，提高受人口流动影响儿童的福祉，解决好他们发展问题的治

理体系，应该在户籍制度改革之前率先得到建立和健全。

（二）创造鼓励农民工举家迁移的制度条件

我国家庭的居住拆分问题仍然十分突出，亲子分离的居住安排在流动人口中趋于普遍化。《中华人民共和国家庭教育促进法》倡导“亲自养育，加强亲子陪伴”及“共同参与，发挥父母双方作用”的家庭教育。联合国儿童基金会《儿童权利公约》确定了儿童应当享有的基本权利，明确提出确保儿童享有其幸福所必需的保护和照料。父母对儿童的养育和发展负有首要责任，实现儿童的最大利益是父母主要关心的事，这是世界各国对儿童发展达成的共识。儿童的流动和留守的状态并不总是固定的，可能因家庭状况、个人年龄和受教育阶段而相互转换。要解决流动儿童和留守儿童面临的挑战，需要为流动人口的家庭化迁移消除阻碍，以家庭为单位进行统筹安排，为儿童与父母在一起创造良好条件，减少亲子分离对儿童带来的负面影响。

（三）把握和回应受人口流动影响儿童发展的事实

在当代社会，迁移和流动越来越成为影响儿童发展的一个重要因素。儿童父母的迁移和流动，通过选择子女随迁或是留守而影响儿童流动，并因外部环境不同导致影响方式、影响程度不尽相同，持续性地影响流动和留守的选择和构成格局。政府应该以儿童福利和发展机会为出发点，以公共政策引导流动家庭的抉择，以均等化的基本公共服务提高流动人口民生福祉，以儿童优先的理念和机制促进流动儿童发展。具体来说，一方面，要一如既往地关心好农业转移人口带来的农村留守儿童问题；另一方面，要推进新时期的城镇留守儿童工作，综合判断留守儿童人口新形势，关注城镇留守儿童群体的现实状况和未来发展。全面、及时地了解儿童发展面临的问题和挑战，把握流动人口和流动家庭发展的基本事实。

在当前人口形势快速变化背景下，需要加强数据的开发和利用，研判儿童发展的新特点和新趋势。呼吁有关部门加强调查，提高数据分享度，帮助社会更好把握新型城镇化过程中儿童状况的特点和趋势，及时揭示具有趋势性的突出问题和挑战，为从根源上解决受人口流动影响儿童问题提供新思路。获得更优质的早期发展机会和教育资源，是作出儿童在城乡、地域之间流动还是留守的重要决策依据。促进城乡基本公共服务一体化和均等化，特别是构建城乡均衡、融合和一体化的教育体制机制，推动养育、照护和学前教育整合，是切实解决受人口流动影响儿童面临的入托难、入园难、入学难、升学难和异地高考难等系列教育问题的制度保障。

（四）以儿童优先原则构建儿童发展保障体系

二十届中央财经委员会第一次会议中提出，以人口高质量发展支撑中国式现代化。儿童发展就是人口高质量发展的一项重要任务。从长远来看，儿童是祖国的未来，围绕整体提升儿童人口素质，促进全体儿童发展，是实现人口高质量发展的战略性和基础性工作。促进儿童的高质量发展，要特别关注受人口流动影响儿童的高质量发展，为中国式现代化建设事业提供不竭的源头活水。在推进构建中国式城镇化新格局背景下，中国政府致力于逐步实现从人口城镇化向人的城镇化转变。让受人口流动影响儿童获得与其他儿童群体均等的发展机会，必然包含在新型城镇化愿景之中。

第三章

新型城镇化下的儿童早期发展

促进儿童早期发展是一个全球性的话题，政府、学术界、国际组织和社会各界都给予了极大的关注，很多国家付出了巨大的政策投入。特别是在迎接诸如人口老龄化、气候变化、人工智能发展、逆全球化以及地缘政治冲突等一系列多重外部性挑战的背景下，不断提升人力资本禀赋，是恰当应对这些挑战的手段，也是确保下一代得到全面发展机会的关键。对中国来说，在推进中国式现代化建设的过程中，需要储备更优质的人力资本，帮助解决好上述人类共同面临的挑战。不仅如此，当前所处的特殊发展阶段也为中国带来特殊的挑战，也需要人力资本帮助解决诸多难题。也就是说，促进儿童早期发展，是中国实现人口高质量发展、提升城镇化质量和生育率回归更加可持续水平的必要作为。

一、儿童早期发展的理论与实践

以往当人们谈到儿童早期发展时，主要着眼于早期教育，从老百姓朴素的经验中看到了早教对家庭和社会的益处。随着人们观察到营养和健康对儿童发展的重要性，以及作为人力资本一个不可或缺组成部分的意义，儿童早期发展的概念和实践范围得到拓宽。2018 年，世界卫生组织和联合国儿童基金会等国际组织联合发布的《养育照护框架　促进儿童早期发展》，明确界定养育和照护是照护者提供一系列环境和条件的总称，包括 5 个不可分割的基本要素，即充足的营养、良好的健康、安全和保障、回应式的照护和早期学习的机会（World Health Organization，2018）。这些原则适用于所有 18 岁以下儿童，但特别关注 0 ~ 3 岁儿童。鉴于养育照护最合理地包括了儿童早期发展的内涵和外延，本章的分析将以同样的方式讨论儿童早期发展，从养育照护到各级教育，覆盖 0 ~ 17 周岁各年龄段的儿童。

（一）儿童早期发展：理论、实证和共识

高质量的婴幼儿照护服务能够从源头上保障儿童的全面发展，为个体的终身发展奠定基础。0 ~ 3 岁是人的大脑发育最为迅速的阶段，也是全生命周期中人力资本投资回报率最高的时期。在这一阶段提供科学的早期养育对婴幼儿的身心发展至关重要。科学的早期养育有利于儿童早期认知、语言、社会情感和运动能力的发展，成为人力资本培养的坚实根基。这方面的研究和

实验已经取得从理论到检验的丰硕成果。

例如，诺贝尔经济学奖获得者詹姆斯·赫克曼（James Hechman）教授在世界各地进行的研究结论，可以概括为 4 个要点。第一，对于一生成功至关重要的知识能力和社会技能，主要是在人的儿童期形成的。第二，就这些技能的形成来说，在成长的早期投资能够产生最大的人力资本回报。第三，帮助那些先天不具备优势的孩子形成这种人力资本，可以塑造一个国家的发展优势。第四，高质量的经济回报，通常来自对儿童早期发展的高质量投资。总之，越是在很小的年龄上开始进行人力资本投入，投资回报率就越高（见图 3-1）。至于人力资本投资的社会回报率，上述结论不仅仍然成立，而且表现更为突出。

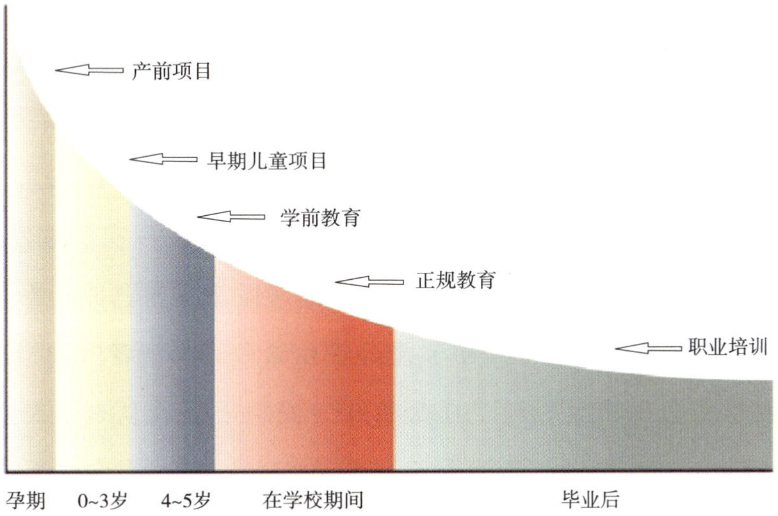

图 3-1　分年龄的人力资本投资回报率

资料来源：詹姆斯·赫克曼研究项目网站。

从某种程度上说，儿童早期教育发展对于人力资本形成的一般意义，已经广为人知，并且相应的政策也取得了广泛的共识。近年来，学术界的研究和各国项目的经验总结，皆提供了大量的证据，揭示早期托育服务作为早期发展的实践形式对于家庭和社会所具有的显著效果。儿童的早期阶段是个体认知能力和非认知能力发展的关键时期，针对这一阶段的养育投入不仅能带来短期效益，还能产生长远且巨大的回报。研究者采取随机对照试验（Randomized Controlled Trial，RCT）的方式在不同国家进行研究，不仅表明了儿童早期发展的效果，而且揭示了托育作为儿童早期教育的一种形式，对儿童早期发展有显著的正向影响。因此，与之相关的发展项目自然具有十分重要的实践价值。

投资儿童早期养育照护能够产生加倍的人力资本回报。一般来说，儿童早期发展的人力资本回报，无论对家庭来说还是对社会来说，分别体现在：一方面，有助于提高这些孩子成年后的就业能力，使人生更有意义，从而获得幸福感；另一方面，有助于降低这些孩子未来犯罪和陷入人生困境的可能性。由此产生的结果便是，有助于打破阶层固化的藩篱，实现更通畅的代内和代际社会流动。在增强社会流动性的基础上，人们的生活预期更加积极向上，更高的生育意愿得以释放（蔡昉，2024）。作为儿童早期发展实践效果更为明显的儿童早期养育照护，可以把上述在下一代身上体现的人力资本回报，作为当下的投资激励。不仅如此，这类投资同时有助于当下面临问题的解决。

首先，托育可以减轻养育孩子的成本，提高生育意愿，缓解人口结构危机。2016 年国家卫生和计划生育委员会组织的调查数据显示，婴幼儿家长对托育服务的需求较为强烈，婴幼儿托育服务供需矛盾较为突出。在被调查的已生育一孩而不打算生二孩的母亲中，有 60.7% 是出于孩子无人照料的原因。调查到的全职母亲中，有近 1/3 是因为孩子无人照料而被迫中断就业；超过 3/4 的全职母亲表示，如有人帮助带孩子，将会重新就业。养育孩子对母亲的职业有更大的负向影响（Kleven et al.，2019），而托育对母亲职业的帮助大于对父亲的帮助，这将缩小性别间工作时间和收入的差异（Titan et al.，2022；Tatyana et al.，2021、2022）。

其次，托育对于提高生育意愿具有积极效应。托育服务是对家庭婴幼儿抚育的重要补充。家庭照料需求成为影响生育意愿的首要制约因素，托育政策支持已成为影响我国家庭生育意愿的重要因素。2021 年，国家卫生健康委就实施三孩生育政策答记者问中指出，经济负担重、婴幼儿无人照料和女性难以平衡家庭与工作是年轻夫妇想生不敢生的三大主因，其中声称由于经济负担重的占 75.1%，由于没人带孩子的占 51.3%，由于女职工生育后工资待遇下降的占 34.3%，实际状况中，女性因生育导致收入降幅超过一半的占 42.9%。

（二）早期养育照护的国际经验

由于父母亲工作等原因，家庭的婴幼儿照顾功能不足，或者婴幼儿的家庭自身照顾功能遭遇某种意外事件的冲击，以致婴幼儿必须在每日的某个时间段离开父母，通过他人或者机构进行替代性照料或照看，这就是托育服务。这种服务常常集看护、照料、教育于一身，执行完整的养育照护功能。根据国际教育标准分类法，0 ~ 3 岁的儿童早期教育即为幼儿教育，包括旨在支持为参与学校和社会作准备的早期发展教育，以及专为 3 岁以下儿童设计的课程。越来越多的国家将儿童早期教育照料服务纳入社会政策基本框架，世界银行、联合国儿童基金会、经济合作与发展组织等国际组织也积极倡导和推行有质量的托育服务。

可以从 37 个经济合作与发展组织国家，以及有加入意图或作为观察国身份的 8 个非成员国家数据，整体观察儿童早期发展的状况。在图 3-2 中，我们把 0 ~ 2 岁儿童进入正式托育和学前班的比例，以及 3 ~ 5 岁儿童进入学前教育或小学的比例，分别同人均 GDP 相对应，从中可以获得一些有启发的结论。虽然国家之间和指标之间未必始终遵循显著的统计相关性，但是总体来说，儿童早期养育和教育是一种进步现象，与经济发展具有一定程度的同步性。并且，人均 GDP 水平确实相当于一种“指示器”，表明对两个儿童早期发展指标的改善均具有水到渠成的性质。此外，两个指标之间的关系揭示出儿童早期发展的延伸方向，即随着社会认识水平的提高以及国家财力的增强，对儿童早期发展的投资，从年龄较大的群体扩大到年龄更小的群体。

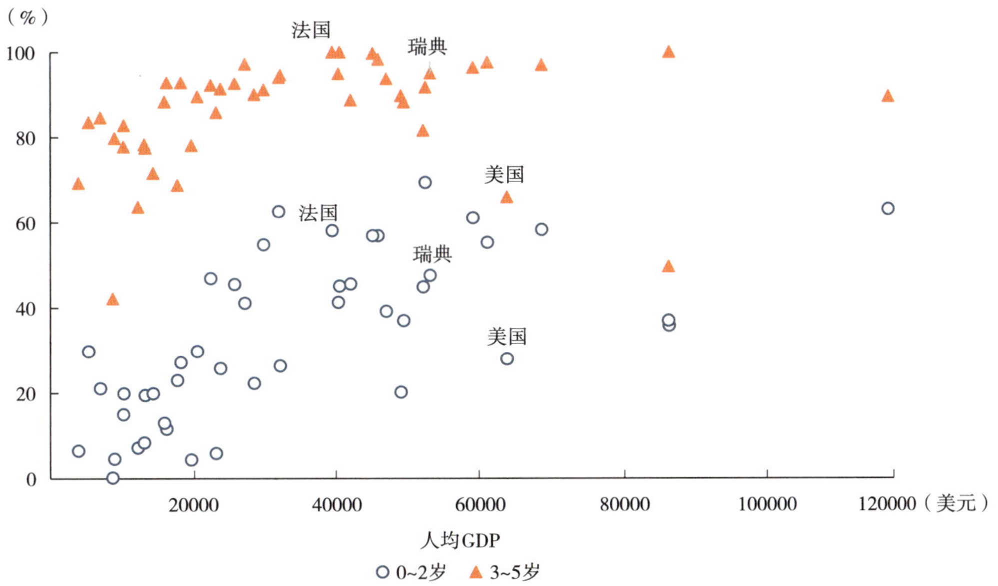

图 3-2　部分国家儿童进入托育或学前教育的比例

资料来源：世界银行数据库、经济合作与发展组织统计网站。

从各国儿童托育政策实践来看，儿童早期养育和照护服务主要包括提供免费的公共托育服务、针对家长和私立托育机构（包括雇主）的补贴激励、补贴或免费学前教育等政策措施，突出特点是通过税收和转移支付制度提供财政支持。从全球来看，提供免费公共托育服务的仍然限于一些高收入国家，财政支持的力度在国家之间仍有较大差异，在多数发展中国家，通过公共政策制度实施的财税优惠举措仍然有限。为了更加有针对性地借鉴国际经验和教训，中国儿童早期托育和照护发展有必要关注经济合作与发展组织国家和相关国家经验。这是因为，一方面，中国预期在 2035 年人均国内生产总值达到中等发达国家水平；另一方面，经济合作与发展组织成员国和相关国家，譬如图 3-2 中每个点所代表的国家，人均 GDP 从印度尼西亚的 3896 美元到卢森堡的 116905 美元不等，涵盖了从中等偏上收入到高收入的发展阶段，正是中国此前的赶超对象和未来的赶超目标。

经济合作与发展组织和联合国教科文组织等国际机构所倡导的托幼与学前教育的一体化，

在很多国家特别是经济合作与发展组织成员国取得了共识。但是，由于各国的经济体制渊源与现状、经济社会治理理念、福利社会的历史与演变，都存在着较大的差异，这个一体化或整合的效果大相径庭。概括起来，以托幼与学前教育的一体化为标准，即便在高收入国家中，养育和照护模式也可以分为差异明显的模式。在不同模式下，有时会表现出儿童获得养育和照护的服务水平不尽相同。

例如，从图 3-2 中可以把美国、法国和瑞典 3 个国家与下面的模式划分进行比对。大体上可以把养育和照护治理模式，按照托幼与学前教育的整合程度分为 3 种（范昕等，2021）。一是以美国为代表的托幼混搭模式，政府职能和家庭责任划分不清晰，养育和照护供给的整合程度不够坚实，服务供给体系呈现出一定程度的碎片化。二是以法国等国家为代表的托幼分离模式，即托育服务与学前教育由不同的行政机关主管，或者说仍然可能存在着两部分公共服务水平的差异。然而，如果消除这种差别对待，确保在经费、管制、标准、人员配备等方面没有可识别差异的话，这种管理模式也不会妨碍养育和照护的均衡发展。三是以瑞典等北欧国家为代表的托幼整合模式。治理模式的全面和紧密整合，能够更好适应儿童生命周期的完整公共服务需求，具有较好的实施效果。

值得注意的是，养育和照护一体化模式的划分与哥斯塔・埃斯平 – 安德森对福利国家的划分几乎如出一辙。哥斯塔・埃斯平 – 安德森把福利国家划分为 3 类：①接近于美国、加拿大和澳大利亚实践的“自由主义”类型；②接近于奥地利、法国、德国和意大利实践的“社团主义”类型；③接近于北欧国家实践的“社会民主主义”类型（哥斯塔，2010）。对于福利国家这 3 个类型的划分，既是哥斯塔・埃斯平 – 安德森当时写作的直接意图，也为理解后来各国之间的分化路径，以及各种模式促进社会流动的效果评估提供了线索。

在沿袭这一线索进行的后续研究中，哥斯塔・埃斯平 – 安德森进一步指出，在这 3 种类型的福利国家中，只有北欧的社会民主主义福利国家，能够有效地为各社会各阶层提供平等机会，有助于促进“自下而上”的社会流动。这种模式通常把促进就业和性别平等置于突出位置。一方面，围绕着这个中心，社会政策的实施领域更为广泛，政策效应也更为深远。例如，实施儿童早期发展项目、建立综合学校和废除分班制等，都有效促进了教育机会均等化。另一方面，实施积极的劳动力市场政策，也使单亲母亲得以自立自强。类型的划分并不意在对不同模式厚此薄彼，各国完全应该依据自己的体制特征、现实挑战、预期目标选择适合自身的公共品供给模式。不过，北欧模式对于社会流动的积极推动作用、全民和全生命周期覆盖特点，与中国幼有所育在基本公共服务保障制度中的地位，无疑更加吻合。

（三）中国的实践：中央政府和地方政府

随着生育政策的调整与社会育婴观念的转变，一系列纲要、法规、意见、通知等政策性文件相继出台，以充分调动社会力量，多种形式开展婴幼儿照护服务。在国家层面，多年来开展了一系列促进儿童养育照护的项目。

2012年国家启动实施贫困地区儿童营养改善项目，免费为贫困地区6～24月龄婴幼儿发放营养包，同时加强对家长的科学喂养指导和健康教育。2014—2017年，国家在医疗卫生机构推进国家级儿童早期发展示范基地建设，包括亲子活动和回应性照护培训等早期发展服务。2015年在联合国儿童基金会的支持下，由国家卫生和计划生育委员会牵头启动五部委联合的儿童早期综合发展项目，在贵州、山西的四县开展儿童早期发展项目试点。2021年起，国家卫生健康委、国家发展改革委联合开展全国婴幼儿照护服务示范城市创建活动。因应儿童早期照护服务需求，2021年人力资源和社会保障部在国家职业技能标准中发布婴幼儿发展引导员标准。2022年国家卫生健康委启动基层儿童早期发展项目，在全国31个省192个试点区县开展养育风险筛查工作、小组活动和家访服务。此外，近年来中国发展研究基金会等社会组织，在贵州、陕西等欠发达农村地区开展试点，为试点农村地区婴幼儿提供照护服务。

2019年印发《国务院办公厅关于促进3岁以下婴幼儿照护服务发展的指导意见》后，绝大多数省份均据此制定了促进婴幼儿照护服务发展的方案。依据中央的政策部署，各地根据自身发展阶段和省情、市情，实施了一系列具有地方特色、实质推进养育和照护服务的政策措施，既推进了全国作为整体的该项基本公共服务的完善，也为进一步发展积累了有益的经验。下面选择沿海地区和中西部地区的若干省市区，概述这项工作的内容、特点和成效。

上海作为发达城市，最早探索托幼服务与学前教育的整合体制。早在1999年，上海就提出构建0～6岁儿童的学前教育体系，明确教育部门为主管部门。2018年，上海加快了对婴幼儿照护立规立法、实施新政，先后制定了指导意见、暂行办法以及试行标准等，提出“政府引导、家庭为主、多方参与”的总思路。在体制机制方面，建立市、区政府分级管理，专业管理机构协调指导，街镇实施综合监管的托育服务管理体制和工作机制，对2～3岁婴幼儿实施保育为主、教养融合的照护服务，提供全日制、半日制和计时制等形式的托育服务。在保障措施方面，政府确立了政策优先序，加大在人财物方面的投入力度，强化用地和房屋保障。同时，支持有条件的公办幼儿园开设托班，扶持和鼓励民办幼儿园开设托班。在推进托幼一体化的同时，上海形成了市场化托育机构、企业照护、医教结合等服务模式融合的特点（梁净、张眉，2022）。

专栏 3-1　从“慧育中国”到“阳光起点”

哈佛大学儿童发展中心的研究显示，人生的最初几年，大脑每秒能够建立超过 100 万个神经元连接，这是此后任何生命阶段都无法再现的速度。神经元连接的质量除受基因影响外，还受到后天生活经历的影响，即能否获得良好的营养、保护和来自交谈、游戏及回应性照料的刺激。儿童早期发展便是获得这种初始人力资本的最重要方式。婴幼儿主要在家庭中获得养育照护，家庭是婴幼儿最重要的成长环境。2020 年我国 0 ~ 3 岁儿童共 6006 万人，其中 3837 万人生活在城镇，2169 万人生活在农村。遗憾的是，农村仍有许多儿童缺少这些大脑发育所需的“营养、游戏和关爱”。目前，国家层面仍然缺乏针对农村地区 0 ~ 3 岁儿童早期养育服务的政策，许多农村孩子仍身陷单亲、留守等困境当中。

下一代成才成功是家庭的核心期盼。在居住分散、家长文化水平偏低的贫困地区农村，是否有办法将科学的养育知识送入家中，提升婴幼儿早期发展水平，促进家庭的和谐发展？为探索贫困地区儿童早期养育的有效模式和实施路径，中国发展研究基金会与地方政府合作，于 2015 年在甘肃省华池县启动了“慧育中国：山村入户早教计划”试点项目。项目按照儿童不同月龄的生长发育需求编写教材并配备适宜的玩教具，由本村招募、经过培训的妇女担任育婴辅导员，入户为村里 6 ~ 36 月龄的儿童家庭提供每周 1 次、每次 1 小时的养育指导服务。依托我国完善的县、乡、村三级卫生健康管理体制，项目设立了县级总督导、乡镇督导员和村育婴辅导员的三级管理和培训体系，同时建立了信息化的实时监测评估体系。

入户养育指导对促进农村婴幼儿早期发展的效果令人振奋。中国发展研究基金会课题组与诺贝尔经济学奖获得者詹姆斯·赫克曼教授合作，用严谨的计量方法对华池县试点进行追踪评估，发现 84% 的接受干预的儿童在认知、语言和社会情感方面的表现显著优于对照组儿童。入户养育指导对于农村留守儿童和低收入家庭儿童有更显著的效果，帮助他们在各个发展维度实现“追赶式的成长”。根据测算，每个孩子平均接受一年入户养育指导服务的成本为 3000 元，70% 以上成本为服务人员工资。这项成本只相当于美国、爱尔兰等国同类项目的 3% ~ 5%，但产生了同样的效果。自 2017 年起，中国发展研究基金会与地方政府合作，在青海、新疆、西藏、贵州、重庆等 10 省（区、市）19 个贫困县（区）试点，累计惠及超过 4 万名农村婴幼儿。

为了扩大这一成果，中国发展研究基金会于 2024 年发起“阳光起点：十万农村婴幼儿入户养育指导行动计划”，希望通过社会捐款帮助 10 万名以上农村婴幼儿获得这项有益服务，贵州毕节农村儿童发展综合示范区和青海农村儿童早期发展示范区将利用最初款项率先启动。由此得出的政策建议是，中央财政应从支持普惠托育服务示范项目资金中拨出一部分支持农村入户养育指导服务。中西部结对帮扶资金，乡村振兴资金，各部委、妇联等群团组织可以调配的困境孤残儿童、留守儿童等特殊群体帮扶资金，可以整合用于脱贫地区农村婴幼儿早期发展服务试点。同时继续鼓励爱心企业、社会公众积极参与支持相关试点和推广工作。

资料来源：中国发展研究基金会。

注：本专栏中提到的贫困地区均已脱贫。

中西部地区的相关发展方兴未艾。云南昆明开展了世界银行贷款云南学前教育发展实验示范项目。该项目正在协助云南省妇女儿童工作委员会办公室启动“春芽工程”项目，通过公办园、民办园、妇幼保健院、儿童之家、与社区合作的托幼机构、企事业单位等诸多模式开展托幼服务，其中儿童之家模式是一个特色项目。新疆乌鲁木齐将提升婴幼儿照护服务管理水平纳入医疗卫生服务体系，推动“医育结合”服务模式，成立了婴幼儿照护服务指导专家库，对全市托育服务从业人员开展培训指导，持续提升托育机构养育照护和服务管理水平。在落实卫生保健规范方面，依托儿童专科医院、妇幼保健机构、医疗机构儿保科和儿科，采取“医育结合”、签约服务的形式为辖区托育机构提供专业照护能力支持（李晓青、常在萍，2023）。

二、城乡儿童早期发展的现状和挑战

我国儿童早期发展事业具有起步晚、发展速度快的特点。国家卫生健康委数据显示，截至2023年，我国每千人口托位数已达到3.36个，继续缩小着与2025年达到每千人4.5个托位数目标的差距。然而，无论与中国所处的发展阶段相比，与经济社会发展的其他领域相比，还是与经济合作与发展组织中的高收入国家相比，仍然存在着较大的差距。例如，我国婴幼儿在各类照护服务机构的入托率仅为4.1%，显著低于经济合作与发展组织国家高于30%的比例，家庭婴幼儿照料负担较重①。本部分将从几个方面简要概括我国城乡儿童早期发展现状以及面临的主要挑战并进行原因分析，以便提出有针对性的政策建议。

（一）国家财政投入仍待显著提高

我国正处于大力发展普惠托育的起步阶段，同时又面临国内各地区较大的经济社会差异，早期托育服务的财政投入是区域托育发展的重要来源。从国际比较来看，中国对婴幼儿早期的投入还相对有限。2021年，我国GDP为114.37万亿元，如果按经济合作与发展组织成员国平均标准0.7%的一半即0.35%算，我国托育公共支出财政预算应为4003亿元，而2021年我国财

① 国家卫生健康委员会：《促进3岁以下婴幼儿照护服务发展有关情况——国务院新闻办公室2019年5月10日国务院政策例行吹风会材料》，2019。

政性教育经费用于学前教育的经费仅为2700亿元，并没有财政性托育经费这个项目，总缺口达1303亿元（王俊等，2023）。

2022年，财政部下发关于积极应对人口老龄化工程和托育建设（养老、托育服务体系方向）中央基建投资预算（拨款）的通知，拨款74亿元专项用于积极应对人口老龄化工程和托育建设（养老、托育服务体系方向），并公布各省市具体建设项目及拨款金额。其中，普惠托育服务建设项目的投资预算共3.3亿元，涉及22个省（区、市）（见图3-3）。虽然这是一个良好的开端，但从拨款水平特别是人均金额来看，显然还是大大不足的。

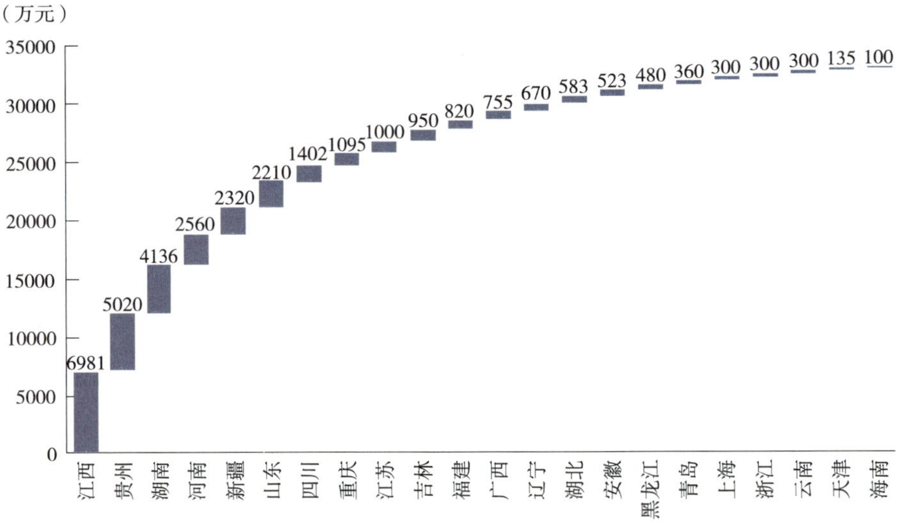

图3-3 2022年22个省（区、市）普惠托育服务项目投资预算

资料来源：财政部网站。

2023年，国家对托育服务的财政投入预算略有下降但支持范围扩大。托育服务法已被纳入十四届全国人大常委会立法规划。国家卫生健康委等命名第一批33个全国婴幼儿照护服务示范城市、75家全国爱心托育用人单位。中央预算内投资16亿元，中央财政支持普惠托育服务发展示范项目投入15亿元，助力托育服务发展。2023年，国家将3岁以下婴幼儿照护个人所得税专项附加扣除标准从每个婴幼儿每月1000元提高到2000元。10多个省份在不同层级探索实施育儿补贴制度。北京、广西率先按程序分别将16项、9项辅助生殖类医疗服务项目纳入基本医保支付范围。2024年，国家卫生健康委表示将继续争取国家财力支持，降低托育机构运营成本，增加普惠托育服务供给；健全托育支持政策和标准规范体系，加强部门综合监管，提升托育服务质量；加快推进托育服务立法，保障托育依法规范发展①。展望未来，托育服务亟须纳入公共财政预算，同时探索中国特色的普惠托育服务模式将成为迫切需求。

①《如何完善生育支持政策体系》，《人民日报》，2024年2月16日。

（二）托育服务的有效供给严重不足

从托育服务供给数量看，根据国家卫生健康委 2019 年全国人口与家庭动态监测调查数据，我国有超过三成的婴幼儿家庭有托育需求，但目前 3 岁以下婴幼儿的入托率仅为 5.5%，仅有 1/5 的托育服务需求被满足。分城乡看，城镇和农村地区 3 岁以下婴幼儿的入托率分别为 6.7% 和 3.8%，其中直辖市和副省级城市为 6.9%。分年龄看，0 ~ 1 岁的婴幼儿几乎没有入托的，1 ~ 2 岁婴幼儿入托率为 1.1%，2 ~ 3 岁为 14.1%。此外，还有一些潜在需求被抑制，因无人帮忙照看婴幼儿而选择不生育或不再生育孩子属于被抑制的生育意愿，也是潜在的托育服务需求（贺丹等，2021）。中国婴幼儿早期发展迫切需要相应的配套政策支持，然而现实是中国托育服务供给严重不足，托育服务面临政策及管理缺位的困境。

从托育服务供给类型看，公立托育园少，普惠性托育服务少。在国家卫生健康委所调查的 300 个监测县（市、区）中，近四成的县（市、区）辖区内的幼儿园没有设置托班或“小小班”，1500 个村（居）委会中，只有 20.1% 设有托育机构或在幼儿园中设有托班，38.5% 的村（居）委会甚至没有幼儿园。民办托育机构承担了超过八成的托育服务供给责任。从个人与家庭调查数据来看，目前在托育机构的 3 岁以下婴幼儿中，有 83.3% 是在民办托育机构，在公立托育机构仅有 7.6%，由家庭托管占 3.9%，在集体、企事业单位的托育机构分别占 2.9% 和 0.3%，在其他性质托育机构占 1.9%。

从托育服务供需关系看，存在“家长有需求、机构招不满”的供需结构性矛盾。父母想在婴幼儿 3 岁前将其送托育机构却没送占 22.1%。从想送却没送的原因来看，因孩子年龄太小家人不让送的有 47.6%，因孩子年龄太小机构不接受的有 33.2%，因距离太远、收费太高的分别有 14.1% 和 12.9%。除去孩子年龄小这项因素外，距离不合适、费用高是影响托育供需匹配的两个关键因素。低生育率背景下，新生儿童规模减少，对托育服务的实际增量需求减少。然而，受到文化、经济、社会等多重因素影响，即便有需求的家庭实际入托的比例也较低。这既与家庭对托育服务的认知和接纳程度不高有关，也与托育费用、托育服务质量等多重因素有关。

从托育机构发展情况看，机构面临着常态的生存困难，在遭遇意外事件冲击时抵御风险的能力差。自 2019 年“托育元年”以来，虽然国家层面给予了大力支持，但托育行业大部分时间都在新冠疫情中度过，起步期与疫情期“双期叠加”，多数机构生存困难。托育机构规模小，且绝大多数是社会力量兴办，新冠疫情造成大量托育机构退出市场，凸显托育机构在抗击重大公共卫生事件等风险面前，缺乏行之有效的应急保障措施。发展普惠性托育服务的基本要求是确保托育服务质量，保障婴幼儿的合法权益，促进托育服务健康发展，而托育机构服务供给端的稳定性和可持续性是基本前提。

（三）儿童照护的城乡差异和人口流动影响

我国儿童发展的主要问题，是区域间和城乡间的发展不平衡，在一些反映儿童发展的指标上形成较大差距。这在经济相对不发达的地区表现更为明显。有研究者综合分析了过去 20 年发表的 19 篇相关文献，结果显示在中西部部分农村地区，儿童出现认知、言语、社交情绪发育延迟的风险分别为 45%、46% 和 36%，均高于一般人群均值下一个标准差（约 15%）的界定（Emmers et al.，2021）。

2020 年，中国儿童中心和中国发展研究基金会联合开展脱贫地区儿童早期发展研究，在 20 个脱贫县和 64 个村通过座谈会、现场问卷调查、入户访谈等途径，共获取 2197 名 0 ~ 3 岁儿童和家庭的数据。调查发现，县级层面有一半的县没有开展婴幼儿照护服务；面向乡镇及以下提供服务的儿童早期教育机构严重不足，有些地方 3 岁以下儿童的早教服务几乎是空白；村级层面婴幼儿照护公共服务和经费投入少，缺乏儿童发展相关措施；家庭层面婴幼儿照护以女性为主，低龄留守现象突出，家庭"养""育"水平、对儿童早期发展的认识程度不高（方晋，2020）。

谯锡琴（2019）分析了农村地区儿童早期照护服务资源不足的原因，大体上可以归纳为 4 个方面：一是养育途径单一，农村教育资源包括资金投入、机构设置、婴幼儿读物等配置不均衡；二是养育师资队伍建设滞后，信息化建设尚未普及到偏远农村，普遍存在优秀教师不愿去、留不住等现象；三是对早期教育性质、地位认识不足，政策执行力度不够；四是监管体系机制不健全。

新型城镇化快速推进的背景下，流动家庭的照料需求逐渐得到重视，我国政府出台的系列政策举措，特别关注和强调了对流动儿童和留守儿童的生存和发展，但对这些儿童群体的照护仍然是一个很大的短板。特别是 0 ~ 3 岁的流动儿童和留守儿童，正处于个体发展的关键期，却因流动和留守因素的干扰，面临着严峻的发展困境。《国务院办公厅关于促进 3 岁以下婴幼儿照护服务发展的指导意见》明确提出，城镇婴幼儿照护服务机构建设要充分考虑进城务工人员随迁婴幼儿的照护服务需求，四川和重庆等地的回应也提出了对随迁婴幼儿照护服务的关注。然而，随迁子女只是受人口流动影响儿童的一部分，留守儿童早期照料缺失问题同样凸显。在新型城镇化下，流动儿童、留守儿童，乃至随父母实现市民化的儿童，都需要被纳入具体可行的治理方案。

（四）儿童早期发展的影响因素分析

我国的儿童早期发展水平，受到一系列与发展阶段及转轨特征相关因素的影响。这些因素既包括客观上存在的资源制约，也包括主观上的认识障碍，均在很大程度上影响政策的制定和实施。因此，揭示出这些因素并逐一分析，从理论上澄清认识障碍，在实践中消除体制机制障碍，有助于更准确地把握有效解决问题的思路、着眼点和抓手，从而提出有针对性的政策建议，在顶层设计的基础上，在实践中得到切实实施。

首先，在政策导向上，对于儿童早期发展意义的认识不充分。从某种程度上说，儿童早期发展对家庭和社会的重要贡献，养育和照护在儿童早期发展以及社会流动中的重要意义等，尚属较为新近的研究结论和社会共识。较为完善的养育和照护能够显著促进儿童发展，进而产生巨大的社会收益，这意味着国家应该承担尽可能大的支出责任。也就是说，在这些方面的支出并不仅仅是一种社会福利，更是一种生产性投入，能够得到真金白银的投资回报。因此，这方面的投资举措可以充实宏观经济政策工具箱。在人口负增长和老龄化加深的形势下，社会总需求不足成为常态制约，这既是对未来人力资本的投资，也可以产生刺激效应。

其次，政策制定受到正在进行的城镇化及其特点的影响。改革开放时期，我国的城镇化率大幅提升，城镇常住人口占全部人口比例，从 1978 年的 17.9% 大幅度提高到 2023 年的 66.2%。2022 年，按照世界银行定义的高收入国家标准，平均城市化率为 81.6%。如果我们把高度城市化看作是现代化的一个共性特征，那么在向基本实现现代化冲刺的过程中，中国的城镇化率预计将继续显著提高。与此同时，中国的城镇化也有国情决定的阶段性和特殊性，即户籍人口城镇化率比常住人口城镇化率低大约 18 个百分点。儿童早期发展的相对滞后、城乡差距和受人口流动影响儿童问题，正是在快速、不完整以及尚未完成的城镇化中出现的问题。

再次，发展儿童养育和照护事业的实践中，尚未实现产业政策和市场配置的有效协同。教育和照护均具有公共产品的性质，与儿童早期发展相关的养育和照护则具有更为明显的社会效益。例如，一项根据中国不发达农村地区数据进行的计量研究发现，针对 0 ~ 3 岁婴幼儿提供的托育服务，能够确保儿童得到更安全、符合早期发展规律的照护，有效地提升婴幼儿群体的健康水平，缓解母亲“工作—家庭”矛盾，提高大龄女性（祖母一代）的劳动参与率，提高育龄女性生育二孩及三孩的意愿（刘书臣，2024）。因此，相关的体系建设应该作为国家扶持的对象，以公共品供给或产业政策的方式推动。由此来看，养育和照护岗位同样具有公共服务的性质，政府投入力度不足和干预方式不当，既可能降低这个领域的发展机会，还会抑制这个领域的劳动力供给。

与此同时，儿童养育和照护发展仍然需要市场机制，不仅可以保障资源配置合理有效，还能够增强事业和产业发展的激励。国家统计局发布的《2018 年全国时间利用调查公报》显示，城乡居民所从事的以家务劳动为主的无酬劳动时间相当于有酬劳动时间的 52.7%，女性是最主要的承担者。可见，无酬劳动中任何一个部分被市场活动替代，都意味着 GDP 总量可以增加相同的比例，更不必说释放出规模巨大的劳动力供给了（蔡昉，2023）。从这个意义上说，儿童养育和照护是市场机制和产业政策结合的典型领域，两者运转中的不足和协同不够，都成为阻碍发展的因素。

最后，现行一系列体制机制因素也构成儿童早期发展的障碍。户籍制度改革尚未完成，造成劳动力流动与人口落户的分割，形成特殊的受人口流动影响儿童群体问题，相应降低了儿童早期发展机会的均等化水平。养育、照护和正规学前教育的一体化程度低，或者义务教育未能向低龄儿童阶段拓展，不仅妨碍受教育年限的持续增加，也造成儿童早期发展项目的碎片化。这些体制因素加上相关部门的固有体制障碍，以及一些治理方式弊端，都造成了儿童早期发展的投资不足、分配不均等，以及配置效率不高的后果。

三、受人口流动影响儿童的早期发展机会

（一）受人口流动影响儿童的居住安排

从全国儿童来看，家庭居住拆分的问题较为突出。我国儿童与父母共同居住的比例出现下降的趋势，全部儿童中与父母共同居住的比重，从 2000 年的 82.8% 下降到 2010 年的 72.1%，到 2020 年进一步下降为 63.6%。这相当于每 3 个儿童中就有近 1 个儿童因为各种原因不能与父母双方共同居住。人口流动无疑是最主要的原因。

流动儿童和留守儿童的家庭居住安排模式变化不尽相同（见表 3-1）。从流动儿童来看，2020 年与父母双方共同居住的比例为 63.6%，相比 2000 年和 2010 年略有下降。与母亲或父亲一方居住的比例上升，与其他人居住的比例有所下降。从留守儿童来看，农村留守儿童的居住安排发生了显著变化，最突出地表现为与母亲一方居住的儿童占比显著降低，占比从 2000 年的 43.3% 下降到 2010 年的 34.2%，到 2020 年则下降到 29.8%。主要原因是农村女性参与就业和流动比例不断提高。对应地，与父亲一方居住的农村留守儿童占比显著增加，2000—2010 年增加了 2.7 个百分点，2010—2020 年又增加了 8.1 个百分点。城镇留守儿童与父母一方居住的比例没有明显降低，但与父亲一方居住的比例有明显上升。人口迁移流动对儿童家庭的居住安排带来巨大冲击，需要关注包括留守儿童、流动儿童在内的亲子分离家庭儿童的成长发展。

表 3-1　　2000 年、2010 年、2020 年全国儿童、流动儿童和留守儿童的家庭居住安排

	与父母双方居住比例（%）	与母亲一方居住比例（%）	与父亲一方居住比例（%）	与祖父母居住比例（%）	与其他人居住比例（%）	合计（%）
2000 年						
全国儿童	82.8	6.5	3.0	3.0	4.7	100
流动儿童	63.7	5.1	1.8	3.4	26.0	100
农村留守儿童	—	43.3	13.8	24.6	18.4	100
城镇留守儿童	—	45.1	12.2	23.4	19.3	100
2010 年						
全国儿童	72.1	9.1	5.1	5.6	8.1	100
流动儿童	63.5	5.6	2.2	3.1	25.8	100
农村留守儿童	—	34.2	16.5	28.5	20.8	100
城镇留守儿童	—	40.5	19.2	20.5	19.8	100
2020 年						
全国儿童	63.6	11.2	8.4	6.1	10.7	100
流动儿童	61.8	9.3	3.8	3.5	21.7	100
农村留守儿童	—	29.8	24.6	27.1	18.5	100
城镇留守儿童	—	41.0	27.0	16.9	15.1	100

资料来源：根据历次全国人口普查汇总数据和微观数据计算整理。

（二）父母的作用是不可替代的

儿童的技能发展有较为广泛的含义，既包括通识教育中的认知能力以及从技能教育中获得的动手能力，还包括社会交往能力和情感沟通能力，以及各种各样的融入社会的能力与努力。通过以基本公共服务形式提供均等的早期教育和基础教育机会，让儿童均等地获得这些必要的技能，是防止社会阶层固化、确保充分社会流动的制度保障。诸多研究也发现，在儿童技能发展中，父母的作用是任何其他制度因素都不可替代的。父母养育子女不仅是教育阶段的提前或预备，也是父母向孩子潜移默化地灌输正确的价值观、对待和看待周围人与事的态度、与人沟通的方式，还是以自身的相应技能最大化利用公共资源和社区资源提高儿童福祉。

例如，詹姆斯·赫克曼及其合作者（2021）的一项研究在深入剖析了丹麦的数据后得出重要的结论，对于儿童发展的形式上普遍供给，并不能确保实际上的机会均等。也就是说，父母在受教育程度上的差别，仍然会影响后代的成长表现，最终导致儿童发展的差异。从这个意义上说，虽然丹麦这种典型的有助于提高社会流动性的福利国家，通过幼儿养育、学前教育、基础教育、职业教育和高等教育的免费或补贴，以及医疗、照料、社区服务等一系列基本公共服务的满足，大大提升了儿童发展的机会及其均等性，但家庭在儿童发展中仍然发挥着不可替代

和不可或缺的作用。

詹姆斯·赫克曼一向以倡导儿童早期教育著称，特别是热心游说政府对早期发展项目投资。通过这个对丹麦的研究，他坦诚自己以往甚至未能想象到家庭在儿童发展中具有如此重要的作用，并且这种作用是那些政府买单的基本公共服务项目所不可替代的。换句话说，一旦家庭不健全导致父母的作用缺失，譬如死亡、病残、离异、单亲、长期外出，或者父母本身受教育程度较低，不足以给予孩子必要的养育，其他有助于提高社会流动性的制度优势也可能功亏一篑。这样的话，这些儿童终究无法获得进入社会后所需的特质，如与他人的协同合作、工作的勤勉程度、利他的态度和互惠的意愿等。

在中国，由于父母外出打工，因此无论是流动儿童还是留守儿童，都在或大或小的程度上受到父母养育功能不健全的负面影响。根据第七次全国人口普查数据，2020 年共有 4177 万农村留守儿童，其中处在学前教育、小学和初中教育阶段的占 72.8%①。这部分儿童指父母一方或双方外出 6 个月及以上的，其中很大一部分留在农村的孩子由祖父母或外祖父母照料。除了父母独有的、不可替代的角色和功能之外，由于不同年龄和代际之间教育水平的显著差异，留守儿童未能充分享受到教育水平显著提高的年轻一代父母在养育方面的优势。

利用第七次全国人口普查数据，我们可以把作为农村留守儿童父母一代的受教育水平与祖父母一代进行比较，可以看到，在父母养育缺失的情况下，儿童的潜在人力资本损失可能有多大。在全国人口普查中，受教育程度是采用 3 岁及以上人口的学历状况表示的，分别为未上过学、学前教育、小学、初中、高中、大学专科、大学本科、硕士研究生和博士研究生。我们设定这些学历阶段的受教育年限，分别为 0 年、2 年、6 年、9 年、12 年、15 年、16 年、19 年和 22 年，由此加权计算相应年龄组人口的平均受教育年限。

根据国家统计局抽样调查数据②，2022 年离开本乡镇外出 6 个月或更长时间的农民工为 1.72 亿人，其中年龄为 21 ~ 50 岁的约占 69.5%。这个年龄段也恰好是已婚并有子女的居多，所以可以用这个群体特征来描述留守儿童父母的人力资本禀赋。这部分人大多以外来劳动力的身份，被统计为城镇的常住人口，不过，他们受教育程度一般高于同年龄农村常住人口，而低于同年龄城镇户籍居民。粗略地，我们以全国在这个年龄组上的人均受教育年限，代表外出农民工或留守儿童父母的人力资本禀赋。与此同时，这个年龄组农民工的父母或留守儿童的祖父母或外祖父母的人力资本禀赋，则以 45 ~ 74 岁年龄组的农村常住人口人均受教育年限为代表（见图 3-4）。

① 国家统计局、联合国儿童基金会、联合国人口基金：《2020 年中国儿童人口状况：事实与数据》，2023。

② 国家统计局：《2022 年农民工监测调查报告》，2023。

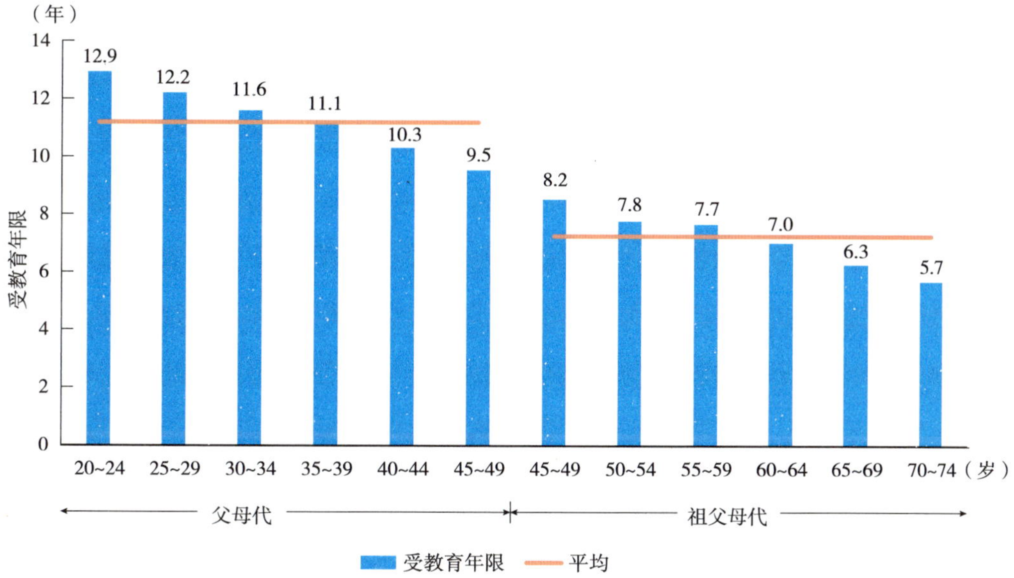

图 3-4　流动相关人口受教育程度的代际差异

资料来源：国家统计局普查数据。

注：这里可以假设20～49岁人口组为流动人口群体，45～74岁人口组为流动人口群体的父母，或流动儿童和留守儿童的祖父母或外祖父母。

与中国整体人口受教育水平的年龄分布一样，受教育水平随着年龄提高而降低，留守儿童的祖父母一代的平均受教育年限比留守儿童的父母一代要低很多。平均而言，20 ～ 49 岁这个父母群体的平均受教育年限为 11.2 年，而他们的父母辈即 45 ～ 74 岁群体的平均受教育年限仅为 7.3 年，降低了 1/3 左右。一般来说，平均受教育年限这个指标只是人力资本的一个代理指标，在某种程度上代表着一系列与养育孩子相关的能力。固然应该承认，祖父母在养育孩子方面有独特的优势，但是替代人力资本禀赋更高的父母，即使撇开亲情因素，也会降低留守儿童的综合技能培养。

第四章

新型城镇化下的城乡儿童义务教育

改革开放以来，党和国家高度重视教育公平，在推进基本公共服务均等化进程中，将义务教育均衡发展作为基本政策。特别是党的十八大以来，城乡和区域义务教育发展差距逐渐缩小，中西部和农村教育明显加强，进城务工人员随迁子女和留守儿童平等受教育权利得到更好保障。但是，受到户籍制度、教育资源配置不均衡等因素制约，城乡间、区域间、群体间的义务教育质量差距仍然很大。推进义务教育均衡发展是办好人民满意的教育、努力让每个孩子都享有公平而有质量的教育的关键步骤，也是让改革发展成果更多更公平惠及全体人民的重要举措。本章首先阐明了城镇化和教育之间的关系，并分析在户籍制度改革的背景下，城镇化对流动儿童和留守儿童教育产生的深远影响；通过总结第七次全国人口普查数据、各类统计年鉴和公报，呈现新型城镇化背景下我国城乡儿童教育的基本事实，梳理了 10 余年来我国在推进城乡义务教育一体化改革中的现状、成就和面临的挑战，并对未来可能的努力方向进行展望。

一、城镇化与教育

（一）城镇化对教育的影响

城镇化进程是城市人口规模不断扩大，城市建成面积快速扩张的过程（周文等，2017）。从社会和经济的角度看，城镇化与城市、农村地区的经济结构转型密切相关。在提高经济效益的因素驱动下，城镇化使得资源集中于城市地区的基础设施建设与金融化，这不仅为城市地区带来经济优势，也带来城乡之间发展不平衡的后果。同时，城镇化对农村地区也会产生一系列连锁反应。例如，城镇的经济发展离不开物力、财力和人力资源的支持，这为农村人口的迁移和流动提供了关键动力（Jakupec and Meier，2015）。这种劳动力从农村向城镇地区的迁移流动造成了一系列的社会经济问题，包括就业、收入分配问题，同时也包括社会服务和教育问题。

传统的城镇化理论研究为其对教育的影响提供了分析路径。例如，自我生成或城镇化的内生理论认为工业化是农村人口向城镇地区迁移流动的催化剂。随着人们向城镇迁移流动以寻找工厂工作和其他就业机会，劳动力市场向城镇地区的集中使得教育资源集中。这种集中会让城市发展资金更充足、学校的质量更高，而农村地区则可能难以维持足够的教育基础设施和吸引合格的教师（Abdel-Rahman and Anas，2004）。城镇化现代化理论则对城镇化对教育的影响持乐观态度。该理论认为发达国家和发展中国家的关系和城镇化路径会经由文化传播而趋同。随着各国经济发展和现代化推进，城市化的好处最终会扩散到农村地区，从而缩小城乡教育差距。该理论认为，技术进步、通信和交通网络的改善以及城市文化和价值观的传播将有助于缩小城乡教育差距（Inglehart and Welzel，2005）。

总体而言，城镇化对城市教育的影响是多方面的。从农村地区涌入的人口导致对教育的需求增加，给现有的城市教育基础设施和资源带来压力，学校和教室过度拥挤可能会影响教育质量。此外，城市劳动力市场对特定技能和能力的需求可能会促使教育转向职业教育和以就业为导向的教育。而对农村教育而言，在城镇化背景下面临着不同的挑战。随着家庭向城镇地区迁移流动以寻求更好的机会，农村学校的学生人数可能会减少，从而导致政府资金和资源的减少。这会进一步拉大城乡教育质量和成果之间的差距。此外，试图通过强调农业和职业技能的“农村化”计划等方式来调整农村课程以适应当地需求的做法，可能会无意中限制学生接受高等教育的进程，并使教育差距固化。随着城市化将人才吸引到城市，农村地区吸引和留住合格教师也变得越来越困难（Jakupec and Meier，2015）。

对中国来说，城镇化对教育的影响机制更为复杂，影响效应更为深远。其他国家的研究中，“迁移”或“移民”往往被视为“用脚投票”的人力资本投资（Dyer and Rajan，2023）。但与之不同的是，土地制度和户籍制度是中国城镇化的最主要原因（Lu and Wan，2015）。传统的宏观经济研究中将城镇化视为对人口流动及其财富同时进行的资源再配置活动，而中国的城镇化却往往仅有人口在城镇和农村间的流动，并无土地、房产等财产的转移，而从农村流动到城镇的人口也不能取得与城市居民相同的公共福利（Wen and Xiong，2014）。故而讨论城镇化对中国教育的影响，不能离开户籍制度的讨论。

从现有的实证研究来看，户籍制度对中国教育的影响相当深远。户籍制度赋予每个公民农村或城市居民的身份，形成二元结构。这一制度加剧了城乡之间以及城市中户籍人口和流动人口之间的教育差距。对于流动儿童而言，户籍制度为他们在城市地区获得优质教育设置了重大障碍。尽管政策改革旨在将流动儿童纳入城市公立学校，但许多流动儿童仍然面临高昂的费用、烦琐的手续和有限的空间等障碍。因此，许多特大城市中的进城务工人员子女被迫就读于进城务工人员子女私立学校。与公立学校相比，这些学校通常设施质量较差、教师资质较低、课程设置有限。这种将流动儿童“隔离”到不同学校的做法加剧了社会不公，并使教育不平等现象长期存在（Zhou and Cheung，2017）。此外，户籍制度对教育的影响超出了小学和初中阶段。由于根据户籍参加高中和大学入学考试的严格要求，使许多农民工随迁子女的前半生都是跟随父母在城市生活，他们也会被迫返回原籍继续接受教育。这种矛盾会导致回流学生适应困难、学习成绩下降和辍学率上升（韩嘉玲等，2020）。因此，户籍制度为农民工子女接受高等教育和向上流动设置了障碍，易于使弱势特征代际传递（蔡昉等，2001）。

流动儿童的教育面临的挑战还具有更广泛的社会影响。如果不能平等地接受优质教育，进城务工人员随迁子女可能难以实现全面发展，具备参与中国快速发展的经济和社会所需的技能和知识。这种教育边缘化可能会导致长期的社会和经济不平等，以及潜在的社会不稳定。解决流动儿童的教育需求，改革户籍制度以确保更公平的受教育机会，对于中国的可持续发展和社会和谐至关重要。总之，户籍制度对中国教育，尤其是流动儿童教育的影响是一个复杂的问题，需要政策制定者、教育工作者和社会工作者共同关注。虽然近期的改革旨在改善流动儿童的受教育状况，但仍存在重大挑战。在快速城镇化的背景下，要实现教育平等和社会包容，就必须继续努力消除户籍制度造成的障碍，确保所有学校获得公平的资金和资源，并为流动儿童和其家庭提供支持。

（二）教育对城镇化的影响

虽然现有研究着重讨论了城镇化和户籍政策对教育产生的影响，但反过来考虑教育对城市化的影响也同样重要。教育对城市的增长和发展起着至关重要的作用。随着对技术工人需求的增加以及全球经济更加以知识为基础，拥有强大教育机构的城市很可能会获得更多的增长和投资。从现有研究来看，对教育影响城镇化的讨论主要集中在两个方面：一是教育投资本身的外部性，如对流动人口人力资本存量的影响；二是城市公共教育服务对城镇化主力军——流动人口的影响，如教育服务影响农民工的留居意愿。

2010 年起，中国开始实施以“人的城镇化”为核心的城镇化战略，将城镇化的发展目标重新归结于人本身而非经济发展，促进流动人口市民化（蔡昉，2013），获得现代化的交通、医疗、基础设施、教育、文化娱乐等公共服务（任远，2014）。同时，以人为核心的城镇化也强调城市和流动人口现代文明与公民素质的形成（李强、王昊，2017），而教育在其中起到了举足轻重的作用。

现有研究普遍认为，城市中较高的平均受教育程度抬高了城市平均工资水平（Rauch，1991）。而受到高工资回报激励的人在城市中也有较多机会通过高校、职业培训班、电大课程等途径加大人力资本投资。虽然一些研究发现，低技能劳动力的农民工的高流动性使得其人力资本积累的可能性降低（蔡昉，2010），但中国的家庭即使个体本身无法进行人力资本的再投资，也可以通过增加子女教育投入的方式增加其家庭整体的人力资本存量（李红阳、邵敏，2017）。

现有研究还发现，城镇地区的教育回报率明显高于农村地区，教育程度高的大城市的教育回报率也高于教育程度低的小城市。同时，不同城市之间教育回报率的差异显著，规模较大、受教育程度较高的城市通常回报率较高。由于城市为技术工人提供了更好的机会，并为他们的教育投资提供了更高的回报，因此更多受过教育的人被吸引到城镇地区，从而推动了城市化进程。但同时，由于户籍制度阻碍了劳动力的充分流动，特别是受过教育的工人，城市的教育回报并没有得到充分实现（Xing，2016）。

在人力资本投资回报如此显著的情况下，城市中教育服务的可及性成为劳动力迁移决策的重要影响因素。沈亚芳等（2020）运用千村调查的数据揭示了受城市教育服务影响，人口迁移流动表现出的“洼地效应”和“边界效应”：农民工更倾向于迁往子女教育政策优惠的省份。这表明，目的地地区教育的可及性和质量是农民工决策过程中的一个重要因素。但同时，由于难以达到子女在城市入学所需的就业稳定性门槛，有子女随迁的农民工往往倾向于省内迁移。这能够降低生活成本，提高迁移稳定性，同时还能为子女提供受教育的机会。这就是迁移的“边界效应”。王卓和李天成（2024）则直接检验了义务教育可及性对农民工长期定居城市意愿的影响。结果表明，义务教育可及性显著促进了农民工的居留意愿，且该影响效应在有小学阶段子女、低学历和跨省流动农民工群体中更大。相对于超大特大城市和中小城市，义务教育可及性对在大城市居留的农民工影响更明显。

诚然，由于“教育可及性”这一指标存在量化的困难，现有的实证研究都仅能使用代理变量等方法对其影响劳动力的迁移流动、留居意愿的效应进行检验，但综合现有的研究结果，不难看出，农民工随迁子女的教育机会在城市化进程和农民工在城市长期定居的决定中起着至关重要的作用。一方面，农民工被吸引到子女受教育机会更多的地区。另一方面，“边界效应”也表明，对教育可及性的需求也可能限制迁移流动的决策。此外，提供便利的教育不仅能吸引外来务工人员进城，还能促进他们融入社会并愿意长期留在城市。这种效应对某些农民工群体和大城市尤为明显。在总和生育率和城市人口年龄结构急剧变化的当今中国，如何制定政策以减少障碍，实施有利政策，确保农民工子女能够在目的地城市接受优质教育，对于改善农民工家庭的福祉，促进城市地区的可持续发展有着至关重要的意义。

二、新型城镇化下城乡儿童义务教育的现状和问题

在中国城镇化的早期进程中，由于教育资源过度向城市集中，同时随着劳动力向城镇集聚，农村学校的学生人数不断减少，导致了中国城乡教育资源配置和教育质量之间存在巨大差距。

《国家中长期教育改革和发展规划纲要（2010—2020 年）》中提出，要加快缩小城乡差距，建立城乡一体化义务教育发展机制，在财政拨款、学校建设、教师配置等方面向农村倾斜。率先在县（区）域内实现城乡均衡发展，逐步在更大范围内推进。2016 年《国务院关于统筹推进县域内城乡义务教育一体化改革发展的若干意见》中明确提出，到 2020 年，城乡二元结构壁垒基本消除，实现义务教育与新型城镇化发展基本协调的发展目标。

（一）城乡儿童的受教育机会基本均衡

从入学机会均等的角度看，我国义务教育事业发展基本达到了 2016 年《国务院关于统筹推进县域内城乡义务教育一体化改革发展的若干意见》所提目标。根据《2020 年全国教育事业发展统计公报》,2020 年，我国九年义务教育巩固率达到 95.2%，相比 2016 年提高了 1.8 个百分点，达到了《国务院关于统筹推进县域内城乡义务教育一体化改革发展的若干意见》中 95% 的标准。《2022 年全国教育事业发展统计公报》显示，2022 年，九年义务教育巩固率上升至 95.5%，表明我国义务教育事业发展正逐年巩固。另外，2020 年小学阶段学龄儿童净入学率 99.96%，初中阶段毛入学率 102.5%，几乎实现了全体适龄儿童都能接受义务教育，无论城镇还是农村，儿童义务教育阶段的入学机会实现了基本均等（见表 4-1）。流动儿童入学情况方面，根据 2024 年 3 月教育部新闻发布会公布的数据，2023 年教育部通过新建、改扩建新增公办学位 489.2 万个，保障了 1878 万名小学一年级新生入学，进城务工人员随迁子女在公办学校就读（含政府购买学位）的比例超过 95%[①]。可见，通过 10 余年的努力，我国在保障城乡儿童入学机会均衡方面作出了巨大的努力，并取得了较为显著的成效，有力地保障了城乡各类儿童的公平入学机会。

表 4-1　2016—2022 年我国义务教育入学机会指标的变化趋势

年份	九年义务教育巩固率（%）	小学净入学率（%）	初中毛入学率（%）
2016 年	93.4	99.92	104.0
2020 年	95.2	99.96	102.5
2022 年	95.5	–	–

资料来源：作者根据相关资料整理。

（二）县域教育资源配置基本均衡

自 2016 年《国务院关于统筹推进县域内城乡义务教育一体化改革发展的若干意见》发布

① 《教育部：进城务工人员随迁子女在公办学校就读比例超 95%》,《新京报》，2024 年 3 月 1 日。

以来，在教育部牵头下，各部门多方配合，以省级统筹、市级指导、县区主责的工作机制进行了一系列的制度改革，着力突破城乡二元结构壁垒对城乡教育公平带来的影响和阻碍。一方面，国家制定了统一的城乡学校建设标准和基本设备的配置标准。另一方面，针对农村教育最薄弱的教师队伍建设问题，中央编办、教育部将农村中小学编制标准统一提高到城市标准，按小学1∶19、初中1∶13.5的师生比核定编制①。另外，还出台了一系列旨在提升农村教师质量的项目和计划，如优师工程、强师计划、师范教育协同提质计划等。

从成效上看，2013年起，我国启动了县域义务教育基本均衡发展的国家督导评估认定工作。截至2021年底，全国2895个县级行政单位均通过了国家督导评估验收②。《2022年全国教育事业发展统计公报》显示：截至2022年，全国小学阶段生师比为16.19∶1，专任教师学历合格率达99.99%，专任教师中本科以上学历比例为74.53%。体育运动场（馆）面积达标学校比例为93.52%，体育器械配备达标学校比例为97.07%，音乐器材配备达标学校比例为96.81%，美术器材配备达标学校比例为96.79%，数学自然实验仪器配备达标学校比例为96.62%，并且各项指标均逐年提高。初中阶段教育生师比为12.72∶1，专任教师学历合格率达99.94%，专任教师中本科以上学历比例为91.71%。全国初中学校中体育运动场（馆）面积达标学校占95.68%，体育器械配备达标学校比例为98.08%，音乐器材配备达标学校比例为97.88%，美术器材配备达标学校比例为97.88%，理科实验仪器配备达标学校比例为97.75%，各指标也逐年提高③。总体而言，我国县域内的义务教育资源配置已实现基本均衡，校际差异、城乡差异大幅缩小。

（三）区域间的教育资源配置差距不容忽视

县域内的教育资源配置均衡仅是实现我国教育公平目标的第一步，与我国新型城镇化进程相应而来的省与省之间，东部、中部与西部之间的教育资源差距不可忽视。教育资源配置的充足与效率也是历来教育研究的重点内容。首先，研究者们建立了用以衡量教育资源配置的关键指标。薛二勇（2013）指出，教育经费、教育设施和教师队伍是衡量区域教育资源配置的三大关键指标，在此之下共有15个二级指标用以具体衡量教育资源配置情况。这也分别对应了传统分析框架中的财力资源、物力资源和人力资源（王善迈，2008）。其次，在测度资源配置的地区差异和来源时，通常使用国际通用的不平等系数，如泰尔系数、基尼系数。最后，自Hanushek（1986）将教育视作生产活动，学生成绩视作产出，并利用投入—生产的框

①《国务院关于推动城乡义务教育一体化发展提高农村义务教育水平工作情况的报告》，中国人大网，2018。

②《十年，义务教育实现县域基本均衡发展》，《中国教育报》，2022年6月22日。

③ 教育部：《2022年全国教育事业发展统计公报》，2023。

架对公共教育资源配置的质量进行研究以来，教育资源配置的效率问题也备受关注。在我国，运用数据包络分析探究义务教育资源分配有效性是最为主流的方法。早在 2014 年就有研究发现，在《国家中长期教育改革和发展规划纲要（2010—2020 年）》颁布后的改革初期，义务教育城乡均衡发展就已经取得了较大成就，特别是在高级职称、专任教师培训、公用经费等指标上实现了一定程度的城乡均衡，但教师编制、绩效工资、生均用地面积、计算机和多媒体设施等维度仍然存在城乡显著性差异（凡勇昆、邬志辉，2014）。

从资源分配的充足性上看，2010—2020 年这 10 年间全国的教育资源分配均衡化取得了重大成就。郑磊等（2023）通过测算教育经费、教育设施和教师队伍三大维度的基尼系数发现，从 2004 年起，我国城乡教育资源配置的城乡差异已经有了显著下降。以收入基尼系数标准作为参考，基尼系数越低代表均衡状况越好，当其小于 0.2 时为绝对平均，超过 0.4 则显示了显著差距。在教育经费方面，截至 2020 年，农村初中和小学的生均经费分别为全国平均水平的 90.8% 和 95.4%，生均经费的基尼系数小于 0.1，已达到均衡状态。教育设施方面，2010—2020 年校园网建设的学校比例显著提升，其基尼系数从 0.3 降至 0.047，也已达到均衡水平。目前，仅校均教学辅助用房一项的基尼系数仍超过 0.2，达到 0.265，甚至超过 2004 年 0.235 的水平。说明该项指标并非乡村教育资源配置改革的重点项目，近 20 年间的城乡差异几乎没有改变。师资队伍方面，小学、初中教师队伍中高于规定学历的教师比例的基尼系数分别从 2010 年的 0.052 和 0.058 降至 2020 年的 0.007 和 0.018。两阶段的高级职称教师比例指标也有显著提升，尤其是初中高级职称教师比例的基尼系数，从 2004 年的 0.245 降至 2020 年的 0.016。这表明随着统一编制标准、城乡教师流动、提高乡村教师待遇保障等政策的执行，乡村教师队伍的质量逐步提高，城乡之间教师队伍质量的差距有所减小。

进一步把目光聚焦在教育资源分配的区域差异上。蔡和等（2024）测算了东部、中部、西部、东北部的义务教育资源配置水平，并通过基尼系数分解的方法进一步刻画了教育资源配置在这些区域间的差异来源，如图 4-1 所示。总的来说，2010—2020 年，东部、中部、西部、东北部地区的义务教育资源配置水平无论在城镇还是乡村都得到了显著提升，但增长率趋于下降。从空间布局来看，东部和东北部地区的义务教育资源配置水平在这 10 年间始终高于中部和西部地区，特别中部地区的资源配置水平，在所有时期，在城镇、乡村和城乡总体等各评价维度上，均处于最低位，体现出了非常显著的“中部塌陷”特征。另外，东北部地区乡村小学教育资源配置指数在 2013 年后明显高于全国及其他地区，这一现象也同样值得关注。对基尼系数进行分析发现，全国义务教育资源配置总体差异呈下降趋势，各地区内的城乡差异也在不断缩小。但是，东部地区内城乡总体、城镇和乡村普通初中以及城镇普通小学教育资源配置仍然存在较大差异，且其差异在这 10 年间的下降幅度是所有区域中最低的。同时，当前我国教育资源配置差异的主要来源是地区间的差异，并非地区内的城乡差异。

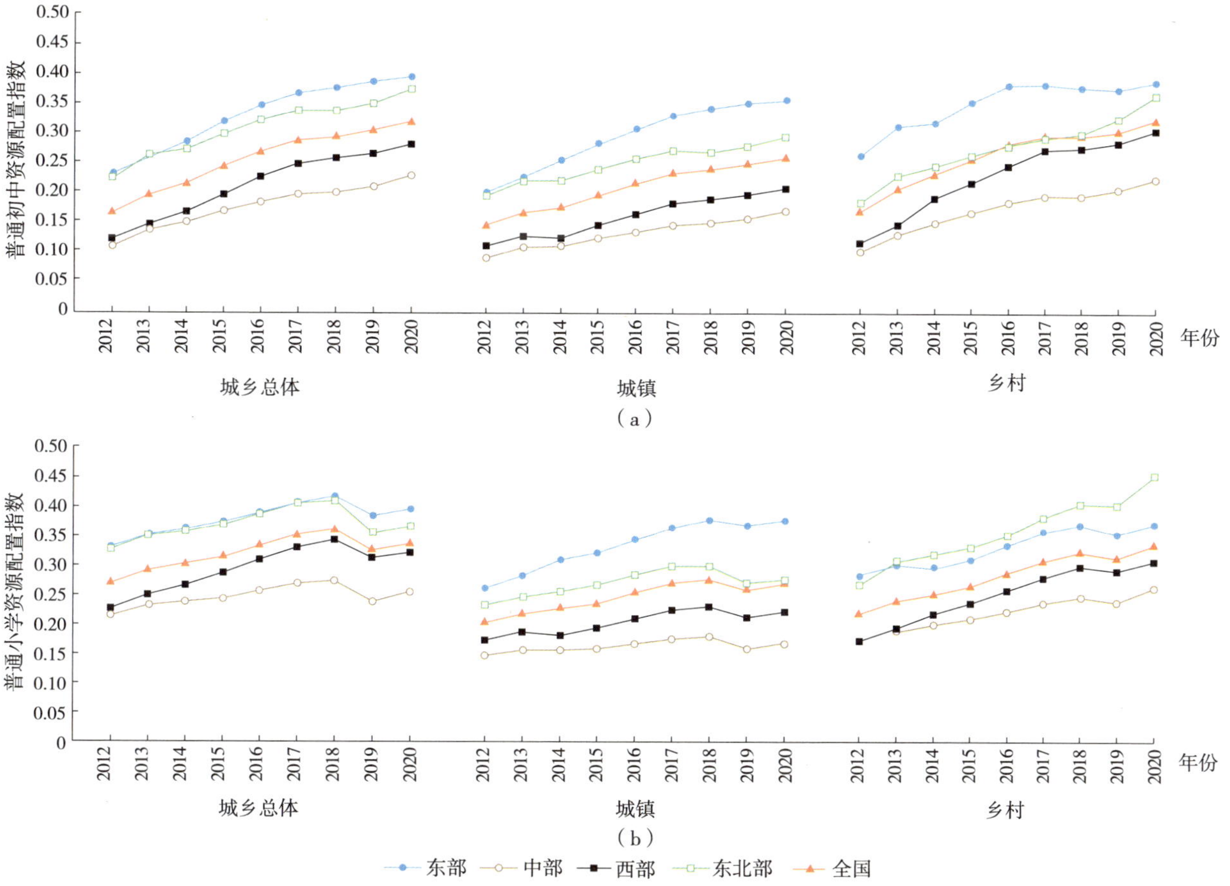

图 4-1　2012—2020 年全国与各地区义务教育资源配置水平及其变化

资料来源：蔡和、牛颖楠、罗良，《新时代义务教育资源配置的水平测度与均衡演进》。

最后，从资源配置的效率上看，目前研究认为，将资源配置的重点放在教师队伍上是提高区域义务教育资源配置效率的最有效手段。方超等（2019）通过随机前沿函数，同样从教育经费、教育设施和教师队伍 3 个方面评价了资源分配的效率。其研究结果发现，2002—2015 年，生均教育经费支出以及用于教学的计算机数对于优化义务教育资源的配置效率反而具有消极影响。特别是对小学阶段而言，生均教育经费的对数值每增加一个单位，反而造成该阶段的资源配置效率下降 23.5%，该负效应明显超过了初中阶段。这表明，单纯增加生均教育经费的支出并不有利于义务教育资源配置的效率提升。相反，增加专任教师数量对所有教育阶段的资源配置效率均有显著的正向提升作用。因此，在当前财政性教育支出占国内生产总值比例保持在 4% 以上的时期，中央与地方财政应在稳定规模、适度提升的基础上，尤其做好结构性调整，使教育资源“花在刀刃上”。

（四）城乡儿童的发展情况存在明显差距

2018 年 8 月，《国务院关于推动城乡义务教育一体化发展提高农村义务教育水平工作情况的报告》指出，城乡教育差距依然明显，虽然农村学校通过了国家县域义务教育基本均衡督导评估认定，但乡村学校教育质量、办学水平还存在明显差距。

朱斌和王元超（2019）利用中国教育追踪调查的基线数据对农村本地儿童、留守儿童、流动儿童、城市儿童 4 类儿童的学业成就状况进行了对比研究。结果发现，城市儿童的认知能力得分显著高于其他 3 类儿童，而在这三者中，流动儿童的认知能力发展水平更高，农村本地儿童次之，留守儿童处于最末。郑磊和祁翔（2020）对城乡儿童的非认知能力差距进行了检验，发现农村学生在自我效能感、自信心、自律、社会型、积极情绪、自我教育期望 6 个方面的非认知能力均与城市学生存在显著差距。

另外，乡村教育还存在对学生综合素质培养不足的问题。教育部基础教育质量监测中心的监测结果显示，乡村项目教育艺术、体育等科目的周课时不足率较城市明显更高，达 14.3%，城市仅为 5.1%。而语文、数学等科目的课时率更是超标，数学学科的超标率达 67.7%，语文课时超标率达 35.5%，城市学校这两者的指标分别为 55.5% 和 28.6%（胡平平，2021）。可见，虽然新时期我国乡村教育已经取得了长足发展，但由于其发展基础薄弱，在教育结果上仍和城市教育存在相当差距。从县域内均衡走向优质均衡，一定要以正确的教育理念指导教育改革，进一步合理配置城乡教育资源，追求均衡，关注全体学生的全面发展，缩小城乡教育差距。

三、城乡儿童教育改革面临的挑战

（一）城乡二元体制成为教育服务供给的制度瓶颈

如前所述，教育所带来的人力资本积累不仅有益于地区的经济增长和社会稳定，也对人的迁移流动意愿影响颇大。在以人的城镇化为目标的新型城镇化背景下，发挥教育的作用首先要使公共教育服务对流动人口可及。长期以来，我国的户籍制度与城乡社会福利挂钩，对农业人口和非农业人口实行差别化管理，形成城乡分割的二元结构，这使得城市教育资源难以覆盖绝大多数农业户籍人口。同时，户籍制度对人口流动的限制，也阻碍了农业人口享受城市优质教育资源的机会。特别是对于流动儿童而言，由于无法在迁入地城市落户，使他们在公立学校就读面临重重障碍，许多流动儿童只能就读于质量较差的学校或回流到家乡。这种城乡分割的教育供给体系加剧了教育不公平。

随着户籍制度改革的不断推进，2020—2023年，进城务工人员随迁子女在公办学校就读（含政府购买学位）的比例在3年时间内就从85.8%增至95%[①]，足见我国在解决流动儿童入学问题上的决心和成效。然而，第七次全国人口普查数据结果显示，2020年我国仍有留守儿童6693万人。现有研究发现，各地政府对流动儿童设置的义务教育入学门槛能显著预测流动人口子女的留守概率（王茹等，2023）。那么反过来说，如果流动儿童的教育供给已然充足，为何我国仍有如此庞大的留守儿童群体？

一方面，入学门槛的降低并不代表入学限制的消失。目前大多数的特大城市和超大城市颁布解决流动儿童入学问题的政策仅针对幼升小或小升初的儿童，对于处于义务教育阶段中间学段的儿童，即使能达到积分入学门槛或提供相应的居住、社保证明，也很难“插队”进入公办学校。同时，包括中小城市在内的绝大多数城市的政策均根据学位情况统筹安排流动儿童入读学位，一些城市还设置了专门的学校范围。流动儿童不仅无法对学校进行选择，有时还会因学位紧缺被安排在离家甚远的学校就读。以上情况都导致流动儿童的入学门槛看似降低了，但实际教育需求仍然难以得到满足，种种限制将他们排除在了95%的统计数字之外。

另一方面，异地中考和高考的门槛高，相关改革进展迟缓。在现有高考制度下，各省的高考试题和录取情况都不相同。因此对流动人口家庭而言，如果子女无法在流入地中考并获得高中的入学机会，他们宁愿让子女回流到户籍所在地接受教育。研究表明，异地中考的门槛直接影响流动儿童的留守概率，且该影响在低技能家庭中更为明显（陈媛媛等，2024）。李红娟和宁颖丹（2020）对全国60个城市的异地中考政策进行了编码和分析，那些人口的主要流入地往往是异地中考门槛较高的城市，这些门槛包括职业、住所、社保缴纳情况、学籍、连续就读年限甚至报考志愿的院校和批次。以北京市为例，2012年北京进城务工人员需同时满足以下五大要求，才能使其子女获得报考中等职业学校的机会：①持有居住证；②有合法稳定的住所；③有合法稳定的职业满3年；④在京连续缴纳社会保险（医疗保险或养老保险）满3年；⑤随迁子女具有本市学籍且已在京连续就读初中3年学习年限[②]。2012年的政策下，流动儿童只需父母持有工作居住证（工作居住确认单）或四证，即在京务工就业证明、在京实际居住证明、北京市居住证、全家户口簿，即可报名登记进入义务教育阶段学校就读。

从教育部公布的数据可以看出，异地高考政策实施10年来取得了一定进展，但惠及面仍有待扩大。如表4-2所示，2013年，约0.45万名随迁子女获得在流入地参加义务教育后升学考试的资格。2022年，估计有34.85万名随迁子女在流入地参加了高考。截至2022年9月，

①《教育部：进城务工人员随迁子女在公办学校就读比例超95%》，《新京报》，2024年3月1日。

② 北京市教育考试院、北京市教育委员会：《进城务工人员随迁子女中考问题》，2024。

累计已有 168 余万名随迁子女在流入地参加了高考。然而，相较于庞大的流动儿童群体，这一数字仍显不足。2020 年，我国流动儿童规模为 7109 万人，其中 15~17 岁高中学龄流动儿童为 1791 万人。如此大规模的流动儿童群体与相对较少的异地高考人数形成鲜明对比，反映出异地高考政策在实施过程中仍面临诸多挑战。

表 4-2　2013—2022 年随迁子女高考报考情况

指标	2013 年	2014 年	2015 年	2016 年	2017 年	2018 年	2019 年	2020 年	2021 年	2022 年
随迁子女毕业人数（万人）	11.62	15.09	20.87	25.81	29.54	34.04	39.56	42.43	49.70	58.10
随迁子女报考人数（万人）	0.45	5.6	7.0	11.8	15.0	17.6	22.4	25.6	27.7	34.85
报考率（%）	3.87	37.10	33.55	45.72	50.77	51.71	56.62	60.33	55.73	59.98

资料来源：朱富言,《21 世纪异地高考政策实施十年的回顾与展望》。

综上可见，即使流动儿童的入学门槛较前些年已大幅降低，但异地中考、高考门槛仍然较高，且对报考院校有诸多限制，多年来相关政策的改革相对迟滞，使得流动儿童异地升学仍然困难重重。

（二）资源的空间错配导致“城挤”“乡缩”“村弱”的局面

在快速城镇化过程中，教育资源配置呈现出“城挤”“乡缩”“村弱”的空间失衡。一方面，随着城市常住人口的快速增长，在“大班额”“择校热”频发的同时，优质教育资源相对稀缺，教育供需矛盾突出。北京、上海、广州、深圳等超大城市，虽然 2010—2020 年城市整体义务教育的学校数呈下降趋势，但其常住人口数和在校生数却节节攀升。表 4-3 显示了这些城市 2010 年和 2020 年的小学在校生数与学校数的对比情况。10 年间，北京、上海、广州的小学学校数量均有所下降，北京的小学甚至减少超过 100 所，然而三大城市的小学在校人数均大幅增加，广州小学在校生数甚至突破了 110 万。深圳虽然增加了 7 所学校，但在校生人数也从约 62 万增加到了 100 万多。虽然据教育部数据，2023 年流动儿童在公办学校就读（含政府购买学位）的比例超过 95%，但在《中华人民共和国国民经济和社会发展第十四个五年规划和 2035 年远景目标纲要》中仍然将加快城镇学校扩容增位，保障农业转移人口随迁子女平等享有基本公共教育服务放在建设高质量教育体系的重要目标中，说明破解“城挤”难题依然是下个阶段城乡教育一体化改革中不可忽视的一环。

另一方面，农村地区常住人口不断流失，不少农村学校面临招生不足、教学资源闲置的问题。特别是在村一级，很多教学点因学生太少而撤并，拉长了农村学生上学的路程，进一步恶化了学习环境。在乡镇一级，由于需要接收原有村级教学点的学生，学校面临“人满为患”的局面。

表 4-3　　2010 年、2020 年北京、上海、广州、深圳小学学校数和在校生数情况

	年份	小学数量（所）	小学在校生数（人）
北京	2010 年	1104	653255
	2020 年	934	995046
上海	2010 年	766	701578
	2020 年	684	861000
广州	2010 年	1004	824807
	2020 年	992	1125103
深圳	2010 年	340	618459
	2020 年	347	1091179

资料来源：郑磊、李虔、张绘,《中国城乡义务教育一体化的发展现状、动力机制及政策路径》。

在这些因素的共同作用下，城乡之间、区域之间的教育资源配置严重失衡，进一步加剧了教育的不公平。教育资源的错配形成了城乡、区域间的恶性循环，严重制约了教育的均衡发展。

这种局面的形成有其深刻的制度和政策根源。一方面，计划生育政策导致农村适龄儿童数量锐减，许多农村学校面临生源危机。另一方面，快速城镇化使得大量农村适龄儿童随父母进城就学，进一步加剧了农村学校的生源流失。与此同时，教育管理的地方化导致大规模的农村学校撤并，加速了农村教育的萎缩。许多撤并决策缺乏科学论证，地方政府往往以教育资源不足、缺乏规模效益等短期发展困境作为小规模学校的撤并理由，忽视了交通条件、寄宿条件等因素，对学校布局缺乏明确、科学的方案设计，导致农村学生上学困难加剧（赵丹等，2024）。更为关键的是，在教育资源配置上，长期存在城市偏好而农村教育投入严重不足的问题。许多农村学校办学条件差，教师队伍老龄化严重，教学质量不高，这又进一步推动了适龄儿童的外流。种种因素叠加，形成了农村教育的恶性循环，造成了当前教育资源配置“城挤”“乡缩”“村弱”的空间失衡局面。教育资源在城乡、区域间形成恶性循环，严重制约了教育均衡发展，亟须进一步深化教育综合改革。

（三）各学段发展不均衡，普职比例仍需调整，教育结构亟待优化

《中国教育现代化 2035》提出，着力从提高教育质量、促进教育公平、优化教育结构 3 个方面推进教育现代化。在此背景下，优化教育结构正在成为位列提高教育质量、促进教育公平之后教育发展的第三大主题（秦玉友等，2023）。在教育结构优化的改革过程中，普通教育与职业教育的协调发展成了关键瓶颈，制约着教育现代化进程和人力资源开发。

从宏观上看，职业教育在培养具有专业技能和职业素养的高素质劳动者方面不可或缺。大

量研究表明，一个地区的职业教育水平与人力资本存量密切相关，通过培养劳动者的职业技能、综合能力和价值观，职业教育能显著促进地区人力资本的积累（梁晨等，2023）。通过开展多层次、多类型的职业教育，能够更好地满足各行各业对技术技能人才的需求，为产业转型升级提供智力支持。同时，职业教育注重理论与实践相结合，强调学生的动手能力和创新意识，有助于提升劳动者的就业竞争力和社会适应性。发达国家之所以能够长期保持竞争优势，很大程度上得益于其先进的职业教育体系。当前，我国正处于新型工业化、信息化、新型城镇化、农业现代化同步发展的关键阶段，迫切需要大批高素质技术技能人才。因此，加快发展现代职业教育，对于推动高质量发展、加快建设现代化经济体系具有重要意义。

改革开放以来，随着工业化、城镇化进程加快，大量农村剩余劳动力涌入城市，《2022 年农民工监测调查报告》数据显示，2022 年我国农民工总量达到 29562 万人。由于户籍制度的限制，农民工子女在城市接受教育面临诸多障碍。异地高考门槛高，升学渠道窄，公共教育资源有限，民办学校质量参差不齐，这些因素都加剧了流动儿童的教育困境。在这种情况下，职业教育曾经成为许多农民工子女的重要选择。通过在城市接受中等职业教育，他们一方面可以学到一技之长，另一方面也可借此在城市寻求工作，为未来在城市谋生奠定基础。中等职业教育一度成为流动儿童制度化的主要途径，在一定程度上缓解了农民工子女接受义务教育后面临的升学压力，为他们提供了继续留在城市的机会。

然而，随着户籍制度改革的推进和城乡融合发展的深入，预计到 2035 年，我国户籍人口城镇化率将达到 65%。在未来以户籍制度为基础的城乡二元结构被打破后，教育将不再也不应是农村学生在城乡之间流动的决定性因素。他们可以更多地根据自身的意愿和特点选择未来在城镇还是农村接受教育和生活。在此情形下，职业教育应成为流动儿童接受优质教育的多元选择之一。一方面，城市的高等职业院校可以通过提供有针对性的教育，帮助流动儿童适应城市生活，实现个人价值；另一方面，返乡就业创业将成为部分流动儿童的务实选择，农村职业教育可以通过培养一专多能型人才，引导他们投身乡村振兴事业。因此，大力发展城乡职业教育，构建纵向贯通、横向融通的现代职业教育体系，对于拓宽流动儿童成长成才通道至关重要。

受体制机制、社会观念等因素制约，我国职业教育长期发展滞后，办学条件、师资力量、教学质量总体不高，职普比例失衡，难以有效适应新发展阶段经济社会发展需要。《2022 年全国教育事业发展统计公报》显示，2022 年中等职业学校在校生总规模为 1339.29 万人，普通高中为 2713.87 万人。从招生人数上看，2022 年普通高中招生 947.54 万人，中等职业教育招生 484.78 万人。由于办学条件和师资力量不足，中职教育普遍重理论、轻实践，与产业结合不紧密，人才培养与就业市场需求脱节，学生职业技能与就业能力严重不足。再加上重学历、轻技能的传统观念影响，职业教育学生普遍自我认同感低，职业教育社会吸引力弱。这些问题如果得不到有效缓解，势必影响职业教育的健康可持续发展。与普通教育学生相比，职业院校学生在专业理论、创新能力、外语水平等方面确实还存在不小差距，这在一定程度上制约了他们的职业发展。调查显示，超过60%的中职毕业生工作不超过两年即离职，毕业生工资低于3000元的占25%，不到城镇职工平均工资的60%。这种状况如果长期得不到改善，不仅影响职业教育的社会认可度，也将进一步加剧教育不公。

在普职分流的大背景下，职业教育有沦为本地学生回避、外来学生无奈选择的风险。为完成国家规定的中职招生计划，一些地区不得不降低录取标准，使得大量学习基础薄弱的流动儿童被迫选择职业教育。近年来，不同地区中考录取分数线差异明显，最低投档线呈现下滑趋势。在一些经济欠发达地区，中职学校招生低进低出现象严重，生源质量每况愈下。有研究发现，相当一部分进入中职学校就读的学生，其初中学业成绩本可上普通高中，之所以选择中职，完全是升学无望的无奈之举，而非出于对职业的兴趣和专业的向往。另外，不少学生虽然通过课外补习等途径在中考中处于前50%，并因此进入普通高中，但他们的天性里蕴含更多技术技能成分，其实并不适合普通教育，反而更适合职业教育（张继平，2024）。这样的矛盾导致普职分流并未体现教育结构优化的公平属性，更不利于职业教育的高质量发展。

可见，发展职业教育是优化教育结构、促进教育公平、服务经济社会发展的必由之路。在新型城镇化背景下，特别要立足流动人口教育需求，把加强面向农业转移人口的职业教育作为重要着力点，突出抓好县域城乡一体化的职教中心和城市新市民子女的中高职衔接。同时，要坚持把提高质量作为职业教育改革发展的核心任务，用高质量职业教育支撑高质量发展。在普职分流政策实施过程中，更要克服急功近利倾向，坚持尊重规律、循序渐进，切实保障学生的自主选择权，为不同潜质、不同志向的学生搭建成长成才的立交桥。唯有不断深化体制机制改革，健全政府、行业、企业、学校协同育人机制，扩大优质教育资源供给，我国职业教育才能焕发勃勃生机，更好地为经济社会高质量发展和人的全面发展服务。

四、促进城乡义务教育均衡的探索与实践

（一）优化“县管校聘”管理体制，促进城乡教师均衡配置

教师流动是指学校与教师之间相互选择而实现的教师工作单位的变动。但由于部分地区的教师流动并不改变教师的人事关系，待流动期满后教师自动回到原有学校工作，这导致了教师尤其是高职称、高技能的教师不愿意参加或不全身心地参加教师流动（方征、谢辰，2016）。“县管校

聘”管理体制，根据县域内教师岗位的比例标准、公开招聘或聘用管理办法、培养培训计划、业绩考核和工资待遇方案、人事档案管理规范和退休管理服务，学校依法与教师签订聘用合同，负责教师任用和日常管理。该方案明确了义务教育教师由县级政府教育主管部门管理、学校聘用、县域内交流的用人制度。改革打破了教师进城区、学校“逐校争”的局面，实现了县域内校长教师交流全覆盖、城乡教师轮岗常态化，有效促进了优秀教师向农村学校、偏远学校流动。

近年来，在教师轮岗、流动的基础上，各地也逐渐开始探索校长和骨干教师的交流轮岗计划。中共中央办公厅、国务院办公厅印发的《关于构建优质均衡的基本公共教育服务体系的意见》中指出，原则上在同一学校连续任教达到一定年限的校长和优秀骨干教师应优先进行交流轮岗，各地区要以县（市、区、旗）为单位，制定校长和优秀骨干教师交流轮岗具体实施方案，加快实现县域内校际师资均衡配置，对培养、输送优秀骨干教师的学校给予奖励支持，对作出突出贡献的校长教师在各级评优表彰工作中予以倾斜，按照国家有关规定予以表彰奖励。

（二）推进城乡学校联盟发展，促进优质教育资源共享

城乡学校联盟是指城镇优质学校与农村薄弱学校结成联盟，通过资源共享、管理输出、人才培养等方式，促进城乡学校共同发展的一种办学模式。上海市奉贤区自 2007 年开始实施“城乡学校结对帮困”工程，鼓励城区优质学校与农村薄弱学校结对，通过“名校 + 薄弱校”“强校 + 弱校”等组团方式，在师资、课程、管理等方面给予全面支持。截至 2010 年，奉贤区已有 36 所农村薄弱校全部由城区优质学校进行帮扶，农村学校办学条件和教育质量明显改善（张胜利等，2016）。奉贤区于 2018 年构建了以区域优质学校为核心、市域优质资源为外援、成员学校组团的“1+1+X”教育集团，覆盖全区所有义务教育学校。这表明奉贤区在城乡学校联盟方面取得了进一步的发展，并且已经实现了 100% 的集团化办学覆盖。成都市也积极推动城乡学校联盟发展，以签订合作协议、共同制订发展规划为抓手，全面推动城乡学校在管理理念、教育资源、教学研究等方面的深度融合（许程姝、邬志辉，2020）。这种联盟模式打破了城乡、区域壁垒，实现了优质教育资源的共建共享，促进了城乡教育的均衡发展。

（三）加大教育投入，改善农村学校办学条件

建立健全城乡统一的义务教育经费保障机制是缩小城乡教育差距、促进教育公平的重要基础。上海市奉贤区在市级财政的大力支持下，建立了区级统筹、分级负担、按生均定额拨款的农村义务教育经费保障机制，实现了城乡义务教育生均公用经费基本相等。同时，加大农村学校建设投入，全面实施农村学校标准化建设工程，使全区所有农村学校办学条件达到城区学

校标准。重庆市建立了由市级统筹、区县分担的农村学校标准化建设投入机制，市级财政给予30%～70%的资金补助，全面改善了农村学校的校舍、设施设备等办学条件，有效缩小了城乡教育基础设施差距（李涛、宋玉波，2011）。

（四）健全精准资助机制，遏制农村学生辍学

农村义务教育阶段辍学问题一直是困扰农村教育发展的重点难题。为有效遏制农村学生辍学，必须健全精准资助机制。各地建立相关学生档案，实行动态监测，做到“一生一案”“一生一策”。通过免除学杂费、提供生活补助、改善营养餐等措施给予经济帮扶，通过完善留守儿童关爱服务体系、加强师德师风建设等给予生活和学习帮扶，从而消除辍学隐患。

总之，在推进城乡义务教育均衡发展的进程中，各地结合本地实际，进行了诸多大胆探索和积极实践，在管理体制、资源配置、条件改善、队伍建设等方面采取了一系列务实管用的政策举措，并取得了积极成效，为全面实现城乡义务教育均衡发展积累了宝贵经验。政府应认真总结推广各地行之有效的实践经验，不断完善城乡义务教育均衡发展的体制机制，促进义务教育优质均衡发展。

第五章

新型城镇化下的儿童健康素质

我国城镇化的加速发展，让儿童享受到了更多的医疗资源和更好的医疗条件，儿童的生存和营养健康状况明显改善。然而，与新型城镇化进程相伴的社会结构、家庭结构、生活行为方式和居住环境的改变，导致近视、超重肥胖、意外伤害、脊柱侧弯、听力受损等公共卫生领域问题，正在取代常见的传染病、慢性病，成为困扰儿童的主要健康问题。在此过程中，尽管国家和社会层面作出了很多努力，但仍存在着儿童健康水平和保健服务体系的区域差异明显、儿童医疗保障不足、流动儿童和留守儿童的健康状况和医疗服务可及性差、儿童药品供应保障体系不完善等情况。儿童健康是一项系统长远工程，要宏观和微观相结合，从立法保障、政策完善、预防管理、服务均衡等方面综合施策，才能形成有利于儿童健康高质量发展的社会环境。

二十届中央财经委员会第一次会议明确提出，人口健康素质是与科学文化素质以及思想道德素质并列的三类核心素质之一。儿童是国家的未来、民族的希望，当代儿童既是我国实现第一个百年奋斗目标的受益者，更是实现第二个百年奋斗目标、建设社会主义现代化强国的生力军。儿童时期是人一生中生长发育、综合能力发展和良好行为建立最重要的时期。因此，科学照护、优化营养、疾病预防、定期监测并正确干预营养健康指标，将为儿童身心健康成长打下牢固根基，对其成年后的个人劳动能力和预期寿命产生深远影响，也是一个国家和地区经济发展和疾病负担的主要决定因素。儿童健康是全民健康的基础，全面关注和保障儿童的健康成长是落实健康中国战略的重要举措，是为实现中国式现代化提供健康人力资源的重要前提，是国家富强和民族复兴的重要标志。

一、城镇化发展对儿童健康的影响

中华人民共和国成立至今，儿童健康一直被放在我国优先发展的战略地位。随着经济水平的提高、教育机会的增加、医疗技术水平的持续进步以及医疗卫生事业制度的不断完善，我国儿童健康素质有了显著提升。与此同时，伴随着工业化和城镇化的加速发展以及信息科技的不断进步，我国的社会结构、家庭结构、居住生存环境，人们的生产生活方式和膳食结构等都发生了深刻变化，进而影响人们的健康状况。一方面，新型城镇化带给我们现代城市文明，使人们能够分享先进的医药和医疗技术，获得更完备、更高级的医疗保障，为儿童的健康成长提供更好的发展条件和成长空间；另一方面，城市化发展也带来了家庭照料能力弱化、生活压力加大、环境污染、区域发展不平衡等问题，给儿童健康带来了负面影响和危害。

第一，区域发展的不平衡导致儿童健康的区域差异显著。人的健康与经济收入存在着相互促进的正向关系，即收入增加能提高人们的健康水平。对我国农村留守儿童的研究发现，经济因素和社区卫生医疗条件改善对儿童健康状况有明显的积极作用（宋月萍、张耀光，2009）。尽管我国政府发布多项政策法规和行动计划，助推改善儿童青少年的营养健康状况，但由于我国各地区的经济发展水平、自然环境以及城乡差异持续存在，儿童健康状况的区域差异特征明显。地区因素和社区分层因素对我国儿童健康差异性的贡献程度最大，即东部地区和中部地区的儿童健康状况明显优于西部地区，城市社区和城郊社区儿童的健康状况较农村社区儿童的健康状况好（伍倩云、潘杰，2020）。从中小学生体质健康水平看，绝大多数东部沿海地区的学生高于中西部地区，西南地区位居全国最低（张亚平，2011）；在合理膳食摄入方面城市也好于农村（张倩，2022）。这些表现与我国东部地区、中部地区和城市社区的经济发展水平更高、卫生资源更集中直接相关。

第二，人口流动和家庭变迁对儿童健康影响是一把“双刃剑”。我国人口的高流动性已成为生活常态，且在流动的过程中产生了留守儿童和流动儿童两个特殊群体。一方面，父母外出务工提高了家庭经济收入，整个家庭有了更加稳定持续的现金流，儿童能获得更丰富的物资储备和多样的健康服务。比如，流动儿童因与父母一起流动到城市生活，其生存环境和生活方式得以改变，在相互陪伴中形成家庭合力，共同抵御外部因素的影响，进而促进了健康状况的改善（赵如婧、周皓，2018）。另一方面，因父母缺位，导致留守儿童在卫生服务利用、健康行为养成、营养膳食均衡等方面都处于劣势。诸多研究发现，父母外出务工对留守儿童的生理健康有负向影响（张艺珂，2020），尤其是母亲外出务工的留守儿童生存境地最为不利，生病（患慢性病）的可能性增加（李强、臧文斌，2011），患病风险最高、就诊率最低（宋月萍，2018）。若不考虑个人的社会经济差异，儿童与亲生父母生活在一起拥有较好的健康状况（Schmeer，2009）。在饮食和营养方面，相较于父母某方在家照料的留守儿童，由祖父母或外祖父母隔代照料的留守儿童饮食条件更差一些（叶敬忠等，2006）；留守儿童比非留守儿童更经常食用油炸食品、膨化食品、西式快餐等（张艺珂，2020）。

第三，生活方式和膳食结构的改变引发新的健康问题。改革开放以来，人民生活水平显著提高，膳食结构也发生改变，我国儿童的营养不良、生长发育迟缓问题得到极大改善，但超重肥胖、性早熟、体质下降等问题却日益凸显。同时，城市的现代化发展使得生活节奏加快，快餐文化和外卖经济成为一种主流的新生活方式，越来越多的儿童青睐含糖饮料、油炸食物、甜食等高油高盐高糖的不健康食品（马军等，2022），加之外卖餐饮行业存在加工过程隐蔽、从业人员食品安全意识淡薄等一系列食品安全隐患（李秀云，2023），导致儿童出现营养不均衡、体质健康变差的情况更为普遍。

第四，现代信息技术的广泛应用对儿童的视力、听力、运动能力产生了负面影响。当今社会信息技术日新月异，各种学习软件和学习 App 层出不穷，智能手机和平板电脑已经走进中国的千家万户，成为儿童获取新知识、新技能的主要工具之一。高科技手段的应用导致儿童每天久坐、近距离用眼时间变长，近视发生率居高不下，近视低龄化和重度化日益严重的问题。有研究指出，每日视屏时间超过 2 小时的儿童青少年，更容易出现超重肥胖、体质健康和心理行为问题（温世博等，2023）。此外，戴耳机听音乐已成为青少年的主要休闲方式，耳机是引起听力损伤的重要潜在因素，且对听力造成的损伤不可逆转（万婷月等，2023）。

第五，城乡二元体制间接地影响儿童健康。由于我国城乡二元体制的存在，医疗保险、教育等公共服务政策与户籍有着紧密联系，非正规就业的流动人口常常被排斥在流入地的社会保障之外。医疗保障水平是影响儿童健康的重要因素之一，是否参加医保对所有儿童健康状况影响均有统计学意义（王红英等，2021）。由于各地医保家庭共济的情况不一，使得没有在公立教育机构内就读的流动儿童和学龄前儿童都不能与本地儿童享受同等的医疗保险，导致流动儿童的卫生服务利用率较低，这使得接近 1/5 的儿童存在应就医而未就医的情况（马伟玲等，2013）。

新型城镇化既是经济发展的必然结果，又是实现中国式现代化的必由之路，也是新时代推动中国经济高质量发展的重要动力。上述研究表明，新型城镇化和现代化的发展对儿童健康的影响有利有弊。未来一段时期内，与新型城镇化发展相伴的大规模人口流动会愈加频繁，科技进步亦不断更新，加之我国少子化和人口老龄化的人口发展新形势长期存在，家庭结构和社会结构的变动等都将对儿童健康产生多方面的影响，儿童健康将面临更多新问题和新挑战。本章聚焦新型城镇化发展对儿童青少年的健康影响，从现状特征分析入手，正确看待儿童健康发展中亟待解决的突出问题，并在此基础上提出未来的应对举措。

二、我国儿童营养与健康现状

中华人民共和国成立以来，我国在儿童营养与健康方面付出了巨大努力，儿童的生存权、健康权和发展权都得到了充分保障，健康公平性明显改善。从儿童健康的集中指数值看，1991—2015 年我国儿童的健康公平性有波动性的变化，但总体上呈现减小的趋势。1991—2000 年，我国儿童健康的集中指数值从 0.169 上升至 0.199，健康不公平表现出扩大趋势；2000 年以后，集中指数值开始逐渐减小，到 2015 年为 0.100，表明我国儿童的健康不平等已得到明显的改善（伍倩云、潘杰，2020）。这一方面得益于我国政府在各个时期及时颁布各项法律法规政策，集中力量解决儿童健康面临的突出问题，另一方面与经济社会的长足发展推进儿童健康事业紧密相关。

（一）儿童营养健康的进步与成效

1. 新生儿、婴儿及 5 岁以下儿童死亡率持续下降，已位居中高收入国家前列

我国从 1989 年起逐步建立了孕产妇死亡、5 岁以下儿童死亡和出生缺陷监测网，培养了大批妇产科、儿科专业人才队伍，妇幼健康服务能力不断增强。截至 2021 年底，全国共有妇幼保健机构 3052 家，妇产医院 809 家，儿童医院 228 家，综合医院儿科门诊 6947 个；儿科总床位数约 53 万张，从业人员近 64 万人①。在规模如此庞大的妇幼医疗服务网络的支撑下，我国儿童的生存状况取得了显著进步。2012 年，世界卫生组织宣布中国消除新生儿破伤风，标志着中国妇幼健康服务质量和可及性达到新水平，妇幼健康工作由“保生存”向“促发展”转变②。

1991—2022 年，我国新生儿死亡率、婴儿死亡率、5 岁以下儿童死亡率分别从 33.1‰、50.2‰、61.0‰下降到 3.1‰、4.8‰、6.9‰，31 年间分别降低了 30.0、45.4 和 54.1 个千分点（见图 5-1、图 5-2、图 5-3）。5 岁以下儿童死亡率已提前实现了《中国儿童发展纲要（2021—2030）》6.0‰的目标。目前，我国新生儿死亡率、婴儿死亡率、5 岁以下儿童死亡率远低于中等收入国家平均水平，已位居全球中高收入国家前列。

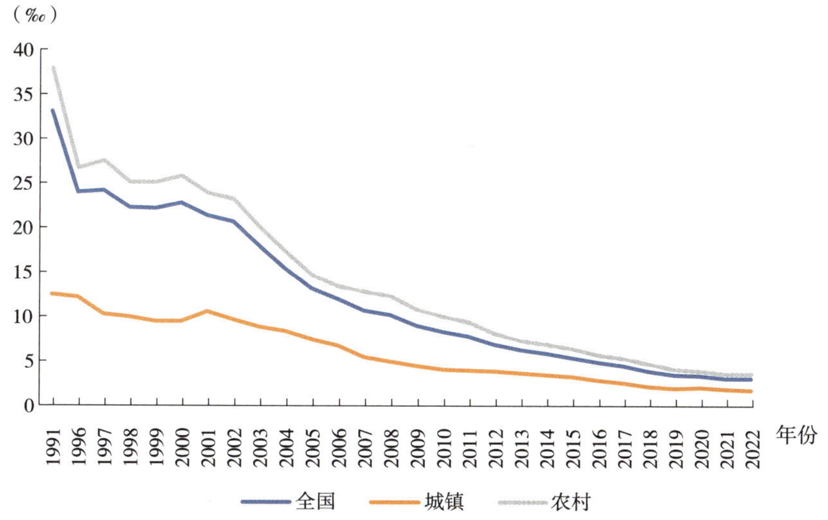

图 5-1　1991—2022 年我国新生儿死亡率变化趋势

资料来源：作者根据相关资料整理。

① 国家卫生健康委员会：《关于政协十三届全国委员会第四次会议第 4553 号（医疗体育类 537 号）提案答复的函》，2021。

② 国家卫生健康委员会妇幼健康司：《中国妇幼健康事业发展报告（2019）》，2019。

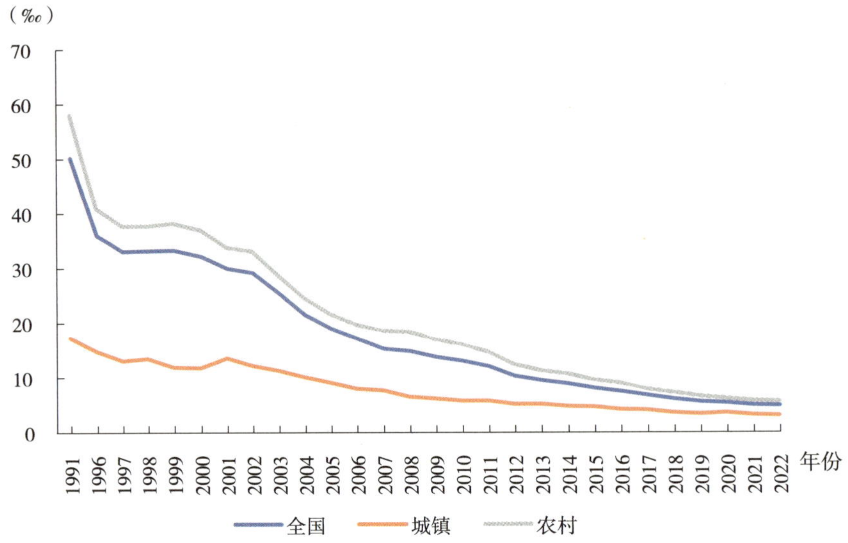

图 5-2　1991—2022 年我国婴儿死亡率变化趋势

资料来源：作者根据相关资料整理。

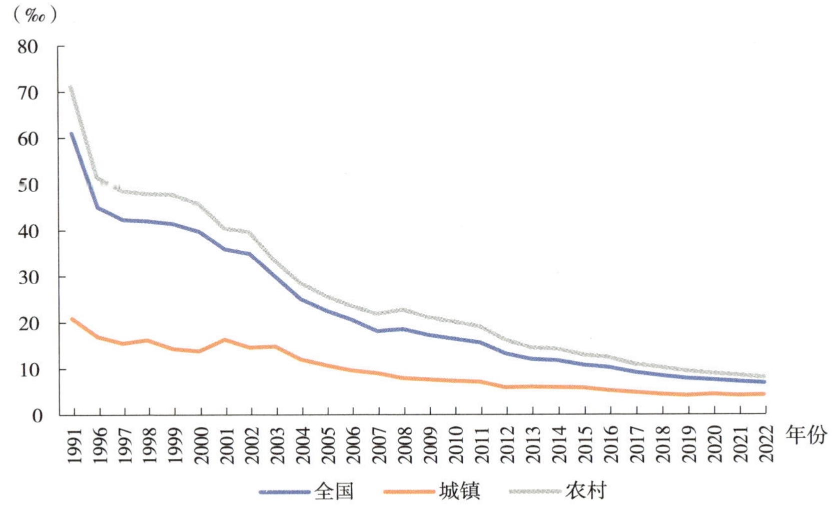

图 5-3　1991—2022 年我国 5 岁以下儿童死亡率变化趋势

资料来源：作者根据相关资料整理。

与此同时，这 3 项指标的城乡差距明显缩小。1991 年，我国城乡新生儿死亡率、婴儿死亡率、5 岁以下儿童死亡率的差距分别高达 25.4、40.7 和 50.2 个千分点，到 2022 年 3 项指标的城乡差距已分别缩小到 1.8、2.6 和 3.8 个千分点。5 岁以下儿童死亡率的下降对我国人均预期寿命的延长作出了重要贡献。

不同地区之间 5 岁以下儿童死亡率差距虽有所缩小，但差距仍然明显。2020 年东部、中部和西部地区的 5 岁以下儿童死亡率分别为 4.1‰、6.6‰和 10.6‰[①]，极差为 6.5‰，相较于 2010 年（9.7‰、14.8‰和 21.1‰[②]，极差为 11.4‰）分别下降了 57.7%、55.4%、49.8% 和 43.0%。

① 国家统计局:《〈中国儿童发展纲要（2011—2020 年）〉终期统计监测报告》，2021。

② 国家卫生部:《中国妇幼卫生事业发展报告（2011）》，2011。

因此，城乡和地区间医疗和社会经济水平的不平衡问题仍然存在。

2. 出生缺陷防治成效显著，总发生率接近中等收入国家的平均水平

目前，全国新生儿疾病筛查中心达 259 家，所有区县均设置新生儿遗传代谢病筛查采血机构。2023 年，国家卫生健康委办公厅印发了《出生缺陷防治能力提升计划（2023—2027 年）》，通过 6 个方面措施推进落实 18 项工作任务，全面提升出生缺陷防治能力。据估计，我国出生缺陷总发生率约为 5.6%[①]，与世界中等收入国家的平均水平接近。出生缺陷导致的儿童死亡率明显下降，2022 年因出生缺陷导致的婴儿死亡率和 5 岁以下儿童死亡率均比 2011 年降低超过 50%[②]。同时，针对特定人群推广适宜出生缺陷干预措施，部分重大出生缺陷发生率呈现明显下降趋势。全国围产期神经管缺陷发生率由 1987 年的 27.4 / 万下降至 2017 年的 1.5 / 万，降幅达 94.5%，从围产期重点监测的 23 个出生缺陷病种的第 1 位下降至第 12 位。地中海贫血防治成效明显，广东、广西胎儿水肿综合征（重型 α 地贫）发生率由 2006 年的 21.7 / 万和 44.6 / 万分别下降至 2017 年的 1.93 / 万和 3.15 / 万，降幅分别达 91% 和 93%[③]。

2019 年，城市和农村地区的出生缺陷发生率存在较大差异。其中，神经管缺陷、脑积水、总唇裂、食道闭锁 / 狭窄等出生缺陷的发生率农村高于城市；但先天性心脏病、唐氏综合征、多指 / 趾等出生缺陷的发生率城市高于农村[④]（见表 5-1）。

表 5-1　　2019 年主要出生缺陷的城乡发生率

出生缺陷	城镇	农村	全国
神经管缺陷（1/ 万）	1.06	1.44	1.20
脑积水（1/ 万）	2.85	3.05	2.93
总唇裂（1/ 万）	4.12	5.55	4.68
食道闭锁 / 狭窄（1/ 万）	0.86	0.94	0.90
多指 / 趾（1/ 万）	24.03	19.58	22.29
肢体缩短（1/ 万）	2.13	2.36	2.22
唐氏综合征（1/ 万）	1.59	1.40	1.52
先天性心脏病（1/ 万）	144.38	98.85	126.62

资料来源：作者根据相关资料整理。

3. 儿童生长发育状况明显改善

5 岁以下儿童的贫血、生长迟缓和低体重患病率是反映儿童生长发育状况的主要指标。2020

① 国家卫生部：《中国出生缺陷防治报告（2012）》，2012。
②《我国因出生缺陷导致的婴儿死亡率比 2011 年降低超过 50%》，《中国信息报》，2023 年 9 月 14 日。
③ 国家卫生健康委员会妇幼健康司：《中国妇幼健康事业发展报告（2019）》，2019。
④ 国家卫生健康委员会妇幼健康司：《全国妇幼健康监测及年报通讯》，2021。

年，我国5岁以下儿童贫血患病率、生长迟缓率分别为4.51%和0.99%，比2010年分别下降0.87和0.13个百分点[①]。特别是农村5岁以下儿童的生长迟缓率下降更为明显，从2015年的11.3%降为2020年的5.8%。从低体重患病率看，1997—2021年我国5岁以下儿童低体重患病率除个别年份小幅波动外，基本表现为逐年下降趋势，1997年为3.51%，2021年为1.21%（见图5-4）。同时，我国6～17岁儿童青少年生长迟缓率从2015年的4.7%降到2020年的2.2%。2020年我国6～17岁儿童青少年贫血率为6.1%，比2015年有所下降[②]。2019年，我国5岁以下儿童生长障碍每年的伤残调整寿命年（DALY）均远低于印度和全球均值，且与俄罗斯逐渐处于同一水平，但与日本和美国相比仍有一定差距（肖昕雨等，2023）。

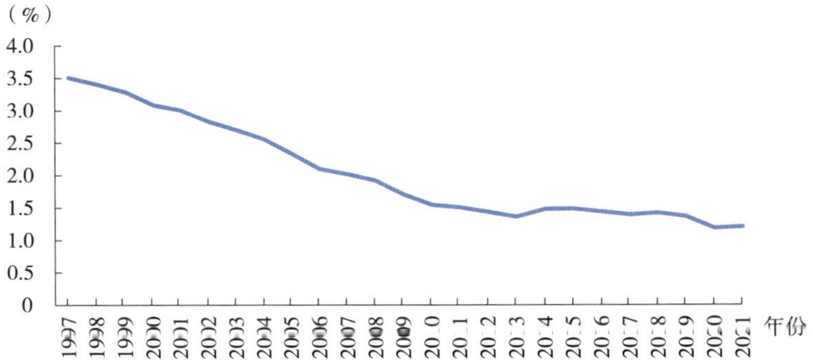

图 5-4　1997—2021 年我国 5 岁以下儿童低体重患病率

资料来源：作者根据相关资料整理。

与此同时，2012年农村义务教育学生营养改善计划实施以来，试点县的学生营养状况得到极大改善。2021年监测地区的数据显示：6～15岁学生生长迟缓率为2.3%，比2012年的8.0%下降了5.7个百分点；各年龄段男女生的平均身高和体重水平都逐年升高，且增长速度均高于同年龄段全国农村学生的平均水平；学生贫血率为12.0%，比2012年的16.7%下降了4.7个百分点，且西部地区学生贫血率的下降幅度最大[③]。

4. 学生体质健康指标持续上升

第八次全国学生体质与健康调研结果显示，我国学生体质健康达标优良率逐渐上升，各年龄组男女生身高、体重、胸围指标均呈现上升趋势。2019年全国6～22岁学生体质健康达标优良率为23.8%，初中生上升最为明显，优良率较高的地区为东部经济发达地区和沿海地区。与2014年相比，2019年全国7～9岁、10～12岁、13～15岁和16～18岁男生身高分别增加0.52厘米、1.26厘米、1.69厘米和0.95厘米，体重分别增加0.61千克、1.73千克、2.52千克和2.52千克，

① 国家统计局：《〈中国儿童发展纲要（2011—2020年）〉终期统计监测报告》，2021。
②《国新办就〈中国居民营养与慢性病状况报告（2020年）〉有关情况举行发布会》，中国网，2020年12月23日。
③ 教育部：《十年健康监测 见证营养改善——农村义务教育学生营养改善计划营养健康状况变迁（2012—2022）》，2022。

胸围分别增加 0.53 厘米、1.01 厘米、0.99 厘米和 0.82 厘米；7 ~ 9 岁、10 ~ 12 岁、13 ~ 15 岁和 16 ~ 18 岁女生身高分别增加 0.72 厘米、1.24 厘米、0.97 厘米和 0.80 厘米，体重分别增加 0.70 千克、1.64 千克、2.28 千克和 1.99 千克，胸围分别增加 0.52 厘米、1.03 厘米、1.38 厘米和 0.95 厘米。同时，中小学生肺活量、柔韧性、力量、速度和耐力等指标也总体出现好转①。

5. 儿童疾病防治能力持续增强

首先，普及疫苗接种，儿童常见传染病得到有效控制。2021 年，我国适龄儿童纳入国家免疫规划的各种疫苗接种率均保持在 90% 以上（赵星月，2023）。0 ~ 18 岁儿童法定传染病报告发病率为十万分之 928.2，较 2012 年下降 16.2%②。其次，建立持续的儿童健康保障机制。将预防接种、儿童健康管理、儿童中医药健康管理纳入国家基本公共卫生服务项目，免费向 0 ~ 6 岁儿童提供；强化基本医疗保险、大病保险与医疗救助三重保障功能，稳步提高包括儿童在内的城乡居民医疗保障水平。再次，加强儿童用药供应保障。2014 年，国家发展改革委等 6 部门联合印发《关于保障儿童用药的若干意见》，解决我国儿童用药缺乏问题。2016 年至今，有关部门先后发布 4 批鼓励研发申报儿童药品清单，共包括 129 种药品，支持儿童药品研发和临床研究。最后，加大儿童重大疾病救治力度。2021 年，印发了《关于进一步扩大儿童血液病恶性肿瘤救治管理病种范围的通知》，累计将 22 个病种纳入儿童血液病恶性肿瘤救治管理病种范围。

（二）存在的主要问题

1. 儿童健康水平和保健服务的地区差异明显

由于我国人口基数大，生长障碍儿童的绝对规模不容乐观。儿童生长发育水平的城乡差异、东西部差异显著。2019 年全国学生体质与健康调研结果显示，目前营养不良高发的华南和西南地区仍有很多省份营养不良率高于 10%，部分地区甚至高于 15%（中国儿童中心课题组，2022）。

2020 年儿童医院城乡比为 2.68：1，相较于医院总体城乡比（1.11：1），分布差异更大，儿科医疗服务的公平性势必受到影响（喻月慧、李珍，2023）。《2021 中国卫生健康统计年鉴》数据显示，2021 年全国 3 岁以下儿童系统管理率、7 岁以下儿童健康管理率最高的地区均为上海，分别达到了 97.3% 和 99.6%，分别比最低的广西（82.5%）和西藏（84.2%）高出 14.8 和 15.4 个百分点。其中，东西部地区 0 ~ 6 岁儿童眼保健视力检查覆盖率差距更大，最高值上海（99.6%）

①《第八次全国学生体质与健康调研结果公布 学生身高、体重等发育指标持续向好》，人民网，2021 年 9 月 3 日。

②《国务院关于儿童健康促进工作情况的报告》，中国人大网，2022 年 6 月 22 日。

几乎实现了学龄前儿童视力保健的全覆盖，而最低值西藏（40.4%）视力保健服务只覆盖了不到一半的学龄前儿童。

2. 儿童健康服务体系有待健全

一项针对全国 30 个省（区、市）的抽样调查显示：三级医疗机构儿科发热门诊医师和护士的中位配置人数分别为 5 位和 9 位，并配有至少 1 位技师和药师；二级医疗机构分别为 3 位和 4 位，三级医疗机构明显优于二级医疗机构。二三级儿童医疗卫生服务机构之间的差距尚且如此之大，那么三级医院和基层的差距只会更甚（中国初级卫生保健基金会儿科专家委员会等，2023）。有调查发现，社区卫生服务中心儿童诊疗服务的平均综合效率为 0.445，平均技术效率为 0.865，平均规模效率为 0.494。过半数的社区卫生服务中心存在 0 ~ 6 岁儿童签约人数不足和儿童诊疗量不足的情况。这说明我国社区卫生服务中心儿童诊疗服务存在综合效率较低、社区儿童诊疗资源投入规模较小且利用不充分、儿童诊疗服务区域发展不均衡等问题（王晰等，2021）。

当前，不管是基层卫生机构的儿保服务能力，还是各级医院的儿科医疗资源配置，都已经无法满足我国儿童日益增长的健康需求。近年来，我国儿科医生数量明显上升，儿科人力资源匮乏的局面有所缓解。但每千名儿童拥有 0.92 名儿科医生，相较于我国每千人医师数量为 2.33 人，儿科人力资源仍呈紧张态势。除总量不足外，儿科医生群体还呈现出学历和职称偏低、流失率高的问题。35 岁以下、在基层医疗机构儿科执业的医生更容易流失，儿科人力资源出现年龄结构和地域上的失衡。以上种种原因都进一步加重了儿童健康服务的供给不足问题。

3. 儿童医疗保障相对弱势，流动儿童医保不足是重难点

医保，是儿童健康的保障。然而，我国儿童所参加的城乡居民基本医疗保险整体筹资水平低，在资金使用上注重保住院、保大病，对普通门诊设置了较高的起付线。儿童的医疗服务利用，呈现出门诊频次高、门诊累计花费高、门诊获得的医保补偿偏低等特点。2018 年我国 0 ~ 18 岁儿童治疗费用为 3455.1 亿元，占全人群治疗费用的 9.8%，治疗费用中 61% 由家庭承担，其中门诊费用家庭支出高达 78.7%。儿童医疗花费的平均自付比高达 91%，自付比在 75% ~ 100% 区间的儿童占比为 84.5%，这表明大多数儿童的医疗费用由家庭承担，意味着大多数儿童的医疗保障对家庭具有高依赖度（张沁洁，2022）。

医疗保障不足在流动儿童身上反映最为强烈。目前我国的社保体系中对未成年人提供的医疗保障属于城乡居民基本医疗保险，其要求参保人按户籍地参保，流动人口如果选择参加常住地居民医保，个人缴费需按照当地居民同等标准，财政也需进行相同标准补贴。然而，在经济发达的地区，也就是流动人口更集中的地区，对城乡居民基本医疗保险的财政补贴主要由地方财政出资，中央财政转移支付很少，流动儿童若在流入地参保便需要当地财政参照户籍儿童标准进行补贴，形成了一个事实上的“政策困境”（申梦晗，2022）。在户籍和财政制度的双重约束下，流动儿童的医保漏保、断保情况尤为突出。有研究估算，我国流动儿童的医疗保险参保率不足 50%（李姣媛、方向明，2018）。一项在上海的抽样调查结果显示：上海户籍儿童参与社会基本医疗保险的比例达到了 96.11%，连同 31.70% 商业医疗保险参保率，基本达到了全覆盖；与之形成强烈反差的是，流动儿童和留守儿童的社会医疗保险参保率分别只有 60.82% 和 70.35%（王岩，2019）。由于医保异地报销比例降低和不包含门诊报销等制度，在一定程度上降低了流动儿童的卫生服务利用水平。对广州市流动儿童的一项调查结果显示，流动儿童过去 1 年内应住院未住院率（8.8%）高于户籍儿童（1.1%）；流动儿童的定期体检率、建立健康档案率、办理接种卡率、完成“五苗”全程接种率均显著低于户籍儿童（陈宁静等，2018）。由此看来，流动儿童的“看病贵”问题仍亟待解决。

4. 儿童超重肥胖问题较为突出

我国儿童超重肥胖攀升速度较快。20 世纪 80 年代，我国 100 个儿童中只有一个多一点的儿童属于超重肥胖，到 1992 年该比例接近 5%，2012 年已经上升到 16%。《中国居民营养与慢性病状况报告（2020 年）》数据显示，2020 年我国 6 ～ 17 岁儿童青少年的超重肥胖率达到 19.0%，6 岁以下儿童的超重肥胖率达到 10.4%。2022 年，我国 5 岁以上女童肥胖率从 1990 年的 0.6% 增至 2022 年的 7.7%，男童肥胖率从 1990 年的 1.3% 增至 2022 年的 15.2%（见图 5-5）。2022 年，中国女童肥胖率在全球排名第 102 位，男童肥胖率在全球排名第 70 位，在全球位居中等水平（Factor Collaboration，2023），但肥胖率增幅远超全球平均水平。可见，超重肥胖已出现低龄化、流行水平较高、增幅较大的形势。

如果现在不采取任何有效措施而任其发展，到 2030 年，我国 0 ～ 7 岁的儿童肥胖检出率将达到 6%，肥胖儿童人数将达到 600 多万，7 ～ 18 岁儿童的超重检出率和超重肥胖检出率将分别超过 17% 和 28%（陈之秀，2023）。不容忽视的是，2021 年农村学生营养改善计划监测地区的数据显示，中小学生超重肥胖率已达 18.7%[①]；与流动儿童相比，留守儿童的超重现象更为普遍。综合分析表明，儿童超重肥胖已呈现全国流行趋势。

5. 我国超半数儿童青少年近视，近视防控不容小觑

近年来，由于手机、电脑等电子产品的普及，加之用眼过度、用眼不卫生、缺乏体育锻炼和户外活动等因素的影响，我国儿童青少年的近视率始终较高。2018 年全国儿童青少年近视调

① 教育部：《十年健康监测 见证营养改善——农村义务教育学生营养改善计划营养健康状况变迁（2012—2022）》，2022。

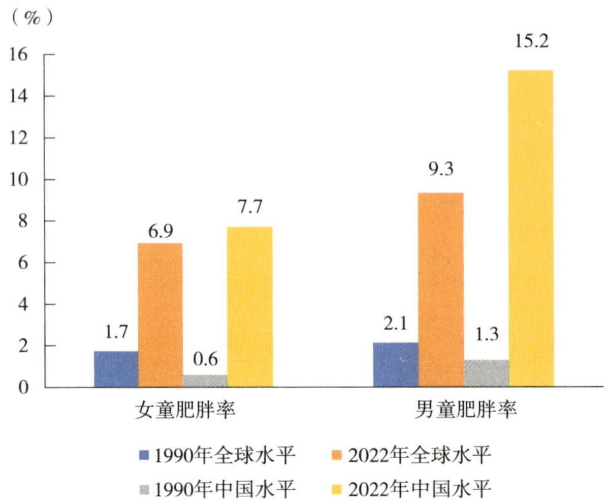

图 5-5　1990 年、2022 年全球和中国男童、女童肥胖率水平

资料来源：作者根据相关资料整理。

查结果显示，我国儿童总近视率已达到 53.6%，2019 年略有下降，为 50.2%；受新冠疫情影响，2020 年又有小幅上升，达到 52.7%；2022 年有所下降，为 51.9%。分年龄段看，2022 年我国小学生、初中生和高中生的近视率分别为 36.7%、71.4% 和 81.2%。在已经近视的学生中，轻、中、高度近视分别占 53.3%、37.0%、9.7%，高度近视比例降低，我国近视防控工作取得积极成效[①]。尽管 2022 年我国儿童总体近视率略有下降，但仍超过半数，也就是说每 2 名儿童中就有 1 人近视。目前我国儿童青少年的近视人数已位居世界第一，预计到 2030 年将达到 1.8 亿人。儿童青少年的近视防控工作任重道远。

6. 留守儿童和流动儿童的营养健康状况有待提高

儿童早期发展阶段和母亲的分离不利于促进母乳喂养和保证儿童营养摄入[②]。随着女性更多地参与劳动力市场，母亲外出流动趋势增强。根据 2020 年人口普查数据结果，全国有 22.6% 的 0 ~ 2 岁婴幼儿由母亲以外的其他人照料，超过 1/3 的农村儿童不满 3 岁就与母亲分离。2004 年、2006 年、2009 年和 2011 年的中国健康与营养调查数据分析结果显示，留守儿童的大部分营养素摄入量都低于非留守儿童；留守儿童每日的能量摄入严重不足，能量来源极不合理，对高脂肪、高蛋白的食物如肉类摄入较少，而对高碳水化合物食物摄入较多，优质能量占比过低；留守儿童对维生素和微量元素的平均每日摄入量也显著低于推荐摄入量，其中维生素 A、维生素 B_2 的摄入量占推荐摄入量的平均百分比不足 60%，对铁、锌、硒的摄入量均显著小于推荐摄入量，导致留守儿童的贫血率高达 27%（田旭等，2017）。可见，

①《我国儿童青少年近视率下降 近视低龄化态势得到缓解》，央广网，2024 年 3 月 14 日。

② 国家统计局、联合国儿童基金会、联合国人口基金：《2020 年中国儿童人口状况：事实与数据》，2023。

即便父母外出务工能够提高家庭收入，但收入增加并不能有效改善留守儿童的营养不良状况，当父母外出产生的忽视效应大于收入效应时，父母外出会使儿童的营养状况恶化。对我国留守儿童相对集中的7个代表性省份进行的2～6岁农村留守儿童膳食营养状况调查发现，留守6个月及以上的儿童组（单亲留守和双亲留守）中，能量摄入不足率超过50%，蛋白质摄入不足率在80%以上，钙、锌和视黄醇、维生素 B_1 的摄入不足率也均在80%以上（段丹辉等，2009）。

同样的问题也出现在部分流动儿童群体中。一项针对广州市流动儿童的调查显示，流动儿童营养不良检出率为15.86%，其中生长迟缓占2.58%，消瘦占13.28%（陈静仪，2014）。对深圳市0～36月龄的流动儿童的调查发现，生长迟缓、低体重和消瘦检出率分别为3.47%、3.17%和1.83%（曹燕娟等，2018）。对昆明市外来务工子女膳食营养状况的调查显示，流动儿童的膳食结构不合理，一日三餐热量不均衡，多种营养素摄入低于推荐摄入量，导致其营养不良、低体重检出率都较高（周国霞、曹艳，2014）。受财政拨款方式的限制，流动儿童在流入地也无法享受到国家面向农村义务教育学生提供的营养改善项目福利。

此外，由于父母进城务工导致的亲子分离，增加了留守儿童患抑郁的风险；而随父母进城的流动儿童，因受困于经济负担重和社会融入水平低，常常产生自卑和负面情绪。流动儿童和留守儿童的心理健康也成为近年来的关注重点。本书第五章将对这一问题展开详细阐述。

7. 意外伤害和恶性肿瘤的防治不容忽视

随着经济的发展和社会环境的变化，儿童伤害已经成为不可忽视的公共卫生问题。全球每天有2000多名儿童死于非故意或故意伤害，有数以千计的受伤儿童就医，而且许多人会留下终身残疾。《中国青少年儿童伤害现状回顾报告》显示，2010—2015年，我国0～19岁儿童青少年伤害死亡率呈波动下降，但伤害一直是0～19岁儿童青少年死亡的首要原因，占所有死亡的40%～50%。溺水、道路交通伤害和跌倒、坠落是前三位伤害死因。家庭是伤害发生最多的场所，66.36%的中毒和83.97%的烧烫伤发生在家中。此外，一些新的隐形危险因素（如玩具、衣服、食品等）也易引发儿童意外伤害。因此，开展儿童青少年伤害预防控制工作任重道远。

恶性肿瘤已经成为除意外伤害外造成儿童死亡的第二大原因。2005—2015年，中国0～14岁儿童恶性肿瘤的中位粗发病率为十万分之9.35，中位粗死亡率为十万分之3.91。发病例数中，男性占57.03%，女性占42.97%；0～4岁年龄组占42.50%，5～14岁占57.50%；城市占55.42%，农村占44.58%。恶性肿瘤死亡率排在前六位的依次是白血病、脑癌、淋巴瘤、骨癌、肝癌、肾癌，占所有部位恶性肿瘤死亡的82.38%（唐慧等，2022）。

8. 儿童药品供应保障体系有待完善

儿童用药是保障儿童医疗保健水平的重要内容，是维护儿童健康的关键措施。当前，我国儿童药品供应保障体系存在供应短缺、临床使用缺乏循证、不合理用药等核心问题。国家药品监督管理局批准的3500余种化学药品制剂中，专供儿童使用的仅60多种，占比不足2%。很多药品说明书中无儿童用药信息，导致超药品说明书用药情况普遍存在（肖月等，2021）。儿童不合理用药人数占用药总人数的比例为12% ~ 33%（张红霞，2015）。针对这些问题，我国陆续发布了一系列相关政策，从药品研发、用药目录制定、使用、定价、报销等环节保障儿童用药。然而，对于儿童药短缺的认知集中于"源头缺"，因此政策大多集中在鼓励研发，对于儿童药的医保报销和药品上市后的评价方面的政策制定较少（李新宇等，2022）。

此外，脊柱侧弯、听力受损、性早熟等新问题需引起广泛关注。2019年全国学生常见病和健康影响因素监测与干预结果显示，我国中小学生脊柱弯曲异常检出率为2.8%，初中、高中阶段增长更快①。外伤、各种感染、生活中的噪声刺激（如鞭炮、打击乐器、发声玩具等）、药物、物理化学因素（如重金属污染）是导致听力障碍的五大环境因素，不少儿童已出现耳鸣、高频听力下降等情况（杨淑芝，2016），儿童性早熟也成为一个隐形话题。

三、儿童青少年健康服务的国家行动

中华人民共和国成立以来，我国政府高度重视儿童健康事业的发展，将保障儿童健康纳入国家战略，不断完善与儿童健康相关的法规政策体系，采取许多有力举措和行动，儿童营养健康状况持续改善。特别是1990年世界儿童问题首脑会议的召开，推进了中国政府和学者对儿童健康问题的更多关注，促使中国政府在儿童营养和健康方面作出了更多努力。

（一）立法保障儿童健康权益

国家加快完善保护儿童健康权益的法律体系，强化政府责任，不断提高儿童健康权益保护工作的法治化和科学化水平。为了保障母亲和婴儿健康，提高出生人口素质，降低出生缺陷率，我国政府先后颁布了《中华人民共和国母婴保健法》《中华人民共和国母婴保健法实施办法》《孕产期保健工作管理办法》《孕产期保健工作规范》《产前诊断技术管理办法》《新生

① 国家卫生健康委员会：《国家卫生健康委员会2021年7月13日新闻发布会文字实录》，2021。

儿疾病筛查管理办法》等法律法规，使妇幼健康在孕前、孕期、新生儿等各个环节基本实现了有法可依。

同时，在《中华人民共和国传染病防治法》《托儿所幼儿园卫生保健管理办法》《中华人民共和国反家庭暴力法》《中华人民共和国疫苗管理法》《中华人民共和国药品管理法》《中华人民共和国药品管理法实施条例》《中华人民共和国民法典》《中华人民共和国食品安全法》《中华人民共和国家庭教育促进法》等法律法规的制定修订中，均强化了促进儿童健康相关领域的有关规定。2021 年，新修订的《中华人民共和国未成年人保护法》正式施行，对家庭、学校、社会等各主体在儿童健康方面应承担的责任和义务都作出了明确规定。这标志着我国儿童保护法治工作迈上新台阶，推动儿童健康工作进入高质量、精细化发展阶段。

（二）将儿童健康列入国家发展规划和重要战略

1992 年，国务院发布了《九十年代中国儿童发展规划纲要》，这是我国第一部以儿童为主体、促进儿童发展的国家规划，提出了 10 项发展的主要目标，其中健康占据了重要地位，有 5 项目标内容与营养健康相关。此后，我国先后在 2001 年、2011 年、2021 年 3 次发布了中国儿童发展纲要，始终将“儿童与健康”列为首要儿童发展领域。随着经济社会发展、疾病预防和健康意识的提高，3 次发布的中国儿童发展纲要中对儿童健康总目标的阐述也发生了转变，儿童健康概念已不再局限于生存和营养指标，还拓展到构建健康服务体系等公共卫生政策。

《“健康中国 2030”规划纲要》中明确提出将健康教育纳入国民教育体系中，以中小学为重点，建立学校健康教育推进机制，制订实施青少年的体质健康干预计划。《健康中国行动（2019—2030 年）》在 15 项重大行动中，将“妇幼健康促进行动”和“中小学健康促进行动”单独列出，并提出个人、家庭、学校、政府和社会应采取的主要举措。《“十四五”国民健康规划》提出了全周期保障人群健康规划，细化了婴幼儿、儿童和青少年各阶段的健康促进行动重点。在国民经济和社会发展五年规划中，我国从“八五”计划到“十四五”规划，都涉及了儿童健康内容，“十四五”规划中明确提出预防和控制儿童疾病，减少儿童死亡和严重出生缺陷的发生，有效控制儿童肥胖和近视，实施学龄前儿童营养改善计划。

为指导我国居民的食物与营养持续、协调发展，2011 年和 2014 年，国务院办公厅先后印发了《中国食物与营养发展纲要（2001—2010 年）》和《中国食物与营养发展纲要（2014—2020 年）》。两份纲要中都将孕产妇与婴幼儿和少年儿童两个群体作为营养改善的重点人群，并提出改善营养不良、营养过剩、贫血等项目的具体指标。

（三）构建多领域全方位的儿童健康政策体系

1. 建设生育养育全覆盖的母婴健康服务体系，保障儿童生存权和发展权

为保障母婴安全和儿童健康，国家卫生健康委会同相关单位发布了多项政策文件。2018年，国家卫生健康委同时印发《母婴安全行动计划（2018—2020 年）》和《健康儿童行动计划（2018—2020 年）》，指导各地健全儿童健康服务网络，提高儿童健康服务能力，努力为儿童提供连续、全面的儿童健康服务。2021 年，国家卫生健康委印发《健康儿童行动提升计划（2021—2025 年）》，统筹兼顾“保生存”和“促发展”，聚焦胎儿期、新生儿期、婴幼儿期、学龄前期、学龄期等不同阶段，为儿童连续提供健康监测和医疗保健服务。

我国政府还实施了降低孕产妇死亡率和消除新生儿破伤风，农村孕产妇住院分娩补助，免费增补叶酸预防神经管缺陷，免费孕前优生健康检查，欠发达地区新生儿疾病筛查，地中海贫血防控试点，预防艾滋病、梅毒和乙肝母婴传播等一系列妇幼卫生重大项目，对妇幼健康和减少出生缺陷发生发挥了重要作用。

托育服务是生命全周期服务管理的重要内容。2019 年，国务院办公厅印发《关于促进 3 岁以下婴幼儿照护服务发展的指导意见》，提出要健全婴幼儿照护服务的政策法规体系和标准规范体系，到 2025 年基本形成多元化、多样化、覆盖城乡的婴幼儿照护服务体系。这是我国首次提供了对儿童早期发展的国家级指导意见，推动我国托育服务发展逐步走上科学化、专业化、规范化的轨道。

专栏 5-1　孕妇营养包干预计划

基于世界卫生组织最新的《产前保健促进积极妊娠体验：营养干预更新》国际指南，中国发展研究基金会于 2022 年启动孕妇营养包干预计划，旨在为试点地区存在营养欠佳风险的孕妇（低出生体重分娩史、BMI<18.5、Hb<115g/L 及胎儿发育不良）免费补充辅食营养补充品（以下简称营养包），降低项目地区贫血率，减少新生儿低出生体重率和小于胎龄儿发生率。试点采取社区动员、系统提醒、机构发放、专人随访的综合干预策略，动员符合条件的孕妇领取并坚持服用营养包，提升孕妇营养包有效服用率。同时，对乡村医生进行孕期营养培训，宣传孕妇膳食核心知识，推荐孕期食谱，指导孕妇科学膳食。截至 2023 年 7 月 31 日，孕妇营养干预计划已发放孕妇营养包 5205 个，惠及贵州省毕节市七星关区试点乡镇 2225 人次孕妇及其家庭。

资料来源：中国发展研究基金会。

2. 综合施策推进学校卫生健康服务和儿童营养健康保障

国际经验表明，从欠发达地区学校营养干预入手，有助于减少因地区和城乡差别造成的营养不公平。因此，我国政府以学校为切入点，将改善儿童营养健康纳入学校教育服务体系中。从2001年开始，推行学生营养餐计划、学生饮用奶计划、农村义务教育学生营养改善计划。2014年，国家针对集中连片特殊困难地区的农村儿童再次加大了健康投入，实施营养改善计划，以预防营养不良和贫血发生，并要求中小学生体质基本达到国家学生体质健康标准。

2021年发布的《关于全面加强和改进新时代学校卫生与健康教育工作的意见》，是21世纪以来首次全面部署学校卫生健康工作的综合性政策文件，明确了儿童青少年健康促进各方主体责任，把学校卫生与健康教育工作列入政府政绩考核指标，促进工作落实见效。目前，我国部署了1000所全国健康学校建设单位，为促进全国所有学校都成为健康学校进行试点先行、示范引领。

针对儿童青少年肥胖问题，《国民营养计划（2017—2030年）》中提出开展针对学生的“运动＋营养”体重管理和干预策略。《全国学生常见病和健康影响因素监测方案（2018年版）》和《学校食品安全与营养健康管理规定》都要求各级各类学校要加强对学生营养不良和肥胖的监测、评价和干预。《儿童青少年肥胖防控实施方案》《儿童肥胖预防与控制指南（2021）》《中国学龄儿童膳食指南（2022）》和《儿童青少年肥胖食养指南（2024）》的发布，都为儿童肥胖防控提供了可行办法和有力依据。

专栏 5-2　贫困地区儿童营养改善计划

生命最初1000天对人的健康发展具有里程碑意义。婴幼儿时期的营养补充将促进大脑的充分发育，有效预防儿童生长发育迟缓。2009年，中国发展研究基金会先后在青海乐都、云南寻甸实施包括孕期营养补充、“妈妈学校”健康教育、6~24月龄婴幼儿营养干预在内的儿童早期发展项目试点，采用中国疾病预防控制中心陈春明教授团队研发，以大豆蛋白为基础，包含铁、锌、钙等9种微量营养素的婴幼儿辅食喂养阶段营养补充食品——营养包，对2岁以下婴幼儿每天提供一袋营养包，探索了一套成本合理、有质量保证的儿童早期营养干预机制，直接推动了国家贫困地区儿童营养改善项目的实施。

2012年，国家卫生计生委启动实施“贫困地区儿童营养改善项目”，为全国集中连片特殊贫困地区首批100个县的6~24月龄婴幼儿提供营养包。目前，国家卫健委的营养包项目在832个原国家贫困县实现全覆盖。中国发展研究基金会2016年8月对营养包项目进行效果评估，评估调查数据显示，营养包项目由局部试点变为贫困地区全覆盖的过程中，执行层面存在投入不足、缺乏过程性监管、招标不规范、缺少人员激励等问题，导致营养包有效服用率下降，项目儿童实际上没有按需吃上营养包。2018 年中国发展研究基金会在贵州省毕节市七星关区、四川省凉山彝族自治州雷波县的 64 个乡镇实施“一元营养包计划”，从营养包招标、发放人员激励、营养包追踪及项目管理的信息化水平提升、社区宣传等方面着手，提出改进机制和提升质量的政策建议，让好政策有好效果。

资料来源：中国发展研究基金会。

专栏 5-3　农村义务教育学生营养改善计划

国际经验表明，公共学校供餐计划可以显著扩大贫困家庭学生的食物消费，优化膳食模式，改善学生营养不良、微量营养素缺乏等状况，附带的政策效果还包括提供基本生活保障、提高教育普及率、改善教育质量等。

1997 年，为落实《世界营养宣言》和《世界营养行动计划》关于“在 2000 年以前消除饥饿和营养不良”的承诺，中国启动实施营养改善行动计划，提出重点解决贫困地区的营养改善问题，将健康及营养问题纳入扶贫计划。2000 年，中国开始实施国家“学生饮用奶计划”。2001 年，又提出按照“政府主导、企业参与、学校组织、家长自愿”的方针推广学生营养餐，并将其作为推进素质教育、提高中华民族素质的重要措施，纳入教育工作之中。与此同时，随着基础教育条件保障不断改善，教育公共政策逐步向农村地区、贫困地区和家庭经济困难学生等薄弱环节聚焦。2001 年，中国开始实施“两免一补”政策，并逐渐形成基本制度。2006 年，随着农村义务教育经费保障机制改革深入实施，农村学生的就学保障更加有力，一些地方政府开始为更深层次的学生营养保障提供政策支持。比如，陕西省的“蛋奶工程”、浙江省的“农村中小学爱心营养餐工程”等，都起到了很好的示范引领作用。

2011 年，中国政府正式启动实施农村义务教育学生营养改善计划，先从集中连片特殊困难的 680 个县（市）开始试点。中央财政按照每生每天 3 元（按照学生在校 200 天计）的标准进行膳食补助，并在农村义务教育薄弱学校改造计划中支持改善农村学校就餐条件。地方政府也统筹中西部农村初中校舍改造工程、农村义务教育校舍维修改造等资金，加大学生食堂（伙房）建设投入，并承担学校供餐的人员、运营等成本。随着国家财力情况改善，中央财政支持的膳食补助国家基础标准两次提高，2021 年达到每生每天 5 元。此外，国家还鼓励各地采取自行试点、中央财政给予奖补的措施。截至 2021 年底，全国已有 28 个省（区、市）实施营养改善计划，覆盖 12.38 万所农村义务教育学校，近 4000 万名学生受益，占全国义务教育阶段学生 1/4 左右，成为全球第三大规模的校餐计划。农村义务教育学生营养改善计划是 21 世纪以来覆盖面最广、影响程度最深的社会政策之一。

营养改善计划的“一餐饭”，不仅改变了农村学生“每日两餐”“冷菜冷饭”“咸菜拌饭”等状况，也是一次深刻的营养健康教育，促进了农村学校、家庭的饮食行为转变，比如更加注重学生喝牛奶、吃鸡蛋等，这都极大改善了学生体质健康。教育部财务司、中国发展研究基金会发布的《农村义务教育学生营养改善计划评估报告》显示，与 2012 年相比，十年来，欠发达地区受益学生体质健康合格率从 70.3% 提高至 86.7%，贫血率从 19.2% 下降至 9.6%，营养不良率从 20.3% 下降至 10.2%。试点地区各年龄段学生身高增长速度快于全国农村学生平均水平，受益农村地区 15 岁男生、女生身高分别增加约 10 厘米、8 厘米。同时，营养改善计划还大大减轻了农民家庭的经济负担，有效改善了由饥饿造成的学生学习注意力不集中、负面情绪增多、道德感降低等状况，有助于提高学生非认知能力，改善学业成绩。中国发展研究基金会的评估发现，受益学生的数学成绩提高了约 14 分，英语成绩提高了约 12.5 分，许多学生上课积极发言，参与互动的意愿和能力不断提高，学习兴趣明显增强。这些情况都有效缓解了因贫失学、因学习困难厌学等状况，巩固了义务教育普及率，中国九年义务教育巩固率从 2010 年的 89.7% 提升到了 2021 年的 95.4%。根据测算，营养改善计划的投资回报率为 5.2%~7.1%，与其他国家的投资回报率相近。这说明，营养改善计划作为一项人力资本公共投资，不仅是及时的、必须的，也是高效的、值得的。

联合国 2030 年可持续发展议程将消除贫困、消除饥饿、改善营养作为促进可持续发展的重要战略，专门制定了消除一切形式的营养不良，降低 5 岁以下儿童发育迟缓和消瘦等相关目标。营养餐计划作为中国政府落实议程的实际举措，得到了国际社会的高度肯定。2022 年 4 月，中国签署《承诺宣言》，宣布加入全球学校营养餐联盟并支持学校营养餐计划，成为全球学校营养餐 60 多个联盟成员国之一，该联盟致力于到 2030 年实现为全球所有儿童在学校提供健康膳食、让他们回到学校继续接受教育，中国经验将为其他国家提供有益借鉴。

资料来源：单大圣，《农村义务教育学生营养改善计划十年及未来建议》，《中国民族教育》2022年第9期。

3. 多部门合力赋能近视防控行动

视觉健康已被世界卫生组织列为人体健康的十大标准之一，儿童青少年的视觉健康问题更是不容忽视。2008 年，教育部已将“防视”纳入部门主要工作，制定并印发《中小学学生近视眼防控工作方案》《中小学学生近视眼防控工作岗位职责》和《中小学学生预防近视眼基本知识与要求》，提出将学生视力保护工作纳入学校管理内容，并协调卫生部门加强对学校卫生保健工作的监测与指导。2016 年提出注重早期发现，落实 3 ～ 6 岁儿童的视力检查服务，采取有效干预措施减少近视发生率特别是高度近视发生率。随后推出了近视防控的基本知识、方法和技术。2021 年，教育部等 15 部门联合印发《儿童青少年近视防控光明行动工作方案（2021—2025 年）》，开展 8 个专项行动，健全完善儿童青少年近视防控体系。国家疾控局从公共卫生维度制定了《儿童青少年近视防控公共卫生综合干预技术指南》，提出采用三级预防策略落实公共卫生综合干预措施，以预防、降低、减缓儿童青少年近视发生发展。

4. 构建学校、家庭、社区联动的儿童体质健康促进政策

儿童青少年体质健康促进政策是保障儿童青少年健康发展的“生命线”。1999 年印发《中共中央 国务院关于深化教育改革，全面推进素质教育的决定》，首次将“健康第一”以正式文本的形式写入国家政策文件，明确指出学校教育要树立“健康第一”的指导思想，切实加强体育工作。2018 年，我国首次发布《中国儿童青少年身体活动指南》，提出 6 ～ 17 岁儿童青少年每天应进行至少累计 60 分钟的中高强度身体活动和每周至少 3 次增强肌肉力量、骨骼健康的抗阻活动。《中国儿童青少年体育健康促进行动方案（2020—2030）》的发布，也为学校、家庭、社区提供了一整套完整且具有操作性的强身健体策略。

5. 建设儿童意外伤害防治安全体系

儿童意外伤害已被世界卫生组织列为 21 世纪威胁儿童生命和健康的首要问题（翟琳，2022）。从 2005 年起，我国已在多个地区开展预防道路交通伤害和溺水等儿童干预项目，并结合儿童意外伤害防治和突发事件应对的实际需要，在学校推广公民卫生应急素养条目的宣传普及和紧急情况的应对措施。国家卫生健康委还会同公安部等多部门发布《儿童溺水干预技术指南》和《儿童道路交通伤害干预技术指南》。《中国儿童发展纲要（2011—2020）》首次将“减少儿童伤害所致死亡和残疾”作为主要目标之一纳入“儿童与健康”发展领域；《中国儿童发展纲要（2021—2030）》又增设“儿童与安全”的发展领域，明确提出到 2030 年儿童伤害死亡率要以 2020 年数据为基数下降 20%，要减少儿童因溺水、跌倒、跌落、烧烫伤、中毒和道路交通伤害等造成的死亡和伤残。

6. 完善儿童医疗卫生服务体系

为缓解我国儿童医疗卫生服务资源短缺问题，2024 年，国家卫生健康委、国家发展改革委、教育部等 10 部门联合印发《关于推进儿童医疗卫生服务高质量发展的意见》，明确提出到 2025 年，完善功能明确、布局合理、规模适当、富有效率的国家、区域、省、市、县级儿童医疗卫生服务体系。上述举措将有效推动儿科医疗资源扩容下沉和区域均衡布局。

此外，中国政府高度关注留守儿童的健康成长。2016年，国家卫生计生委先后印发《关于做好农村留守儿童健康关爱工作的通知》和《关于启动实施贫困地区农村留守儿童健康教育项目的通知》，要求加强农村留守儿童保健服务和疾病防治，做好农村留守儿童强制报告、医疗救治、评估帮扶等工作，提出面向留守儿童及其父母开展科学喂养、营养膳食、卫生习惯与健康行为等主题活动。

第六章

新型城镇化下的儿童心理健康

作为实现中国式现代化的基石，儿童的发展一直以来受到各界的广泛关注，让儿童享受到更加充分的发展条件和公平的发展机会是推进新型城镇化的题中应有之义。在我国城镇化推进过程中，社会结构和资源分配发生剧烈变动，心理健康问题成为现代化转型中不可避免的社会性难题，并逐渐从成人、就业人群扩展延伸至大中小学生，呈现出“低龄化”发展趋势，我国儿童心理健康状况面临新的挑战。《中国国民心理健康发展报告》连续两年发布中国儿童的情绪问题状况，指出中国 17 岁以下学生的情绪问题已经影响到学生的心理健康，学习焦虑是学生检出率最高的五大心理情绪问题之一。

近年来，我国中小学生心理健康问题检出率和精神疾病、情绪障碍发病率持续上升，成为影响青少年健康成长和全面推进健康中国建设面临的重大问题。2023 年教育部等 17 部门印发《全面加强和改进新时代学生心理健康工作专项行动计划（2023—2025 年）》，要求培育学生热爱生活、珍视生命、自尊自信、理性平和、乐观向上的心理品质和不懈奋斗、荣辱不惊、百折不挠的意志品质，促进学生思想道德素质、科学文化素质和身心健康素质协调发展。

一、我国儿童的心理健康状况及挑战

近年来，儿童极端案件频发，推动了国家层面对于儿童心理健康教育的重视。当前，充分重视和应对儿童心理健康问题，共同守护美好未来，已成为关系国家和民族未来的重要公共卫生议题。

（一）我国儿童心理健康的整体状况

城镇化发展背景下，我国面临着社会层面的变革，各种社会环境层面的巨大变化与矛盾冲突也随之而来，作为缺少知识经验和社会阅历的儿童群体，他们的心理社会性功能尚未成熟，无法在学习生活、自我意识、情绪调试、人际交往、社会适应和职业生涯发展等方面合理调试，容易产生问题（俞国良，2022）。有研究显示，我国儿童情绪障碍和行为问题有上升趋势，且在不同阶段和不同区域有一定的差异，其中，社会环境变化、竞争加剧和父母期待提高等多种因素共同影响着儿童的心理健康。

1. 我国儿童情绪障碍和行为问题有上升趋势

2022 年，中国科学院心理研究所国民心理健康评估发展中心对全国 47563 名儿童进行的心理健康状况调查发现，我国儿童在抑郁风险和焦虑风险上有着相对较高的检出率。数据显示，14.9% 的儿童属于轻度抑郁风险，4.9% 的儿童属于重度抑郁风险。在焦虑风险检出率上，22.7% 的儿童属于轻度焦虑风险，6.0% 的儿童属于中度焦虑风险，2.5% 的儿童属于重度焦虑风险（方圆等，2023）。

从逐年变化来看，我国儿童的心理健康问题逐渐开始变得突出。对 1992—2005 年的 107 篇针对中学生儿童心理健康状况研究的元分析发现，随着离婚率、失业率、犯罪率以及高中升学率等社会指标的变化，中学生的心理健康水平逐年缓慢下降（辛自强、张梅，2009）。对 2001—2019 年的 79 篇测查青少年孤独感的文献进行的元分析发现，我国青少年孤独感水平在逐年上升，这种上升趋势可能是由经济状况、社会联结和社会威胁引起的（彭海云等，2023）。

可以看到的是，无论从社会公众的主观体验，还是实证调查类研究的结果来看，近年来都呈现儿童心理健康问题高发和心理健康困扰增多的趋势。

2. 我国儿童心理健康状况在不同学段和不同区域存在差异

从不同的学段来看，抑郁和焦虑风险检出率随学段升高呈上升趋势，高中生的焦虑抑郁风险显著地高于小学生和初中生（方圆等，2023）。针对地域和年龄段进行异质性分析发现，初中生以及中西部的青少年孤独感随年代变化的趋势更明显（彭海云等，2023）。

从不同的区域来看，我国儿童心理健康状况也有一定的差异，中国科学院心理研究所 2022 年的调查发现，从地区差异来看，东部地区儿童的心理健康状况最好，中部地区次之，西部地区最差，城市儿童心理健康状况也优于农村儿童（方圆等，2023）。

3. 社会环境变化、竞争加剧、父母期待提高等因素影响儿童心理健康发展

随着城市化进程的进一步加快，尽管我国儿童的心理健康状况普遍良好，但在社会转型期间的儿童心理健康问题有增多的趋势。这种趋势一方面可能来自城镇化过程中社会节奏加快带来的各种压力，另一方面可能也与公众对儿童心理健康问题的了解和重视程度提升有关。对 2010—2020 年对小学生心理健康问题检出率的研究进行元分析发现，睡眠问题、抑郁和焦虑等方面检出率较高，社会生活节奏加快、竞争愈发激烈、父母期望过高是他们产生心理健康问题的主要原因（黄潇潇等，2022）。

（二）新型城镇化下重点群体儿童的心理健康状况

受限于经济发展滞后、教育资源短缺以及医疗服务不充分等多重因素，出生和成长在农村地区的儿童往往面临更加严峻的心理健康问题，其中有两个伴随新型城镇化进程出现的特殊群体，一个是留守儿童，另一个是流动儿童，他们是心理健康问题较多并因此得到重点关注的群体，这两个群体在儿童心理健康研究领域的讨论也较多。

1. 留守儿童心理健康状况

城镇化过程中，劳动力从农村向城镇的大规模转移，催生了数量庞大的农村留守儿童。2020 年第七次全国人口普查数据显示，我国有农村留守儿童 4177 万人，城镇留守儿童 2516 万人，这也意味着 2020 年 2.98 亿 0 ~ 17 岁儿童中有总数接近 1/4 的儿童为留守儿童。我国自 20 世纪 80 年代末期人口大流动后就出现了留守儿童现象，但国内对农村留守儿童的关注与研究要远远低于流动儿童，这也是我国城乡差异所导致的。在城市中的流动儿童现象更容易引起媒体与研究者的关注。2004 年，媒体先后报道了留守儿童在老家遭遇侵害，以及前往城市时集体遭遇车祸等事件，之后留守儿童议题开始进入公众的视野（韩嘉玲等，2020）。

随着在城市务工的父母对留守儿童发展问题越来越重视，有经济条件的父母选择子女随迁到城市接受教育，这种情况下剩余的农村留守儿童，更有可能是社会经济地位不利的家庭中的孩子，他们与父母长期分离，因而面临的问题也更为复杂和困难，心理健康状况尤其值得关注。

（1）农村留守儿童心理健康水平低于非留守儿童，需要得到更多关注

研究显示，留守儿童在很多心理健康相关指标上都区别于非留守儿童，并且在心理健康方面整体上低于非留守儿童（黄艳苹、李玲，2007）。农村留守儿童抑郁风险检出率和焦虑风险检出率都显著高于农村非留守儿童（方圆等，2023），农村留守儿童心理健康的核心症状与其他群体相比也有不同的表现，其抑郁的核心症状表现为自我厌恶、哭泣、疲劳和悲伤（K.Li et al., 2021）。此外，也有研究显示，童年期留守经历对中学生和大学生的心理健康存在持久的消极影响。总体而言，留守儿童在心理健康方面需要得到更多的关注。

（2）不同类型的留守儿童心理健康状况有差异

不同的监护类型对留守儿童心理健康状况有一定的影响，儿童时期父母的陪伴有着非常重要的作用。黄艳苹和李玲（2007）将留守儿童分为隔代看护、父辈看护、单亲看护和同辈或自我看护 4 种不同的类型。分析发现，相较于其他看护类型，父母其中一方看护的儿童心理健康状况相对较好，体现了儿童时期父母作用的重要性。单亲看护可再次细分为父亲外出和母亲外出两种情况，研究结果显示母亲外出对孩子影响更大（秦敏、朱晓，2019）。

不同监护类型的留守儿童也呈现出不一样的心理健康问题。有部分研究指出隔代抚育中祖辈的资源可替代父辈所缺乏的资源，具有保护性缓冲的积极影响（Han et al.，2019；Mustillo and Wang，2021），但更多的研究表明隔代看护对儿童更为纵容，容易养成幼儿任性、以自我为中心等坏习惯（邓长明等，2003；刘云、赵振国，2013；凌辉等，2021），尤其是在父母长期缺位的情况下，隔代育儿对儿童发展的消极影响更甚（姜美茹等，2021）。而由叔伯亲友等父辈进行监护则容易出现忽视现象，他们很难投入精力在教养非亲生的孩子上，有的甚至出现过于严厉的罚跪、罚站等家庭暴力行为，使得孩子产生“寄人篱下”的感觉（李庆丰，2002；叶曼等，2006）。

（3）童年创伤、亲子分离和校园欺凌是引发留守儿童心理健康问题的风险因素

童年创伤是引发农村留守儿童心理健康问题的重要风险因素之一。农村留守儿童比非留守儿童更容易遭受欺凌（例如，被排斥、被打）和情绪困扰（Zhou et al.，2020）。长期亲子分离也意味着留守儿童无法得到来自父母的安全保护，这会使得留守儿童更容易成为长期被欺凌的对象（贾宏勇、吴恩慈，2022）。除此以外，缺乏父母的及时纠正也可能使得部分留守儿童的不良行为愈演愈烈，最终发展为欺凌甚至犯罪行为（宋月萍，2018）。研究表明，校园欺凌对欺凌者和被欺凌者的心理健康都会产生负面影响。对于被欺凌者而言，他们容易产生焦虑、抑郁、低自尊、孤独感和自杀倾向等问题（吴方文等，2016），欺凌者自身也会更加固执、暴躁与狭隘（章恩友、陈胜，2016）。

（4）留守儿童所在社区和学校的支持有进一步提升的空间

有学者试图通过团体辅导（杜柏玲、陈维举，2020；刁华，2020）、个案辅导（靳凯丽，2020）、沙盘与绘画（谯瑞，2020）、体育游戏（石伟，2020）、音乐游戏（唐鸣，2020）和语言游戏（赵凡，2020）等方式改善留守儿童的心理健康状况，这些研究结果与现实经验汇聚起来，实际上支持留守儿童在父母缺位问题短时间内无法完全解决的情况下，能够通过学校层面的工作而得到心理健康状况的改善。

虽然学术界积累了大量证据支持留守儿童的心理健康水平低于非留守儿童，且有可靠证据表明学校能够通过采用特定的教学方式和教学内容等途径帮助提高留守儿童心理健康水平，但教育实践者们却往往由于缺乏心理健康知识，不能照顾到留守儿童特殊的心理需求，因而错失了对留守儿童施加关键性影响的时机。这一问题在西部农村地区由于师资力量薄弱而显得尤为突出。缺乏专业培训的基层教师甚至教育管理者们在实践中常常有意无意地忽略了留守儿童与非留守儿童的差异，或者即便注意到留守儿童与非留守儿童的差异，却因为缺乏必要的知识和技术而无法为留守儿童提供所需的帮助，处于有心无力的状态。

2. 流动儿童心理健康状况

第七次全国人口普查数据显示，2020 年全国 0 ~ 17 岁流动儿童 7109 万人，大约是 2010 年（3581 万人）的 2 倍。同时，流动儿童占儿童总数的比例也从 2010 年的 12.8% 增加到 2020 年的 23.9%，这意味着现今大约每 4 个儿童中就有 1 个是流动儿童。研究显示，流动儿童的不良情绪相对更多，体现为任性、冷漠、内向、孤独、自卑等（李晓巍等，2008；方晓义等，2008），在流动儿童的自尊发展方面，研究显示流动儿童的自尊发展水平显著低于城市儿童（李小青等，2008）。

（1）流动儿童心理适应不良导致情绪和行为问题

流动儿童的心理适应指他们对于周围的新环境、新情况的适应情况。流动儿童能否尽快地适应新环境，能否处理好复杂、重大或危急的特殊情况，与他们的心理适应性高低有着直接的关系。

流动儿童的心理适应不良主要体现在身份认同和歧视感知等方面。在身份认同上，流动儿童社会身份认同有身份探索、身份评估、身份适应 3 个阶段。很多流动儿童身上既有对城市的认同，也有对农村的认同，基本游离于两者之间，双重身份存在的矛盾会影响其日后对城市适应和整合的困难（万增奎，2020）。

流动儿童相对不良的心理适应情况进一步导致了其不良情绪和行为的发生。有研究发现，流动儿童的越轨行为显著高于城市本地的青少年，而这更多的是来自其所受到的压力以及这种压力带来的负面情绪（陈曦、钟华，2012）。他们有可能采取非理性行为来弥补自身的心理健康危机（严从根，2009）。方晓义等（2008）对流动儿童孤独情绪的研究发现，受歧视程度越高的流动儿童孤独感越强。

（2）流动儿童社会文化适应不良导致心理健康偏差

社会文化适应是流动儿童作为社区新加入者所需要面临的问题，这一概念主要包括社会交往、自我认同等多个方面。在社会交往方面，研究发现，同伴依恋能够有效地促进流动儿童的学校适应（江波、沈倩倩，2019），良性的社会交往能够有效促进流动儿童的社会适应（史晓浩、王毅杰，2010）。然而，由于流动儿童存在普通话不流利和使用外地方言以及流动频繁的现象，这对他们建立稳定的同伴关系是不利的（曾守锤，2010）。在身份认同方面，有学者将流动儿童的身份认同划分为城市认同和老家认同两种，研究发现，老家认同对社会文化适应存在负面影响，而城市认同则能够有效地促进留守儿童的社会文化适应。

不同类型流动儿童的社会认同也存在显著的差异，社会经济地位相对更高、在公立学校就读的流动儿童更有可能产生更强烈的城市认同（袁晓娇等，2010）。然而，更多的研究认为，流动儿童存在自我身份认同的困境。白文飞和徐玲（2009）的研究发现，流动儿童受到户籍身份的影响，加上生活的不确定性，最终成为远离农村却又无法融入城市的“夹缝者”。这种矛盾的身份认同进一步加剧了流动儿童的心理健康问题，阻碍了他们健康人格的形成（郑友富、俞国良，2009）。

2014年以来，北京、上海等特大城市纷纷提出了治理“大城市病”、严控城市人口规模的城市治理目标。在这一政策导向下，从事劳动密集型产业的流动人口成为主要的“疏散”人群。很多流动儿童的父母不得不带着孩子回到老家，或者到卫星城市就读。这类儿童被称为“回流儿童”或“再迁儿童”（韩嘉玲、余家庆，2020）。研究显示，回流经历会对农村儿童的心理健康产生显著的负面影响，造成回流儿童的抑郁风险增大，同时降低了他们的自尊和抗逆力水平（黎煦、朱志胜，2018）。

（3）社区和学校干预对流动儿童心理健康有促进作用

流动儿童心理健康问题的出现不仅与个体因素有关，也与社会因素有关，整合关注多视角多水平因素的影响对于解决流动儿童心理健康问题有重要意义。这种整合不仅包括心理健康专业力量的卷入，也需要社会工作者的卷入。研究显示，心理弹性（常子毅，2019；罗银英，2020）、社会身份认同（单丹丹，2011）、社会支持（胡晓莹，2015）、应对方式（李春凤，2015）、自我控制（周乐泓、黄兴文，2020）、同伴关系（王维芳，2020）等方面的提升都被证实能够对流动儿童心理健康产生积极的影响。

熊猛等人（2016）使用包括心理健康专题活动课、团体心理辅导、个别咨询辅导、家庭间接辅导和教师专门辅导在内的整合性教育方案干预流动儿童心理健康，该方案干预效果显著，干预前后流动儿童心理健康状况得到显著改善。后者则尝试将社会工作手法引入流动儿童心理健康问题解决，或尝试整合利用家庭、学校、社区和政策等层面的力量，结合心理健康影响因素的干预，也在部分地区取得较好的干预效果（黄仕权，2023；陈福宗，2018；谈娟娟，2017；袁月，2014）

需要注意的是，虽然留守和流动一直以来都被认为是对儿童心理健康状况产生重大影响的因素，有关儿童心理的研究中，对长期父母缺席和环境改变影响儿童心理健康也有成熟的结论，但是大部分留守或流动儿童的心理健康问题并不能简单地归因为留守和流动本身。当留守和流动与孤残和离异等问题伴生时，儿童面临的心理健康风险往往会更高。对这一现象的关注至少在两个方面具有重要的意义和价值。一方面，对留守和流动儿童心理健康问题成因的简单化理解不利于问题解决，只有看到问题成因的复杂性，才有可能发展出有效和系统的解决方案。另一方面，留守和流动与心理健康问题之间简单的因果关系误解也易于导致对该群体的刻板印象，不但使相应的儿童群体受到污名化的影响，也会影响儿童自身的心理归因。当儿童将自己的不利处境完全归因于外部不可控的因素时，其付出努力改变处境的意愿和动力也会降低。

二、新型城镇化下儿童心理健康状况的影响因素

有学者提出了社会转型影响学生心理健康的社会生态系统模型，认为社会转型是当下我国学生心理健康最重要的社会影响因素。社会转型影响学生心理健康的方式有两类：一类以社区环境、学校环境等变量为中介，称为系统性影响；另一类以亲子关系、同伴关系等变量为中介，称为关系性影响（俞国良，2018）。整个儿童群体在城镇化过程中受到了城镇化社会变迁、互联网发展及教育内卷化等时代发展的影响，近年来儿童心理健康问题多发也与这些因素的变化有密不可分的关系。

（一）城镇化社会变迁背景下社会环境变化对儿童心理的影响

1. 家庭结构变迁对儿童心理健康的影响

城镇化带来的国内大规模的人口流动是近 40 年来我国最重要的人口进程之一，并且对中国经济、社会等多方面产生巨大的影响（Liang，2001、2016）。城镇化一方面推进了我国人口的广泛流动，另一方面也促进了居民生活的现代化。在家庭结构与居住方式上，传统的大家庭逐渐消解，家庭户规模的缩小以及核心家庭的普遍成为我国家庭结构的主要特征（彭希哲、胡湛，2015）。我国城市化过程中大量农民进入城市务工，由父母和一对已婚子女组成的祖孙三代同居家庭大量瓦解（谭深，2009）。因而，农村开始大量出现“空巢老人”以及“留守儿童”（江璇，2010；王跃生，2013）。学者们围绕我国人口普查和人口抽样调查对这几类家庭进行过大量人口学方面的研究，可以发现留守儿童和流动儿童所占比例在不断上升（段成荣等，2017；吕利丹等，2018）。

（1）家庭结构变迁导致的亲子分离对农村儿童心理健康影响较大

城镇化对儿童的冲击首先发生在农村地区，养育模式和农村儿童的心理健康问题紧密相关。以往的研究普遍发现，与父母双方共同居住的儿童的心理健康状况要明显优于父母一方或者双方都外出的儿童，家庭结构的劣势成为儿童心理健康问题产生的重要原因（董会芹，2016；吴愈晓等，2018）。双亲都不在家时，农村留守儿童的心理健康状况更差。留守儿童和父母分离的状况更加普遍，2014 年对西部贫困地区的调查发现，有 43.9% 的留守儿童父母是半年至一年回

家一次，还有 25.6% 的留守儿童甚至要一年以上才能见到父母，3.7% 的留守儿童甚至一年连父母电话也接不到一次（韩嘉玲，2016）。农村留守儿童的亲子交往表现出时间上的长期间断性、空间上的远距离性、交往的长期非面对面性和互动频率较低的特点（李庆丰，2002）。而父母外出尤其是双亲外出会导致养育者行为监控水平下降，即父母对孩子行为的了解、组织或调节能力的降低（赵景欣，2013）。流动儿童相较于城镇本地儿童，他们的父母除了陪伴时间更少（邓林园等，2017），教养方式也更消极（张茜洋等，2017）。

（2）家庭结构变迁下父母为双职工或离异给儿童带来心理负担

在城市地区，城镇化发展下双职工家庭以及单亲家庭的大量出现，带来了家庭结构的变化，父母工作时间及工作压力产生的情绪会传导至儿童；单亲家庭则会给儿童带来部分负面情绪效应。

研究显示，父母的工作时间对子女认知能力和非认知能力有一定影响，父母工作时间的增加挤压了他们的亲子互动时间，尽管可以有效提高家庭的经济资本，但会降低孩子的自律能力（吴贾等，2019）。缺乏足够的亲子沟通也可能会导致儿童不良行为的形成，增加了越轨行为的发生（Clifton-Sprigg，2019）。同时，父母过于投入精力在工作上，也会给自己造成过度的压力，从而更有可能采取放任型的教养模式，导致在教养过程中管教不足，进而影响儿童的心理健康状况（Howard，2020）。国内也有研究发现，双职工家庭父母容易出现的“工作狂”状态会导致他们情绪不佳，从而影响到儿童的情绪症状和品行问题（李其容等，2023）。

新型城镇化下的第二次人口转型有着离婚率增多的显著特征（Lesthaeghe，2014），单亲家庭导致的心理健康问题是一个值得关注的问题。Simon（2002）发现婚姻能缓解沮丧感，而离婚则反之。在相似的研究之中，研究者发现离婚以及家庭结构的不稳定会带来短期的情绪负面效应（Fomby and Cherlin，2007；Osborne and McLanahan，2007；Meadows et al.，2008）。而且，家庭结构也是影响母亲患抑郁症的重要因素（Sperlich，2011）。在养育过程中，这种心理的负面效应也同样存在。单亲家庭的母亲在抚养过程中会面临更多的压力（Cooper et al.，2009）。这种心理负担会进一步传导到儿童的成长过程中，通过损害儿童的积极心理健康状态来强化儿童的消极心理（文思雁等，2024）。

2. 城镇活动空间对儿童心理健康的影响

2023 年 8 月，住房和城乡建设部办公厅、国家发展改革委办公厅等部门联合印发《〈城市儿童友好空间建设导则（试行）〉实施手册》，从城市层面、街区层面和社区层面对适儿化改造以及校外活动场所和游憩设施建设提供指引，以实现儿童更好成长的目标。近些年来，各界充分关注城市活动空间对儿童心理健康的影响，构建更多儿童友好空间，为促进儿童的心理健康提供了巨大助力。

城镇活动空间对于儿童的影响主要分为两个场景，一个是儿童日常生活的社区环境，另一个是儿童日常接受教育的学校环境。研究显示，社区活动空间可以成为儿童社会支持的重要来源，能够强化儿童的心理韧性，从而提高其心理健康状况。学校中的活动空间也会对儿童的学习效率和心理健康产生影响。因此，构建优质的社区和学校活动空间，打造儿童友好城市是新型城镇化进程中的重要一环（李志凯，2009）。

（1）友好的社区环境提升儿童心理健康

社区作为儿童日常生活的重要场所，其活动空间与儿童的发展有着密切关联（Hart，2013；Dunton et al.，2012）。研究显示，社区环境对居民的心理健康有着显著的影响。社区周围服务设施配套和公园绿地供给能够显著地提高居民的心理健康状况（邱婴芝等，2019）。儿童友好城市的建设能够有效保护儿童，让他们健康成长，儿童独立活动空间能够促进其精神健康的积极发展（Malone，2007）。

社区活动空间从以下几个方面对儿童的心理健康产生影响。首先，亲自然的活动场所能够缓解压力和疲劳，促进儿童思维的发展和对自然的探索欲（Flouri et al.，2014）。研究表明，绿色空间暴露与减轻压力、减轻抑郁症状、改善情绪健康、改善心理健康和行为以及减少青少年心理困扰之间存在显著的关联（Zhang et al.，2020）。儿童活动空间有效促进了社会交往，前来休闲的儿童与家长能够相互交流沟通，共同玩耍（Peters，2010），同时，亲子之间的互动也能够得到增强（Burgt and Gustafson，2013）。城市活动空间为儿童提供了游戏娱乐和体育锻炼的场所，这能有效地促进儿童的认知能力和非认知能力的发展，降低其抑郁和焦虑风险（孙延林等，2014）。

相对较差的城市生活环境同样会对儿童心理健康产生负面影响。一些研究关注了城中村住房拥挤、城市居住密度过大的问题，以往的学者用“脏、乱、密、暗”来形容城中村的总体卫生环境情况（刘吉、张沛，2003）。在这种居住环境之下，居民很容易产生严重的心理健康问题，生活在其中的儿童则更是首当其冲（王冬，2007）。进一步的讨论发现，城市的人口密度可以通过影响居民的生态宜居感知来影响居民的健康，并且呈现倒 U 形的趋势。随着人口密度的增加，各项城市生活设施逐步完善，能够给居民提供活动空间和便利的生活环境，但随着人口密度的进一步增加，则发生了挤占效应，从而导致了居民心理健康水平的下降（许婧雪等，2022）。

（2）学校空间设计对儿童心理健康的影响

城镇化通过改变产业布局和推动人口流动导致了受教育人口的区域化聚集，对中小学的规模产生了强烈的扩张效应（傅维利、张淼，2014）。中国特殊的城镇化进程使得农村地区更趋向于因人口流失导致的小班化；而师资较强和教学水平较高的城镇学校则具有更强的吸引力，导致更多的学生进入这些学校从而扩大班级规模，因此存在因城镇化发展水平不同导致的班级教学水平的差异，这可能导致以往研究中班级规模对儿童发展影响结论的不一致，值得以后的研究深入探讨（杨钋等，2020）。

根据住房和城乡建设部2010年发布的《中小学校设计规范》，中小学教室人均面积应不少于1.12平方米，大部分教室总面积为50～60平方米。对比国外相同面积教室容纳20～30人规模的教学班级，我国小学45人、中学50人的标准教学班级中，儿童在教室内部的活动空间较为有限。

国外的研究发现，规模适中的学校在学生学业成绩、学校氛围、学生参与度、归属感、人际关系和平等性等方面都有较好的表现（和学新，2001）。拥挤的教室环境会影响教学和教师决策（Evans et al.，2002；Khan and Iqbal，2012；Geron，2023）。规模较大的班级会导致师生之间互动的减少（Finn et al.，2003），影响高学历教师的课堂发挥（Barrett，2013）。小班化教育能够有效地营造安全积极的教学环境，从而促进儿童的健康发展（Bowne et al.，2017）。

研究显示，我国的学校规模和班级规模对儿童不同类型的非认知能力有着异质性的影响。研究者认为，在小规模学校就读的学生比大学校学生有更强的归属感，归属感的增加有助于减少甚至消除学生的疏离感，而且相应地能够促进学生的自信、自尊、自我控制以及责任感（和学新，2001）。进入小班的儿童有着更为积极的情绪控制能力，但进入大班的儿童则在毅力和创造性思维上更占优势（郑力，2020）。

3. 教育内卷化背景下学业压力对儿童心理健康的影响

教育内卷化也成为被提及频率最高的词语之一，人们对它的直观感受是家长焦虑、学生辛苦、教师劳累，教育相关者都在增加投入，而又无一幸免地被裹挟到这场深不见底的教育大比拼之中（王卫华、肖林根，2024）。教育内卷带来的儿童学业压力主要分为3个层面：一是客观负荷层面，课业负担被认为是施加给学生的学习量；二是主观感受层面，课业负担被认为是因课业任务而生的压力或感受，不同的学生因为能力和承受力的不同，对压力的感知和体验也有所不同；三是课业负担被认为是以上两种的结合（胡惠闵、王小平，2013；王云峰，2014；马健生、吴佳妮，2014；雷望红、吕国治，2018）。尽管教育部连续出台了相关政策，禁止有偿家教、整顿课外辅导机构、为中小学生减负，但儿童的课业负担和学业压力依旧在不断增大（路海东，2008；陈传锋等，2011）。

首先，学业压力的增大会显著提高儿童的焦虑抑郁心理。学业压力是儿童压力的重要来源之一（楼玮群、齐铱，2000）。王玥和许志星（2019）的研究发现，课业负担的提高会使得儿童对学习更加倦怠，从而降低了其主观幸福感、生活满意度、学习兴趣和学习意志力。葛岩和尹丽娜（2013）对考试焦虑现象进行研究发现，随着升学考试时间的接近，儿童的学业压力更大，从而导致其考试焦虑水平提高。针对学业水平不同的儿童进行进一步的分析发现，学业水平相对较差的儿童其学业压力更大，他们更难以达到家长和学校的要求，无法积极地响应外部任务（李敏和等，2015）。

其次，学业压力还会导致儿童产生行为问题。研究发现，学习成绩不理想会导致儿童产生自卑感和无助感（常向东等，2014）。感知到更强学业压力的儿童更有可能做出自我伤害的行为，在缺乏社会支持的情况下，这些儿童只能通过自我伤害来消解自己的消极情绪（Doyle et al.，2015）。

（二）信息化背景下屏幕暴露对儿童心理健康的影响

随着新型城镇化的进一步推进，“宽带中国”的全面推行缩减了城乡之间数字接入的鸿沟，数字技术进入千家万户（田鸽、张勋，2022）。同时，手机作为儿童与外出务工家长沟通的重要工具，使得农村儿童的手机持有率不断提高（鲍美红、李心怡，2023），而父母监管的缺失，更进一步促使手机和平板等互联网接入设备介入到儿童的成长过程中（匡卉、郑欣，2024），屏幕暴露悄无声息地成为影响儿童心理健康的重要因素。

作为互联网原住民的中小学生，频繁使用网络与手机，会产生对网络与手机的依赖甚至成瘾。手机与网络依赖的社会心理现象已经在很大程度上改变了当今中小学生的学习与生活方式，给他们带来了严重的心理与行为问题，从而影响身心健康发展。与此同时，中小学生的人格特质也是网络与手机成瘾的预测变量（万永春、孟亚，2024）。

儿童屏幕暴露时间过长容易引发各种心理健康问题（Santos et al.，2023），随着儿童对社交媒体的使用时间增多，他们抑郁风险感知的可能也会随之增强（Boers et al.，2019）。针对中国儿童屏幕使用的研究也支持这一结论。王雪娜等（2021）对新冠疫情期间学龄前儿童屏幕使用的研究发现，每天使用手机超过一小时会导致学龄前儿童产生更多的情绪、品行、多动问题。还有研究关注了屏幕暴露对学龄前儿童睡眠的影响，结果发现睡前使用电子产品显著地降低了儿童的睡眠时间和睡眠质量，这对儿童的身体和心理的发展都有着负面的影响（滕晓雨等，2021）。

社交能力减弱是儿童长时间使用屏幕产生的第二个问题。有学者发现网络游戏成瘾的人在现实生活中的朋友也更少（Yang et al.，2022），那些屏幕使用水平较高的儿童也存在交友困难问题（Twenge and Campbell，2018）。互联网对青少年的影响或许并非全盘都是消极的，也有学者通过回顾文献发现，青少年使用互联网与他人进行线上交流有助于提升自己的自尊、获得更多同辈支持等积极影响（Best et al.，2014）。

此外，儿童以前用于维持线下联系的时间和资源被屏幕使用时间所取代，这使得他们个人的社会关系受到损害（Nie et al.，2002）。Shensa 等人（2020）认为，尽管线上互动给他们提供了更多的社会关系，但这些社会关系的强度相对较差，因此不能形成更有强度的关系纽带，这使得他们所获得的社会支持变得更少。而这种关系纽带的“脱节”意味着从线下互动伙伴那里获得信号的广度和深度（例如，视觉、听觉、触觉等）降低，这对儿童的心理健康是不利的（Konrath，2013）。此外，还有研究认为社交媒体的使用可能会增加青少年对危险行为的易感性，社交媒体环境放大了影响青少年认知和行为的同伴影响过程（Moreno et al.，2015；Moreno and Whitehill，2014）。网络欺凌行为也会使得儿童在使用互联网时无法进行自我保护，导致他们更容易接收到不真实的、羞辱性的信息，从而在心理上受到伤害（Fauman，2008）。

三、新型城镇化下儿童心理健康的国家政策与服务

心理健康是知识经济、信息社会和互联网时代人才培养的重要标准。新型城镇化发展背景下的儿童，正处于身心发展的重要时刻，生活环境的变化、身体生理的变化都使得他们的内心动荡、困扰不断，合理的心理健康教育和支持能够春风化雨、润物无声地促进他们更好地适应学校生活，健康快乐地成长（俞国良，2018）。

多年以来，经过了政策酝酿期、政策体系成型期、政策完善与实施的深化期等阶段，国家层面出台了多部政策，体现了相关部门对心理健康教育的重视与支持，影响和推动了相关资源的分配，有效地推动了儿童心理健康教育的开展（马晓辉，2019）。

以时间为线索，2002—2023 年国家层面对儿童心理健康工作有重要影响的国家政策文件或事件见图 6-1，可以看到我国儿童心理健康教育与服务发展的历程。按照政策与服务的特点，可将相关的国家政策与服务发展历程分为 3 个阶段，即 2015 年之前的初创独立阶段、2016—2022 年的逐步推广阶段和 2023 年至今的国家战略阶段。由此可以看到，经过多年的发展，国家层面对于心理健康教育的关注程度日益提升。

加强儿童心理健康教育已成为全社会的共识。2023 年，教育部等 17 部门联合发布了《全面加强和改进新时代学生心理健康工作专项行动计划（2023—2025 年）》。该文件的出台标志着学生心理健康工作被提升到国家战略的地位，因而引起包括心理学工作者在内的各种社会群体

的关注。该行动计划发布之后，各地政府相关部门积极响应，根据当地实际情况对计划在基层落实提供的操作指导也各具特色，其中不乏一些创新性的解决方案和解决思路。下面从 4 个方面对各地落实举措作梳理。

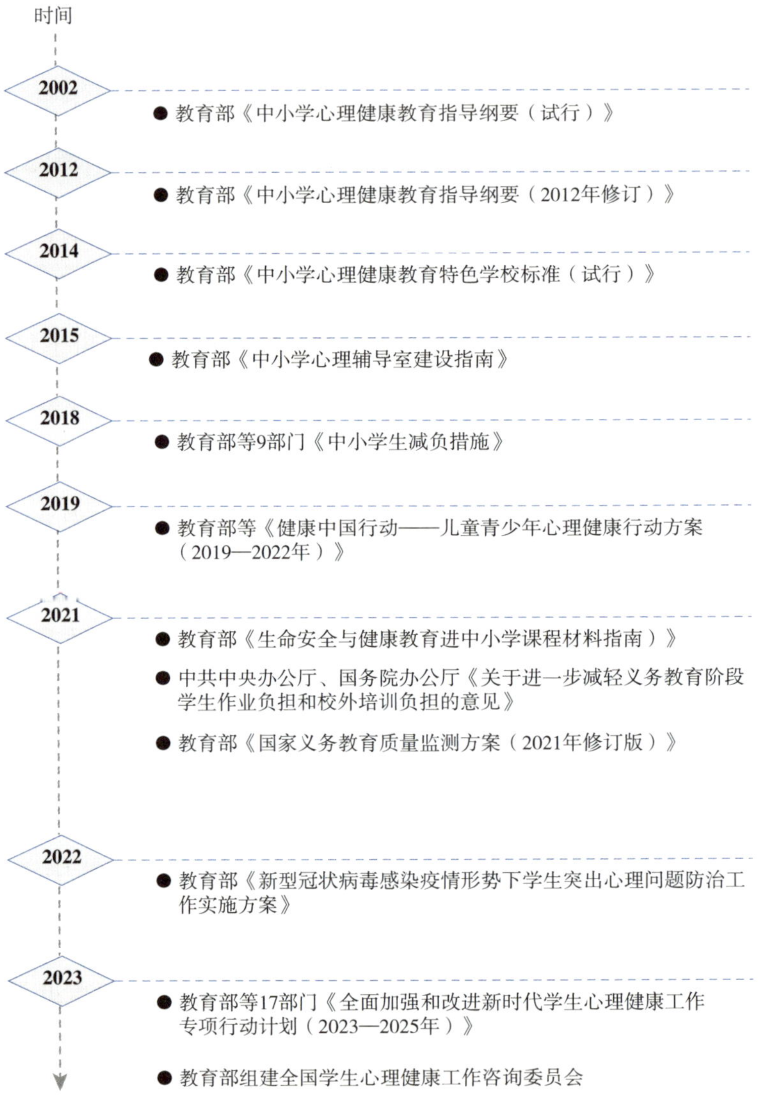

图 6-1　儿童心理健康国家政策及事件时间线

资料来源：作者根据相关资料整理。

（一）五育并举促进心理健康改善和加强心理健康教育

专项行动明确了学生心理健康工作的总体思路，重要目标之一是落实五育并举，并就加强心理健康教育提出三方面的要求：开设心理健康相关课程、发挥课堂教学作用、全方位开展心理健康教育。

从课程开设学段来看，大部分地区心理健康课程均涵盖常规的小学到大学全学段，其中云南省和甘肃省还将课程延伸到托幼机构，要求构建适合学生年龄阶段特点的心理健康课程，在各类课程教学中有效融入心理健康教育内容。由于儿童早期经验对于塑造个体良好的心理品质具有重要的影响作用，且幼儿的可塑性较高，在托幼机构以适当的方式进行基础的心理健康素质的培养不但有必要，而且效率高。云南、甘肃两省的思路以及未来在托幼机构尝试落实的经验或许值得关注。

从工作内容来看，云南省发布的《云南省教育高质量发展三年行动计划（2023—2025 年）》中提到“大思政课”融合体美劳育。天津市提出将传统文化和积极心理学相关内容融入日常教学以提升学生心理健康水平。甘肃省计划实施“心理 +”课程，将认知和成长型思维培养的操作融于日常教学，在不增加师生教学和学习负担的前提下，为课堂教学设计融合认知和成长型思维训练的活动。“心理 +”课程有成熟的心理学理论支持，在活跃课堂气氛、提升教学效果的同时兼顾心理健康教育目标的实现，相关经验对学校心理健康教育质量的提升具有较好的借鉴价值。

各地在五育并举加强心理健康工作方面积极尝试，出现了一些创新的解决思路。虽然目前还不能确认这些工作思路对于解决新型城镇化过程中反映突出的儿童心理健康问题效果的高低，但是从其背后的理论依据判断，执行效果值得预期，有望在未来根据实际情况推广使用，以提升学生整体心理健康水平。

需要特别说明的是，各地在五育并举的解读方面，更倾向于从五育中获取对心理健康水平提升有益的部分，将心理健康工作摆在相对被动的位置。实际上，心理在五育过程中可以扮演更为主动且重要的角色。将教育和学习心理等领域的最新研究成果应用于五育时，五育效能将得到提高，学生学业表现也会得到提升。心理工作帮助五育效能提升的作用应该得到更多的关注，这对于解决学习焦虑和维护学生身心健康具有重要的意义。

（二）规范心理健康监测与完善心理预警干预

作为儿童心理健康的基础环节，建立健全儿童心理健康监测及预警干预机制十分必要。在搭建心理健康测评体系方面，心理测评在工具开发和结果解读等方面对工作人员的专业素养要求较高，北京和江苏两地特别强调在测评体系和工具确定方面利用当地高等院校和科研院所的力量，提高工作的科学性水平。

在管理心理健康档案方面，除建立健全“一生一档”心理健康档案外，甘肃省提出探索建立小学、初中、高中心理健康档案转接机制，做好学段联动及衔接配合工作。档案转接机制可以帮助教师掌握学生的长期状况，为心理健康维护提供有价值的信息，提高心理健康工作效果持续保持的可能性。但在执行过程中也要注意隐私安全和使用规范，避免心理档案成为招生等的鉴别依据或导致对校园中特定群体的歧视。

在心理健康危机识别和干预方面，除各地均有不同层级的心理援助热线，为居民提供“7天 ×24 小时”心理咨询服务外，从预防的角度看，北京市前移心理咨询服务，依托区级线上线下心理辅导载体，为学生提供即时心理辅导服务的经验可能值得借鉴。

（三）建强心理人才队伍及支持心理健康科研

专项行动计划的一大创新亮点在于壮大心理健康教育教师队伍建设，统筹教师、教材、课程、学科、专业等建设，加强学生心理健康工作体系建设，全方位强化学生心理健康教育，强调教师队伍建设对学生心理健康教育的重要影响。

重视心理健康教育师资队伍专业化发展、提高心理教师配备比例是各省政策中的普遍趋势。主要体现在提升教师培养质量、中小学按比例配备专职心理健康教师、建立多级心理教研组或危机干预队伍、规范引导心理健康服务行业发展等方面。关注教师身心健康，以增加心理健康知识培训解决教师职业倦怠等问题也开始得到重视，这对于解决心理健康教师在职称评定和待遇方面长期面临的困境有重要的意义和价值。

在教师队伍建设和支持科研的主题下，目前最需要关注的不仅是人才在总量方面的欠缺，还有人才梯队结构的优化和总体质量的提高。依托高等院校和科研院所的力量进行心理健康测评或干预方案开发固然可行，但是理论水平较高的高校和院所的科研人员缺乏中小学教学实践经验，实践经验丰富的中小学心理健康工作者又存在理论概括方面的困难，所以导致长期以来国内心理健康教育理论与实践结合的困难。培养和建立学校心理学家队伍可能是解决理论与实践脱节的有效路径。不同于心理教师，具有专业资质的学校心理学家有较高学历水平、研究经验和专业技能，可以为包括学校心理教师在内的全体教师提供教学方面的支持，他们有能力开发心理健康测评工具，也可以为学校提供科学合理的问题评估和解决方案。

（四）优化社会心理服务及营造健康成长环境

构建心理友好社会支持环境，要求学校、家庭和社会共同配合为儿童心理健康保驾护航，将心理健康贯穿于育人的全过程，推动儿童心理健康教育工作高质量发展。“行动计划”强调多部门联合、医教体融合、家校社协同。北京要求健全教育部门与专业院校、科研院所协同机制，同时完善“全程超前伴随式”家长培训体系，协同家长共同防范学生心理问题。山东、重庆强调发挥专业社工及“五老”优势作用，加快精神卫生数字化建设，整合疾病监测、预防、诊疗及康复等业务信息，建立健全有关部门精神卫生信息共享机制，实行动态管理。这些举措结合形成不同阶段学生的心理发展策略，构成解决儿童心理问题的管理闭环，有助于共同推进心理健康教育并都有一定借鉴价值。

家庭教育指导服务站点的加入，省、市、区县级社会心理服务体系的配合，多部门协同联动工作机制的建立等举措展现出纵横交错的社会网格化解决方案的雏形。儿童青少年的心理健康问题成因复杂，因而在解决问题的思路方面也不能只依赖对学生本身的影响，要实现整个社会所有相关力量的动员和高质量协作才能为儿童青少年提供有助身心健康发展的社会环境，提高他们的身心健康水平。

总体看来，国家层面对儿童青少年心理健康教育的重视程度日益提升，从早期课程开设、推广和硬件设施的配备，到中期心理健康成为教育质量监测指标，再到近期对多部门多层面协作的系统性解决方案的关注，一系列政策的出台使学生心理健康工作逐渐成为学校常规工作的重要组成部分。同时，政府多部门的协作以及个人、家庭、学校、社会力量整合的工作模式也为维护儿童青少年心理健康提供了越来越多的支持。心理健康工作模式由以危机防治为主的医学模式转变为以预防问题发生为主的“教育 + 服务”模式。

党的十九大报告明确提出，加强社会心理服务体系建设，培育自尊自信、理性平和、积极向上的社会心态。党的二十大报告继续强调重视心理健康和精神卫生。毫无疑问，社会转型的特殊历史时期，需要中国特色的社会心理服务与社会心理建设。它可以简单理解为对民意民心的描述、对偏见歧视的理解、对社会心态和社会舆论的监测、对志愿者行为的引导（俞国良，2018）。可以看到，学校心理健康工作不仅需要教育模式的变革，也需要社会服务系统的加入。向“教育 + 服务”模式的转变是历史的必然，也是学校心理健康发展的必然。

专栏 6-1　　儿童青少年心理健康项目：青心向荣

为增进儿童青少年健康福祉，助力健康中国建设，中国发展研究基金会于 2023 年启动“青心向荣：儿童青少年心理健康”项目，通过社会试验为预防儿童青少年心理健康问题、提升儿童青少年心理健康水平提供高质量证据，为相关政策出台提供科学依据。

社会试验项目于 2023 年 10 月在江西省抚州市启动，逐步在试点地区展开。项目开展了心理健康需求调研、心理健康课程开发与培训，以及为心理健康服务体系完善提供技术支持等工作。

项目委托北京大学第六医院专家开发结构化课程，培训初中班主任，让他们将精神心理健康知识和方法融入自身日常生活和学生工作实践，从而提升教师照料自身及他人心理健康技能，构建针对学生的心理健康支持性环境。该短程结构化课程包含自我照料、心理健康教育、社会情感学习和危机预防等模块，通过线上线下授课、案例分析和课后实践反馈等环节进行课程递送。课程特色是课堂上下体验式学习，技能练习大于理论教授，不断贴合实际需求，全面提高班主任促进自身及学生的心理健康技能。课程中期和结束后共访谈了 40 名学员，受访教师表示，课程的内容对其自己和日常工作的多方面都有助益，他们反馈通过参加该课程，其自我情绪调节能力、人际沟通、心理教育和心理危机识别及应对方面均有明显改善与提升。

课程结束后问卷调查显示，全部学员认为课程内容符合他们的工作需求；98% 的学员反馈通过课程培训，自身的心理健康素养有所提高；94% 的学员愿意把课程推荐给其他教师；全部学员认为通过培训，识别学生心理问题的能力有所提高（见图 6-2）。部分学员反映，此次心理培训项目相比既往接受的心理培训更具操作性、更易懂，给自己带来很大的启示。尤其对课程反复传达的“老师自己（心理）健康，才能真正促进学生（心理）健康”这一理念印象深刻。

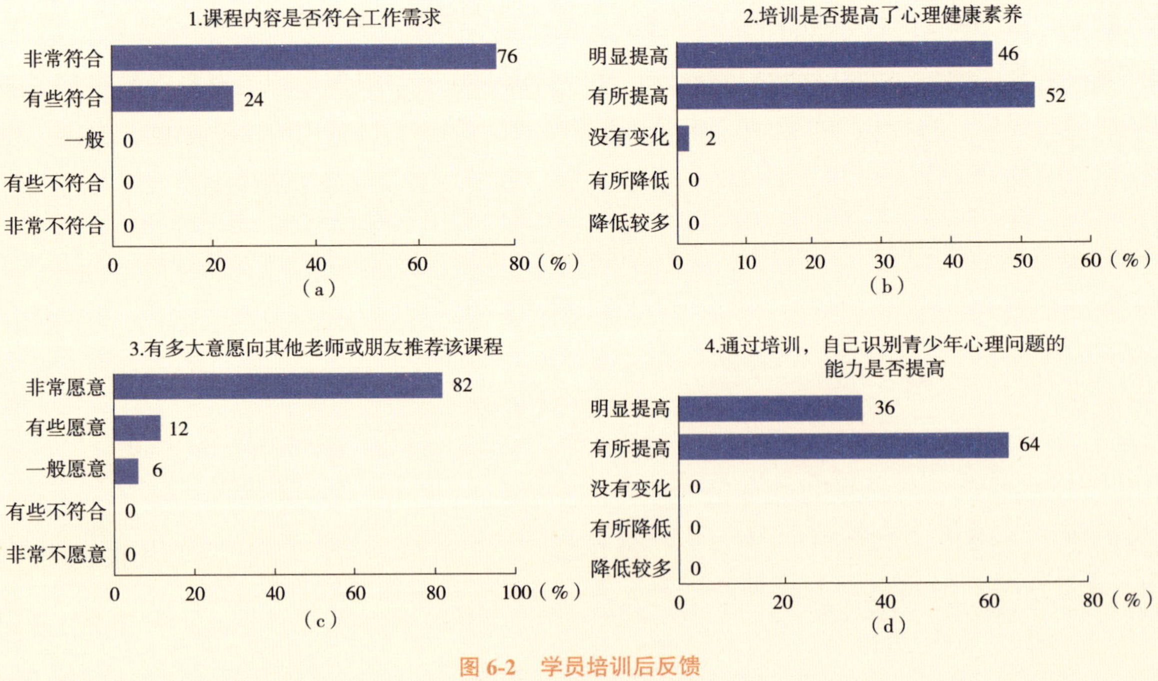

图 6-2　学员培训后反馈

资料来源：中国发展研究基金会。

量表数据同时显示，课程显著提升了教师心理健康素养，减少了求助的自我污名化，帮助教师更好地支持学生心理健康。

在班主任心理健康变化的分析中，如图 6-3 所示，干预组和对照组的心理健康素养均有所提升，但干预组的提升幅度更大。

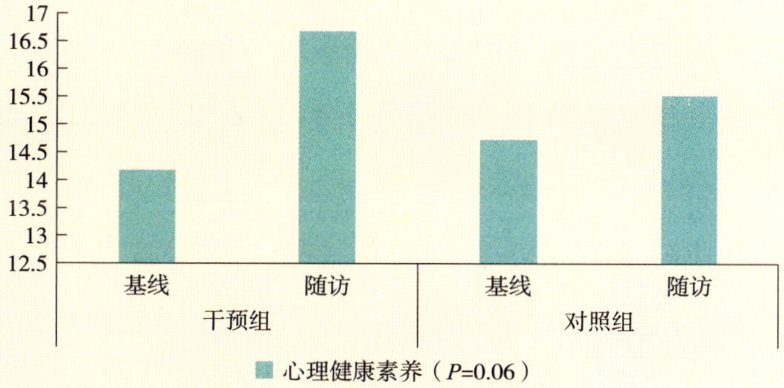

图 6-3　教师心理健康素养变化

资料来源：中国发展研究基金会。

校园项目需要通过教师、学生、家长三方面的干预促进儿童青少年的心理健康，但本阶段在仅完成班主任干预的情况下，在儿童青少年心理健康变化分析中依然看到了潜在的效果，干预组在心理求助、自我污名化、抑郁症状、焦虑症状等方面均有一定程度的改善。尽管部分指标的变化未达到统计显著性，但仅仅是针对班主任进行的干预已经显示了本方案对于改善教师及学生心理健康的积极意义。

2024 年 3 月，该项目入选“儿童青少年心理健康优秀公益项目”。

资料来源：中国发展研究基金会。

第七章

新型城镇化下的儿童数字鸿沟与教育信息化

数字经济正在以全新的方式推动着新型城镇化的发展，具有天然创新属性的数字化赋能新型城镇化，是新时代新阶段新型城镇化实现高质量发展的必然选择和增长引擎 。习近平总书记在中共中央政治局第五次集体学习时强调，教育数字化是我国开辟教育发展新赛道和塑造教育发展新优势的重要突破口。进一步推进数字教育，为个性化学习、终身学习、扩大优质教育资源覆盖面和教育现代化提供有效支撑[①]。

面对技术的不断迭代和我国城镇化出现的新变局，城乡儿童所面临的社会、学校和家庭环境也发生了翻天覆地的变化。他们需要怎样的教导和协助，才能在数字时代得到最好的发展?本章总结了科技革命给儿童发展带来的机遇和挑战，认为数字鸿沟产生根源是学校发展水平和办学资源的不均衡而非技术本身，新型城镇化下儿童数字鸿沟发生了从“物”到“人”、从“技能”到“素养”，从“个体”到“环境”的转变。在此进程中，国家和社会层面都作出了相应的努力。我们应恰当认知技术和教育，辩证分析教育信息化和儿童数字鸿沟的关系，从关注农村老师、儿童和家长的数字素养，关注农村儿童的思维鸿沟和情感鸿沟，提供适合农村儿童的整体设计等方面，助力农村儿童的成长。

本章立足于儿童发展，总结了科技革命给儿童发展带来的机遇和挑战，分析了新型城镇化下城乡儿童数字鸿沟的现状与影响，梳理了用教育信息技术手段补平儿童数字鸿沟的中国努力，并尝试展望未来可以努力的方向，旨在通过多角度的思考，探讨教育信息化、数字化大背景下我们应关注和能够给予农村儿童什么样的教育。

一、新型城镇化下教育信息化给儿童发展带来的机遇与挑战

随着第四次科技革命向纵深发展，人类生产、生活和思维以及交流方式已经发生变化，对重塑教育的内涵和形态提出了迫切需求，也为教育变革与教育高质量发展提供了平台和动力引擎（怀进鹏，2023）。新型城镇化下的儿童，是数字时代的“原住民”，他们天然与信息和数字相处，他们生活的环境、接受的教育也发生了变化。

① 《习近平在中共中央政治局第五次集体学习时强调 加快建设教育强国 为中华民族伟大复兴提供有力支撑》，《人民日报》2023年5月30日。

（一）科技革命新发展带来的教育变革

在互联网和人工智能的推动下，知识积累和信息传播不再单纯依靠书本、报纸、电视等传统媒体，人类进入了即时性、互动性更强的互联网传播时代，传播的时间和空间限制消失。

1. 智能设备与线上学习：以人工智能和大数据驱动的教育场景变革

数字技术、生成式人工智能的兴起，不仅重塑了学习内容传递机制，也进一步加速了学习方式变革牵引下的现代教育教学创新，极大地改进了教学过程和学习效果评估，促使教育领域经历了一场前所未有的创新变革，而教育大数据推动了精准教学、个性化学习、教育治理及教育现代化进程。

以一个普通儿童典型的一天为例（见图 7-1），从起床到走进学校上课、下课，再到回家，智能手表、智能教学辅助工具等可以辅助他开展各类活动。人工智能和大数据通过智能设备与各类线上教学平台参与着儿童的日常学习和生活。

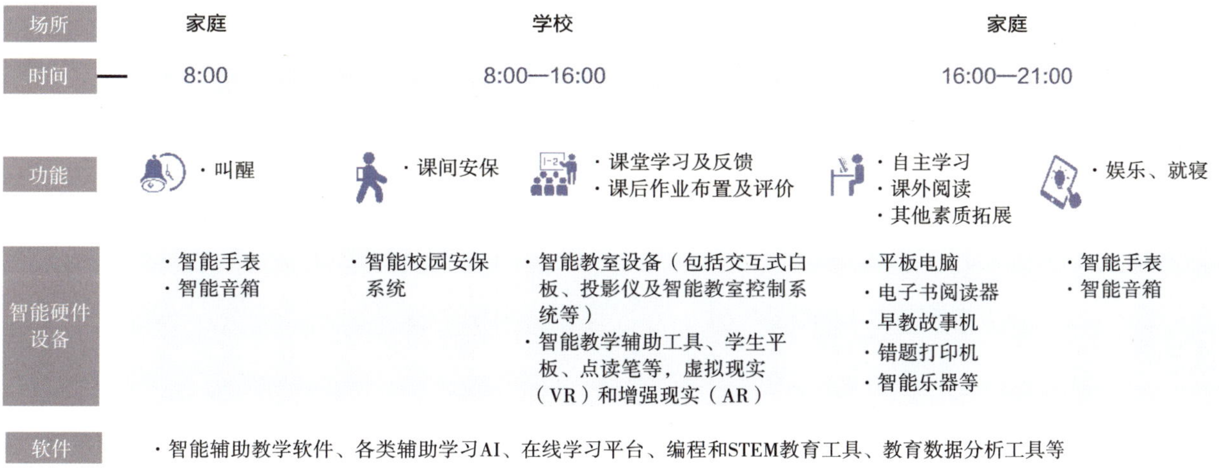

图 7-1　一个普通儿童典型的一天

资料来源：作者根据相关资料整理。

有学者则表示了担忧，尽管信息技术可提供身临其境的场景体验，但基于技术开发者和技术管理者预设的情境与动态化的生活学习情境仍存在本质区别，这种区别约束着信息技术对教育主体认知和知识习得过程中的作用发挥（金久仁，2022）。

2. 数字校园与数字育儿：以数字化转型为核心的育人方式变革

互联网汇集了全球优质教育资源，教与学过程中创造了更多可能，人工智能可以迅速反馈信息、收集和分析学生的学习数据、优化学习路径、帮助教师及时调整教学策略，可以系统监测和了解学生的学习进展，进行趋势分析并实施预测性干预措施，增强了学习的便捷性和互动性。儿童接受教育的场景更多元丰富，学习场所的边界更加模糊，他们可以随时随地打开智能设备，登录 App 或各类在线教育平台，接受丰富的有针对性的教育（见图 7-2、图 7-3）。

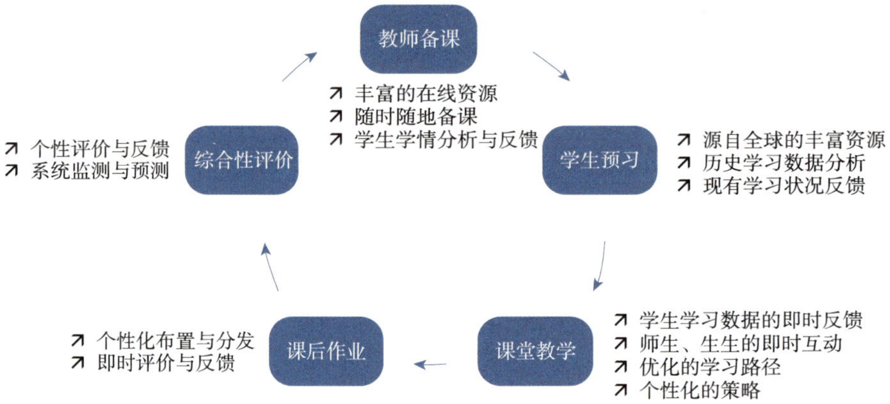

图 7-2　信息技术参与教与学的闭环

资料来源：作者根据相关资料整理。

阶段	胎儿期	学龄前（0～6岁）	学龄期（6岁及以上）
功能	· 胎教 · 胎儿状态监测	· 早教 · 语、数、英等学科类启蒙 · 音乐、思维等非学科类启蒙 · 社交	· 课后学习 · 线上学习 · 社交
主要硬件	· 早教故事机	· 儿童平板 · 早教故事机 · 儿童智能手表 · 智能乐器	· 智能学习终端 · 智能手表 · 错题打印机 · 智能乐器等
典型软件	· 妈妈帮 · 育学园	· 宝宝巴士 · 贝乐虎识字 · 斑马思维 · 洪恩识字 · 叫叫绘本	· 智能化直播平台：钉钉、腾讯会议等 · 个性化学习工具：作业帮、猿辅导、百词斩等 · 自适应泛在资源类产品：哔哩哔哩、知乎、抖音、小红书等 · 情境化直播教学产品：学而思网校等

图 7-3　数字育儿图谱

资料来源：作者根据相关资料整理。

数字工具在家庭教育领域的作用也在逐渐凸显，大量丰富的工具为信息时代的父母提供支持，可以帮助他们在陪伴和教育孩子上有明确的方向和内容。

学龄前数字育儿主要以启蒙为主，途径通常由家长根据儿童的情况自主选择；学龄期则以儿童自主学习为中心，主要目标在于提高学习效率和拓宽学习视角。对于品类的选择，家长会考虑儿童的需求，同时学校、朋辈推荐也会影响儿童对软硬件的选择。

在数字育儿的过程中，父母作为主要监护人，需要承担起重要的教育责任，为孩子进行学习内容的筛选、学习时间的控制，此外还需掌握孩子现实学习与虚拟学习的平衡，让孩子能够身心健康地全面发展。

3. 终身、自主、个性的学习：以学习者为中心的学习方式变革

2020 年，《未来学校：为第四次工业革命定义新的教育模式》发布，报告提出“教育 4.0”全球框架（见图 7-4），为第四次科技革命定义了优质的教育模式，获得了学界的广泛认可。“教育 4.0”全球框架定义了学习内容和经验的 8 个关键特征，包括 4 项构建和提高学习者能力的基本技能。

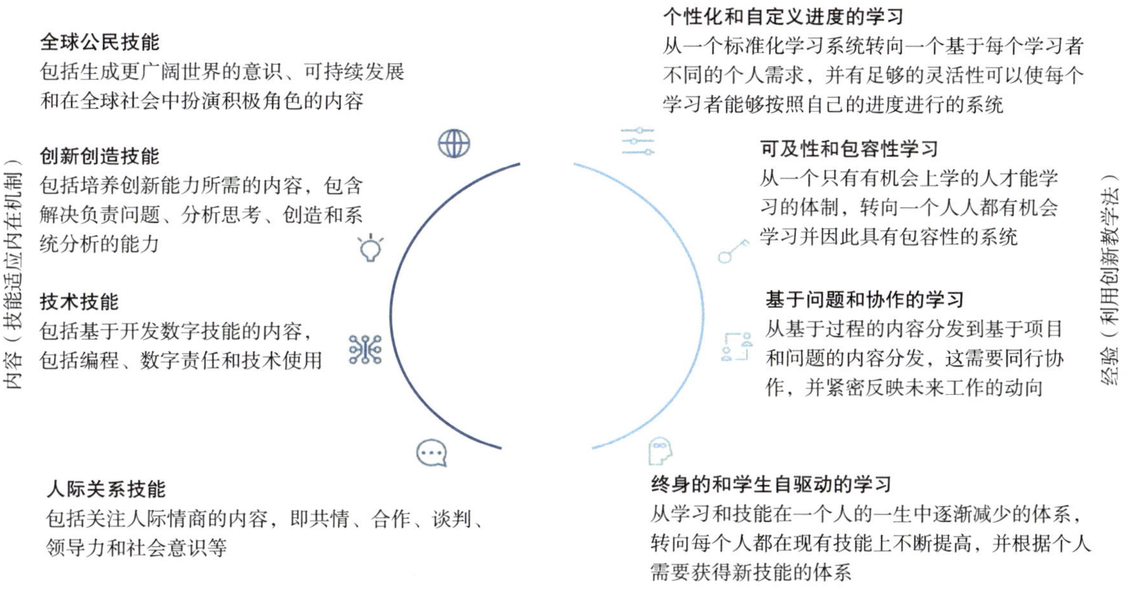

图 7-4　“教育 4.0”全球框架

资料来源：世界经济论坛，《未来学校：为第四次工业革命定义新的教育模式》。

未来学校的形态是学习者通过随时随地的互联互通，实现创新创意和个性化学习，教师是学生个性化学习的引导者和促进者（王永固等，2020；金久仁，2020）。儿童学习发展正面临新的时代性挑战：一方面，他们必须适应并积极融入数字化学习环境；另一方面，信息技术带来的潜在负面影响也日益显现，这对儿童的成长构成了不容忽视的难题。

教育转变为以学习者为中心，大规模地开放在线教学，泛在学习、云学习、无缝学习成为未来学习的发展方向，终身、自主、个性的学习将贯穿儿童学习的始终（见图 7-5）。在哪里学习、如何学习以及他们的学习表现都有基于数据的跟踪。

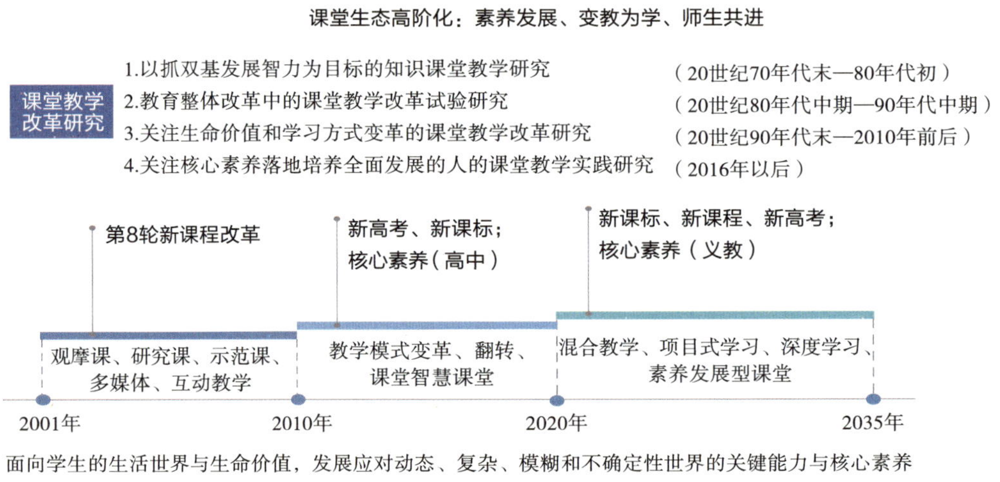

图 7-5　学习方式的历史性变革过程

资料来源：李玉顺，《信息化怎样让课堂更“智慧”》。

（二）教育信息化给儿童发展带来的机遇

1. 儿童有了参与全球连接的路径

通过互联网，物理空间被折叠，儿童可以与世界各地的儿童互动，促使他们更广泛地了解不同文化和观念。信息技术打破了时空限制，无论是在城市还是乡村，只要有一根网线，孩子们就能接触到全球各地的信息和文化。作为互联网“原住民”的一代，他们整体的视野更加开阔，也能够更加熟练地使用网络，进而可以更自由地在网络上进行表达和分享。他们看到的，将不仅仅是眼前的场景，他们有更多的机会看到更为多元和丰富的世界，并有机会和它们连接起来，进行对话。这样的机会使得孩子们能够开阔自己的视野，培养出对多元文化的尊重和理解。

2. 儿童有了个性、丰富的新学习方式

数字技术环境下的儿童学习发展面临学习接入的便捷性、学习品质的现代性、学习认识的专业性、学习发展的长久性、儿童发展的伦理性等多重视角的复合性挑战。“教育 4.0”时代对学习的新愿景促使学习者不仅要学习所需的技能和知识，还要确定学习这些技能和知识的来源。这个时代的学习者不仅要会读写，更要通过学习创新，让自身获得可终身增长的知识和技能（王红军、段云峰，2022）。

3. 儿童有了触手可及的数字学习资源

互联网、人工智能技术为儿童提供了丰富的、方便快捷的数字化学习资源，儿童可以随时随地获取到关于科学、历史、艺术、地理等方面的知识。知识不再停留在少数权威的脑中，好奇心、提问能力、批判思维成为儿童在数字化时代获得知识的必备能力。当前“云、网、端”

一体化正共同创建一个前所未有的智能学习空间，海量的教学与学习资源汇聚到云端，儿童可以利用“云资源”和“云服务”进行知识的获取、吸收、分享、加工和创造（张伟，2023）。泛知识类学习资源不同于书本知识，它鲜少提供深度解读，其对知识的降维表达和观念的凝练更适合即时、迅速、随时地在线学习（吕明杰、杨俊峰，2023）。

4. 儿童有了探索创新的虚拟平台

在数字时代，知识被数字化并融入数字空间，实现了知识的可机读、可计算，机器智能深入参与知识的组织生产与传承，改变了人类的教育模式和认知世界的方法手段（张伟，2023）。数字技术为儿童提供了更低的学习成本、更快捷的试错路径，让创新的周期变短，可以通过互动、虚拟合作等提高学习兴趣和效率。儿童也可以自己参与创作过程，成为优质内容的创作者和传播者。

（三）教育信息化给儿童发展带来的挑战

1. 数字技术飞速发展下对儿童数字素养要求快速提升

互联网时代，大量信息通过各种途径充斥在我们身边，大家用碎片化的时间接受着碎片化的信息。互联网时代缺少的不是信息而是结构化知识，不是知道而是反思与思考，不是零碎的常识而是贯通的学识（徐赉，2019）。数字素养指通过数字技术获得就业、体面工作和安全创业、适当地获取、管理、理解、整合、沟通、评估和创建信息的能力①。在数字化社会，数字素养已不单单是一种具体的素养要求，而是对社会公民数字经济社会生存发展所需要的全方位、复合型能力素质的表征（李玉顺等，2023）。

2. 电子产品的长时间使用会引发身体健康问题

长时间连续使用电子产品容易导致视觉疲劳，引发干眼症、近视等问题。研究显示，在使用电子产品时，屏幕的色彩及动画会让儿童异常专注，长时间降低眨眼频率，并且这些问题的轻重程度和使用视频终端的时间显著相关。此外，长时间使用电子产品还会影响脊椎发育，如果儿童长期坐着看电子屏幕或者低头玩平板并且长时间保持同一个姿势，时间久了就会引起腰痛背痛，严重了可能还会让正处在身体发育期的孩子脊柱变形、驼背，影响脊柱发育。在室内使用电子产品会相应减少儿童户外活动时间，对儿童的身体素质也会产生不良的影响。

过度使用电子设备可能减弱儿童面对面的社交技能，使儿童难以建立和维护真实世界的

① 联合国教科文组织：*Global Framework Reference Digital Literacy Skills*，2018。

关系。《2017年世界儿童状况：数字时代的儿童》中提到一位15岁日本男孩的抱怨：“我们交谈得少了（因为父母、兄弟姐妹或者我自己在打游戏或者用社交媒体网站），父母把握不住我的状态（比如心理健康和在学校遇到的问题）。”这种状况在中国也很常见，移动通信技术的发展，让很多人沉迷于手机织就的“信息茧房”中，缺少对现实世界的参与，这会导致他们的社交技能减弱。

3. 海量信息及隐私泄露风险会导致安全问题

儿童容易受到来自互联网的大量信息的影响，这可能包括不适宜的内容，可能影响他们的价值观和态度。在线世界存在着隐私和安全的风险，儿童可能因为不懂得保护个人信息而面临威胁；也可能因为接触了互联网而与危险的人物进行接触，如与寻求不正当关系或出于性目的而与儿童接触的成人保持联系，或与试图煽动儿童参与极端活动或诱使其参与不健康或危险活动的个人接触；儿童自身也可能进行危险活动，其后果往往与有风险的网上内容和接触有关①。

对网络内容与儿童个体之间风险关系的判别并不容易。不同文化、家庭背景的儿童对于不同风险的定义和反应都不尽相同。其实风险本身并不必然有害，面对风险的适度筛选和对抗则是儿童需要培养的能力。对于农村儿童，尤其是流动和留守儿童而言，由于缺乏成人的监管，缺乏筛选的教育和引导，他们的信息更容易暴露，更容易受到不良信息的诱导，对于他们而言，安全问题显得尤为重要。

4. 数字生态环境差异给儿童带来了新的数字鸿沟

数字生态环境包括儿童是怎样接触数字设备的，遇到与信息技术有关的问题时向谁求助。虽然儿童都是数字时代的“原住民”，但不同儿童的自身经历和接触他人使用信息技术的差异影响了他们对信息技术的看法和使用（经济合作与发展组织，2023）。东北师范大学中国农村教育发展研究院在2020年对全国25.2万名中小学生的调查显示，除智能手机外，乡村家庭的其他物质性数字资源全面处于落后地位，导致全国有5.98%的学生处于“线上失学”的状态，其中乡村更是高达8.07%。其影响了教学的公平性、在线教育的包容性和学习的连续性，弱者缺少信息素养和有效支持不仅导致了短期的教育中断，更有可能使处在辍学边缘的初中生面临长期辍学的风险（邬志辉，2020）。支持性网络可以帮助青少年学习如何使用技术（即知道如何做事），也可以帮助他们学习规范（即知道为什么某些活动有价值或无价值）（经济合作与发展组织，2023）。

① 联合国儿童基金会：《2017年世界儿童状况：数字时代的儿童》，2017。

二、新型城镇化下城乡儿童数字鸿沟的现状与影响

数字鸿沟的定义最早出自 1999 年美国国家远程通信和信息管理局（NTIA）发布的《在网络中落伍：定义数字鸿沟》，指那些拥有信息时代工具的人和未曾拥有者之间存在的鸿沟。城乡儿童数字鸿沟的问题涉及硬件资源接入差异，软件应用能力、技能培养体系以及社会支持体系等多个层面的不均衡状况。数字鸿沟可以根据不同的标准分为不同的类型。本部分将新型城镇化下的儿童数字鸿沟分为接入鸿沟、使用鸿沟和结果鸿沟，此外本部分也关注农村儿童在整个教育过程中出现的思维鸿沟和情感鸿沟。

（一）新型城镇化下儿童数字鸿沟的现状

我国城乡二元结构下教育的数字鸿沟十分明显，随着城镇化的发展，农村学校亏空、中小城市学校拥挤、大城市学校学位紧缩性持平将成为中国当下和未来很长一段时间内不可避免的教育现实（李涛、邬志辉，2019）。

2020 年开始席卷全球的新冠疫情给世界各国带来了重大影响，在一定程度上推动了线上教育的发展。教育的数字化转型可以在一定程度上缩小地区之间教育发展的差距，解决欠发达地区师资力量不足等问题，满足农村学生的多样化需求。

1. 城乡儿童的接入鸿沟在逐渐缩小

对于计算机及个人终端的拥有以及互联网的接入是数字鸿沟是否存在的基础表现，它是物理层面有或者没有的机会不平等（冯仰存、任友群，2018）。在国家政策和经济发展的双重加持下，我国城乡儿童的接入鸿沟在逐渐缩小。

在硬件设施层面，教育部统计数据显示，2022 年我国城区小学平均每校教师终端 79.3 台，初中 122.3 台；乡村小学平均每校教师终端 16.7 台，初中 38.3 台。可以看到，教师终端数量还有一定的差距。在学生终端方面，2022 年我国城区小学平均每百名学生拥有终端 8.52 台，初中 13.34 台；乡村小学平均每百名学生拥有终端 14.21 台，初中 16.07 台[①]。调查显示，教师终端仍以电脑为主，逾六成教师由学校统一配备电脑，仅一两成教师由学校配备平板、智能助教等设备；学生终端配备比例较低，仅不到三成，且配备范围大多数为试点班，全员配备的不足一成。各类型教师数字化终端设备配置不足（王素等，2024）。

在网络接入层面，数据显示，到 2020 年，我国实现了“数字教育资源点”全农村覆盖，52

① 根据教育部发展规划司《中国教育统计年鉴 2022》相关指标计算。

个贫困县已实现了学校网络全覆盖，99.7%的学校实现了百兆带宽[①]。到 2023 年，各级各类学校互联网接入率达到 100%，超过 3/4 的学校实现无线网络覆盖，99.5% 的学校拥有多媒体教室[②]。中国教育科学研究院的调查也有同样的结论，2022 年我国有 84.8% 的学校教室内实现了双网[③]覆盖，有 52.1% 的学校公共区域实现 5G 网络覆盖，49.9% 的学校教室内实现 5G 网络覆盖（见图 7-6）。

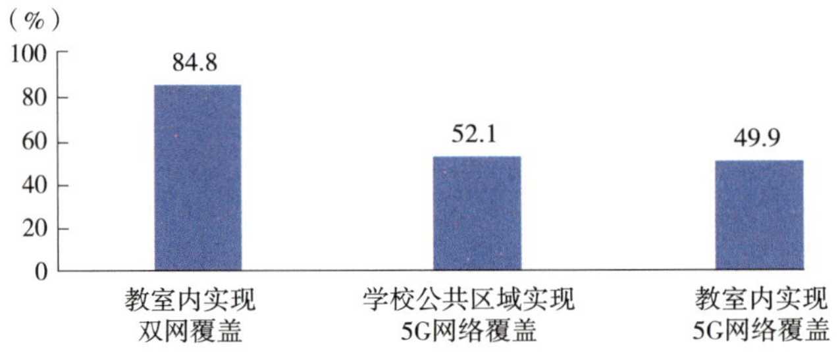

图 7-6　2022 年我国学校的网络接入情况

资料来源：王素等，《中国基础教育数字化转型：现状研判及深化对策——基于全国21个省市中小学的调查研究》。

分地区的交叉分析显示，东部地区教室内网络覆盖明显高于西部地区；在学校公共区域实现 5G 网络覆盖方面，东部、中部地区差异不明显，东部、中部地区与西部地区有一定的差异（见图 7-7）。

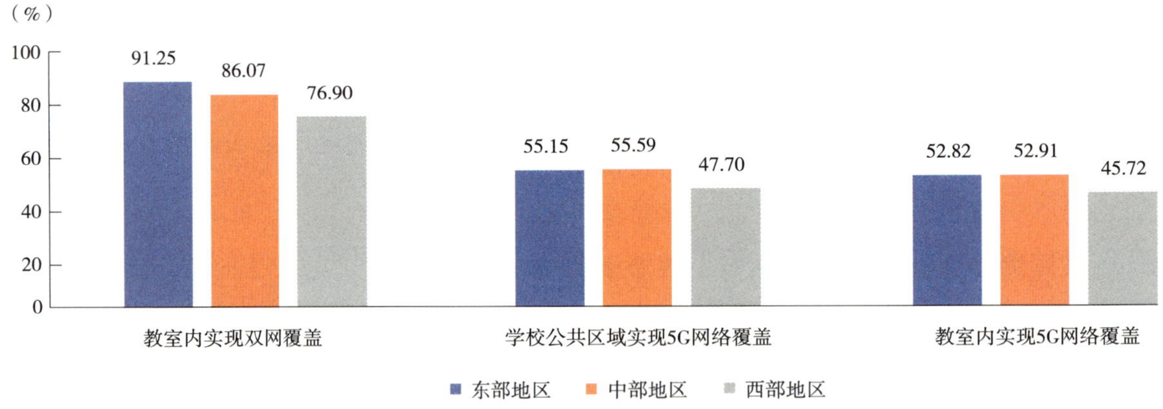

图 7-7　2022 年不同地区学校的网络建设情况

资料来源：王素等，《中国基础教育数字化转型：现状研判及深化对策——基于全国21个省市中小学的调查研究》。

2. 数字生态环境和数字差距下城乡儿童的使用鸿沟凸显

在数字时代，互联网已经成为儿童获取知识、提升技能的关键渠道。在逐步解决了接入问

① 教育部：《教育现代化进行时　全国 52 个贫困县已实现网络覆盖》，2020。

②《以数字化开辟教育发展新赛道》，《人民日报》，2023 年 10 月 13 日。

③ 指有线网 + 无线网。

题之后，数字素养的差异会导致城乡儿童对于数字化设备的使用差别，进而导致了另一条数字鸿沟——使用鸿沟。

教师作为儿童学习过程中的重要引导者，其数字素养水平直接影响儿童数字素养的培养效果。21世纪教育研究院等发布的《我国乡村学校数字素养教育现状与需求调研报告》显示，乡村教师对数字素养的具体概念认识不充足，专业师资资源也普遍紧缺。教师和校长对数字素养的了解程度非常有限，且教师未能掌握具体的教育教学方法，更侧重于硬件设备和在线教学技术等技能（见图7-8）。

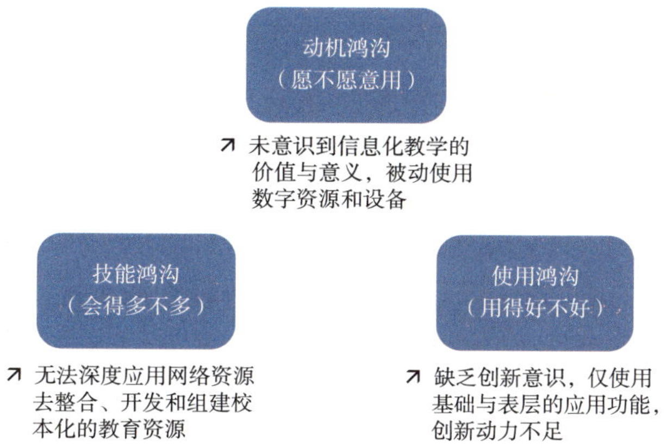

图7-8　城乡教师“新数字鸿沟”

资料来源：葛新斌、张玲，《城乡教师“新数字鸿沟”之缘由与弥合路径探析——从“知沟”的理论视角出发》。

在学生层面，大部分乡村学校学生只是数字化设备和数字化信息的单向接收者，学生只是观看者，缺乏利用数字设备和数字资源成为参与者和行动者的机会（王国珍，2015）。21世纪教育研究院等发布的《我国乡村学校数字素养教育现状与需求调研报告》显示，有78.4%的乡村学生通过家长的智能手机、平板或电脑接触数字设备，有45.5%的乡村学生通过教室的电子白板、投影仪等接触数字设备。

在家庭中，虽然乡村学生有自主使用数字设备的能力，但由于他们的数字素养整体偏弱，对于数字设备的使用仍然停留在学习、玩游戏、看短视频和听音乐几个层面，在需要更多主观能动性的搜索信息和内容创作上则与城市学生差距较大。城市儿童由于生活环境的优势，较早且频繁地接触到并熟练使用各类数字设备和在线平台。他们不仅掌握了基本的计算机操作技能和信息检索能力，还在日常生活中形成了依赖数字媒体进行阅读、娱乐及社交的习惯。

家长的数字素养水平同样对儿童的数字素养培养产生深远影响。调研显示，尽管学生在学校的信息技术使用体验较为接近，但在家庭环境中，不同家庭背景的学生信息技术使用的条件存在非常大的差异，网课则放大了这一方面的差异（魏易等，2023）。

城镇家庭能够为孩子提供丰富的数字资源以及多样化的学习场景，并倾向于鼓励孩子利用数字化工具探索新知、培养兴趣爱好，从而激发他们的内在学习驱动力。而在农村地区，受限于资源稀缺和观念局限，部分家庭的家长甚至无法长期陪伴在孩子身边，且乡村儿童的实际监管者未能充分认识到媒介技术对于儿童全面发展的重要性，导致农村儿童接触和使用媒介技术的机会有限，进而使其在使用动机与兴趣方面表现出相对薄弱的状态。

3. 教育信息化后城乡儿童的结果鸿沟值得关注

结果鸿沟是在接入鸿沟和使用鸿沟产生之后导致的，结果鸿沟不仅表现在学业成绩的差异上，还表现在社会影响、社会包容、学术成就、学习能力、满意度、协作能力等方面（虎二梅、乜勇，2023）。

城镇儿童凭借更好的技术接入和使用经验，可以更便捷地获取知识和技能，积极参与社会活动，实现全面发展；若农村儿童得不到相应支持和资源，很可能在相关领域遭遇挑战和困难，甚至是产生更多的娱乐化倾向。21 世纪教育研究院的研究验证了这一观点，学生在数字化设备使用中娱乐化倾向突出、自控能力不足的主要原因是缺乏家长监管，但此种现象背后更深层次的原因往往是乡村学生交流、创造、安全感、归属感等正常的心理需求没有得到满足，这也在一定程度上折射出乡村地区文化生活相对匮乏的问题。

4. 关注城乡儿童的思维鸿沟和情感鸿沟

互联网时代的思维需要能够把握新型数字智能对社会的影响，并在此基础上培养相应的能力以实现个人与社会的发展。其中包含了内容的筛选、内容的阅读与内容的创作。思维鸿沟是一种思维和观念上的差异，主要体现在人们能不能深刻理解、充分把握技术对周遭的影响，培养相应的能力。城市儿童凭借更好的技术接入和使用经验，可以更便捷地获取知识和技能，积极参与社会活动，实现全面发展；与此同时，若农村儿童得不到相应支持和资源，则很可能在相关领域遭遇挑战和困难。

农村儿童与城镇儿童之间也会因为情感智力的区别而产生情感鸿沟，他们可能会因为对情感的识别和处理能力不足而产生相应的问题。在线教学、直播教学、混合式教学等新型教学模式在一定程度上推动了教育信息化物化形态的发展，但同时也伴随学习者社会临场感不足、满意度偏低和学习体验不良等心理与情感差异，进一步造成情感鸿沟（虎二梅、乜勇，2023）。研究显示，由于父母不在场的养育，留守儿童常缺乏安全感、没有归属感，遇到事情感到很焦虑无助，很难有美好情感的积极体验，也不懂得如何去表达自己的内心世界，很容易陷入自己封闭的单一的情感世界里（钟芳芳、朱小蔓，2017）。这也在一定程度上加大了城乡儿童的情感鸿沟。

（二）新型城镇化下儿童数字鸿沟的特点

1. 儿童数字鸿沟由“物”到“人”的转变

教育数字鸿沟已实现从“物”到“人”的时代演变，即与之前相比，教育主体间的三级鸿沟虽然共存，但物理鸿沟已得到较大程度弥合；素养鸿沟与使用鸿沟差异明显，发展为最突出和主要的矛盾（赵楚欣，2022）。

在国家层面，我国教育信息化从 2000 年起步，2000—2009 年一直聚焦于教育信息化基础设施建设和资源的配置，即“物”的建设，2010—2018 年处于既关注物又关注人的阶段，2018 年随着《教育信息化 2.0 行动计划》的颁布，教师的信息素养开始被关注，到了 2022 年，《教师数字素养》教育行业标准的颁布，2024 年提升全民数字素养与技能工作要点的提出，无疑是从“物”到“人”的全面转变。

在学校层面，学习不只是个人的事情，而是作为一种社会经验，需要与他人共同完成，以及通过与同伴和老师进行讨论及辩论的方式实现（联合国教科文组织，2017）。教师的存在是一种整体性的存在，是在教学的过程中完成的，学生在知识学习的同时获得素养、情感态度、价值观的提升，学习知识的过程也是情感态度、价值体系的形成过程（陈晓珊，2024）。在这个过程当中，朋辈影响和教师言传身教的重要性凸显，数字鸿沟向“人”的方向转变。

城乡儿童数字鸿沟这种从“物”到“人”的转变，需要我们进一步关注到教与学整个环节中的人，包括学生、教师、家长在能力和素养上的差别，进而有针对性地逐步提升与弥合。

2. 儿童数字鸿沟由“技能”到“素养”的转变

作为数字时代的“原住民”，现在的儿童都具备基本的信息技能，比如打开信息技术设备、选择相应的软件，掌握基本的应用信息技术知识与技能，以及遵守基本的网络行为规范，但深层次的数字素养如利用信息技术进行有营养的活动，应用信息技术在促进自我发展、维护自身信息安全等方面都有着明显的差异，而这些都是未来社会必备的能力。

互联网时代，网上的知识并不等于个体的知识，可以方便地下载、毫无保留地接受并运用。我们需要有意识地成为自主思考者。每一个人都必须运用自己的理性，获得经过自己证明的合理的知识，这时候他才能说“这是我的知识”（徐贲，2019）。

对于农村儿童而言，下载、筛选这些知识是一种技能，而如何求证、如何思考、如何使用这些知识，则是需要教育者不断引导的，这是未来互联网时代成为独立个体和自主思考者的必备条件。

3. 儿童数字鸿沟由“个体”到“环境”的转变

儿童的数字鸿沟不再只是他们个体本身或者所拥有的物理环境的差异，而是会和他们所处的学校、家庭和社区的环境息息相关。

学校不仅是为农村提供接触信息技术的基础设施，还是培养儿童数字素养的关键场所，学校管理者和教师在这方面的能力和敏感度都会影响到儿童数字素养的提升。农村地区在实施此类家校互动措施时，面临诸如网络覆盖不足、软件服务短缺以及家长信息素养较低等多重难题。

中国教育科学研究院发布的《中国中小学数字化转型调研报告》显示，农村和乡镇学校在家长参与教学中落后于城区学校。在学校与家长沟通方式中，农村学校和乡镇学校在家长进学校、家长进班讲课、家长组织、家长参与班集体活动以及家长提供其他资源和支持方面，明显落后于城区学校。

来自社会各界的支持，包括政府的政策引导、企业的技术支持和社会组织的公益投入等多元协作力量，以及提高农村教师的信息技术水平，提升家庭对信息化教育的认知与接纳程度，积极参与孩子的数字化学习过程，都是解决这一问题不可或缺的因素。

（三）数字鸿沟给教育均等化带来的长期影响

学界对于教育均等化有多种分类，教育本身是一个持续很长时间的过程，从教育活动的整个过程来讲，可以将教育均等划分为起点均等、过程均等和结果均等。起点均等指的是每个人不受性别、种族、出身、经济地位、居住环境等条件的影响，有同样的机会可以进入学校开始学习；过程均等指在教育的过程中，教育者和受教育者均以平等为基础；结果均等即教育最终达到的结果是同质的。

1. 起点不均等：教育机会不同

数字鸿沟可能导致一些学生在获取高质量的教育机会方面受到限制。那些无法获得数字学习机会的学生可能无法与时代保持同步，从而影响其未来的职业发展和社会参与。

在促进教育机会均等上，信息技术并不能重构一套更加公平的“入口”规则以破解不同教育阶段中因家庭经济资本参与择校所造成的优质教育享有差距；在促进教育条件均等上，信息技术作为一种教育资源在差异化群体之间本身也存在着“享有”和“使用”的鸿沟（金久仁，2022）。

2. 过程不均等：学习资源和学习方式差异

数字鸿沟可能导致在一些地区或社群中，学生无法获得适当的数字学习资源。一些学校可能缺乏足够的数字设备、高速互联网连接和相关的软件，这使得学生无法充分享受到数字化学习的便利。数字鸿沟可能导致在进行远程学习时，一些学生无法参与在线课程，从而错失了学习的机会，这可能是家庭没有足够的数字设备或者互联网连接质量不佳等原因造成的。

3. 结果不均等：数字素养差异与社会经济差距加大

数字鸿沟可能导致学生之间在数字素养方面存在较大的差异。那些在数字环境中有更多经验的学生可能更容易适应数字化学习工具，而缺乏这种经验的学生则可能面临学习挑战。数字鸿沟可能加大社会经济差距，因为那些无法获得数字技术的人可能更难以融入数字化的劳动力市场，这可能导致长期的社会不平等。

信息技术作为一项工具性手段，无法凭借一己之力从根本上扭转教育机会、教育过程、教育条件中的不公平，进而创造一个人人公平的结果。

三、教育信息技术手段补平儿童数字鸿沟的中国努力

（一）国家层面多方位支持教育信息技术促进教育公平的努力

1. 政策支持：从“三通两平台”到全民数字素养提升

梳理 2000 年以来国家层面教育信息化相关政策及关键事件（见图 7-9），可以看到，国家层面的支持政策经历了从打通网络到提升素养、从硬件设施到软件平台、从局部试点到全面铺开的过程。在这 20 多年间，我国出台了纵深推进、横向联结的政策网络体系，从顶层设计、平台支持、夯实基础数据、深化应用创新、优化治理流程、加强基础保障和深化国际交流等层面入手，确保教育数字化战略行动落到实处（杨宗凯，2024）。

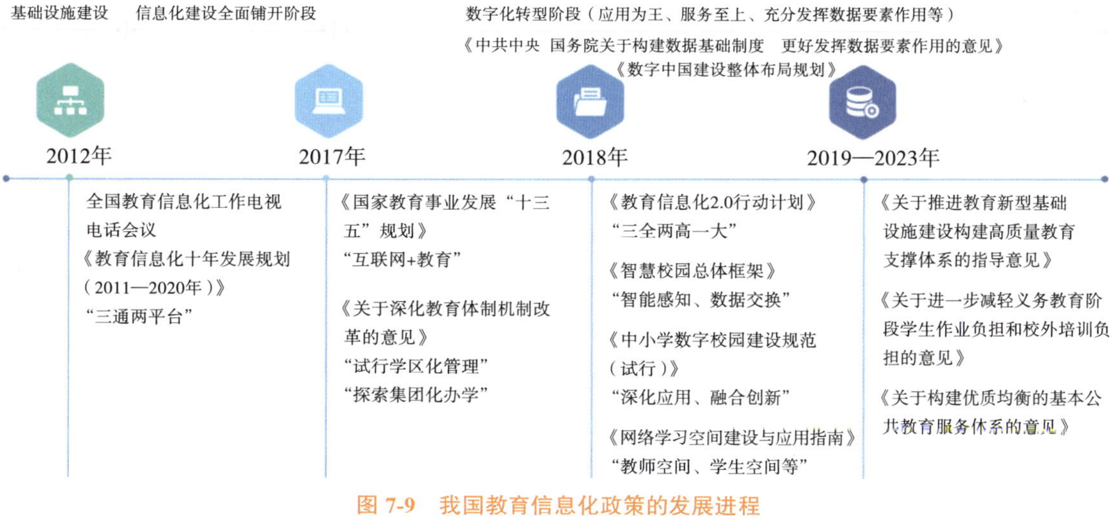

图 7-9　我国教育信息化政策的发展进程

资料来源：作者根据相关资料整理。

随着 2003 年教育行业标准《教师数字素养》的提出、《2024 年提升全民数字素养与技能工作要点》的确立，数字素养的重要性正式提升到国家层面。可以看到，数字技术正全要素地融入教育教学过程，以发展高质量的现代教育体系，加速推进信息技术成为教育教学创新变革的内生性变量。

2. 基础设施：从终端配备到无线网络全覆盖

从信息化基础设施来看，在国家推进农村基础教育发展的举措下，城乡学校基础设施的差距在缩小，从拥有计算机数量到配备多媒体设备的学校，再到建立校园网百分比，我国城乡学校基础设施经历了从终端配备到环境建设的递进式发展。

在终端配备方面，城区和乡村义务教育阶段每百名学生拥有计算机台数的差异在 2002—2016 年逐年减小，乡村小学在 2017 年超过城区小学，乡村初中在 2016 年超过城区初中。2017 年之后，乡村每百名学生拥有计算机台数迅速增加，与城市差距不断缩小（见图 7-10）。

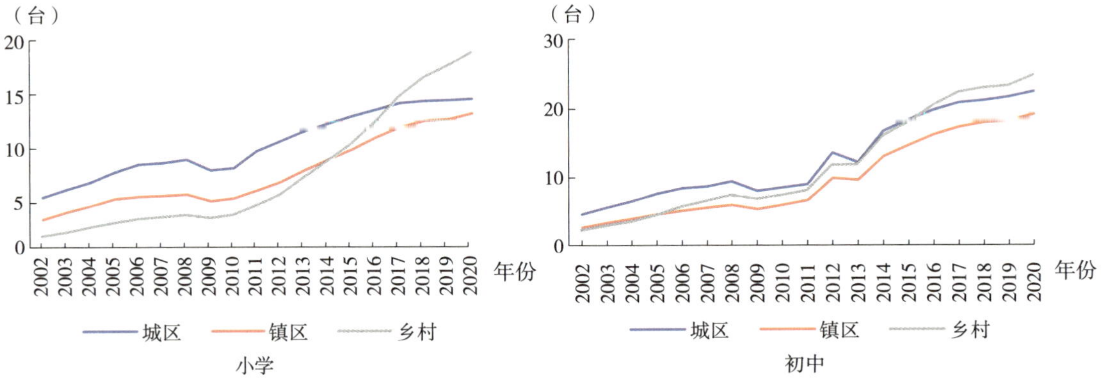

图 7-10　2002—2020 年义务教育阶段每百名学生拥有的计算机台数

资料来源：根据教育部发展规划司2002—2022年《中国教育统计年鉴》计算，2021年之后未公布学校计算机台数，本表中的初中阶段包括初级中学、九年一贯制学校及职业初中。

在每百名学生手持终端方面，2022 年，我国城区小学生为 8.52 台，城区初中生为 13.34 台，乡村小学生为 14.21 台，乡村初中生为 16.07 台。可以看到，乡村义务教育阶段学生终端数量相对较多。这与国家层面的支持力度有关，也与乡村学校学生数量流失有关，终端的利用率需进一步提升。

在无线网络配备方面，城乡每百名学生拥有网络多媒体教室数在 2013—2016 年差距逐年减少，但 2017 年、2018 年由于乡村每百名学生拥有网络多媒体教室数大幅增加，反超城区、镇区，因而差异又开始变大，乡村每百名学生拥有网络多媒体教室数从与城区差距明显到迅速增加超过城区（见图 7-11）。

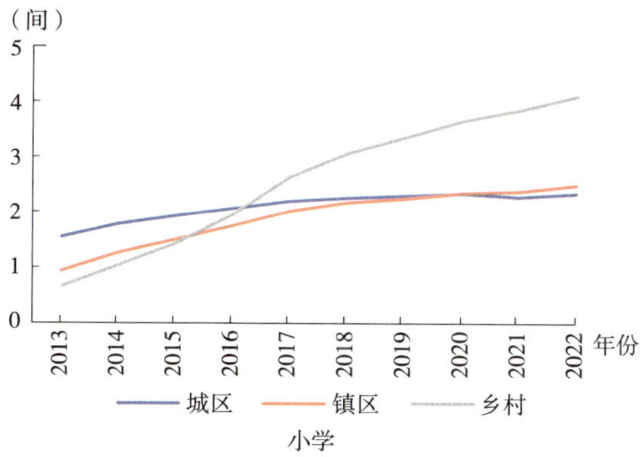

图 7-11　2013—2022 年每百名义务教育阶段学生拥有的网络多媒体教室数

资料来源：根据教育部发展规划司2013—2022年《中国教育统计年鉴》计算，本图中的初中阶段包括初级中学、九年一贯制学校及职业初中。

我国的校园网络建设经历了两个阶段：在 2020 年以前，大力发展校园网络建设。2020 年，城区小学建立校园网的比例达 84%，乡村是 64%；城区初中建立校园网的比例达 87%，乡村是 69%（见图 7-12）。2020 年以后，国家开始大力开展无线网络建设。到 2022 年，城区 83% 的小学、83% 的初中，镇区 81% 的小学、77% 的初中，乡村 73% 的小学、76% 的初中实现了无线网全覆盖，学校无线网络教学环境明显改善[①]。

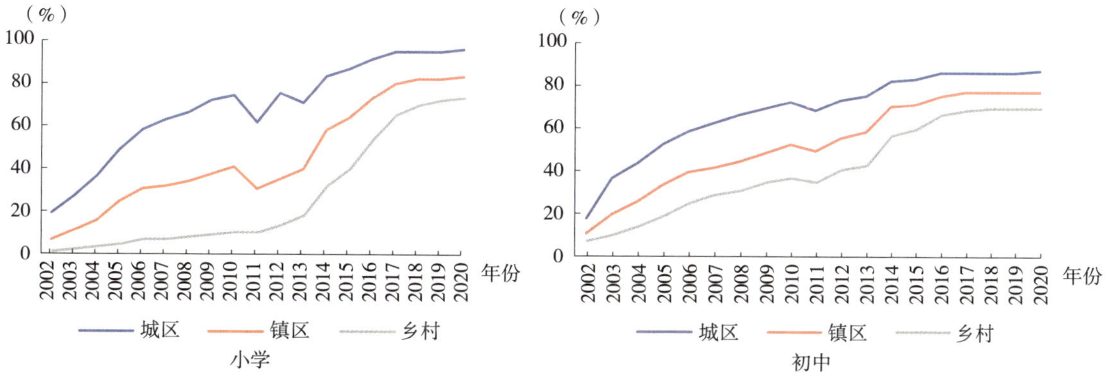

图 7-12　2002—2020 年义务教育阶段学校建立校园网百分比

资料来源：根据教育部发展规划司2002—2022年《中国教育统计年鉴》计算，2021年之后未公布校园网数据，本图中的初中阶段包括初级中学、九年一贯制学校及职业初中。

3. 师资配备：从信息技术教师到首席信息官

师资配备是教育数字化发展的软性支持力量，在师资配备层面，我国经历了从信息技术教师到首席信息官，由点到面，由个体发力到整体规划的变化。数据显示，城乡每千名学生拥有信息

① 教育部发展规划司:《中国教育统计年鉴（2022）》，中国统计出版社，2023。

技术教师数量在2018年到2019年有短暂提升后产生了不同的趋势，城区每千名学生拥有信息技术教师数量在逐步减少，镇区和乡村在2020年之后也开始减少。城乡学校横向比较来看，由于教育部要求按学校配备信息技术教师，农村地区在学生数量减少的情况下，信息技术教师数量相对较多（见图7-13）。

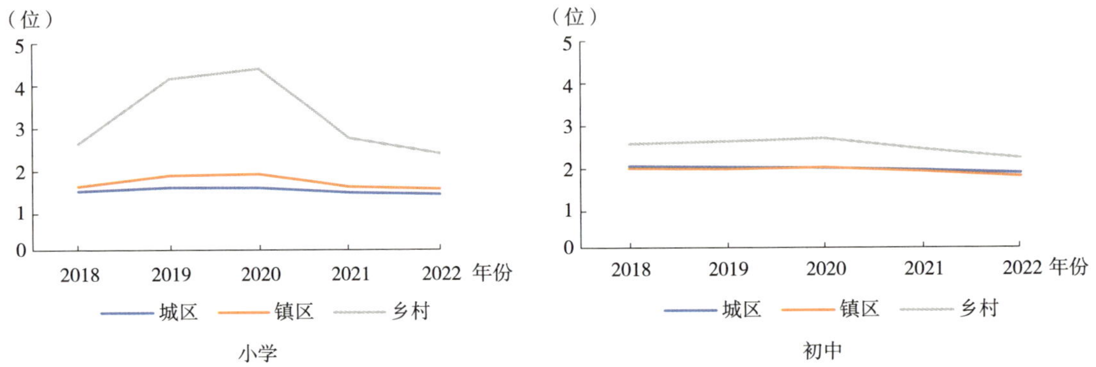

图 7-13　2018—2022 年义务教育阶段学校每千名学生信息技术教师数量

资料来源：根据教育部发展规划司2018—2022年《中国教育统计年鉴》计算，本图中的初中阶段包括初级中学、九年一贯制学校及职业初中。

2016年6月，教育部《教育信息化“十三五”规划》提出，要在各级各类学校逐步建立由校领导担任首席信息官的制度。学校教育数字化转型的任务也不再只是信息技术教师、信息技术课程、人工智能课程这些点上的变革，而是由首席信息官整体规划的数字化技术与学校教与学深度融合，从环境基础设施建设到课堂教学、个性化学习的创新实践。统计数据显示，2022年，53%的城区小学、31%的乡村小学、56%的城区初中、41%的乡村初中设立了学校首席信息官①。

4. 资源升级：国家智慧教育公共服务平台上线

教育部已启用国家教育资源公共服务平台和全国基础教育管理服务平台，目标是建成覆盖全国各级各类教育的学生、教师和办学条件基础数据库、管理信息系统和决策服务系统②。在2012—2013年实施了“教学点数字教育资源全覆盖”项目，希望通过专递课堂、名师课堂和名校网络课堂，使优质学校带薄弱学校、优秀教师带其他教师制度化，逐步缩小区域、城乡、校际差距，促进教育公平。

在教育数字化战略行动实施下，我国教育数字化迈向了场景融合、业务创新、体系建构的发展阶段。2022年3月，国家中小学智慧教育平台上线，是我国教育信息化自“十二五”以来

① 教育部发展规划司：《中国教育统计年鉴》，中国统计出版社，2023。

② 教育部、财政部、国家发展改革委：《构建利用信息化手段扩大优质教育资源覆盖面有效机制的实施方案》，2014。

面向“互联网 +”进程的成果积淀和实践深化的重大举措，蕴含着资源汇聚、场景创新、业务融合、普惠服务和治理机制建构全生态要素，这给提升乡村地区的教育水平带来了重大契机。

随着教育部“一师一优课，一课一名师”活动的开展、“教学点数字教育资源全覆盖”项目的实施、“国家中小学智慧教育平台”的搭建以及校外各类教育机构、名师的加入，我国优质的数字课程资源更加充实。

（二）地方政府层面，信息技术参与学校教学管理，促进教育公平的深度探索

教育部推出的国家智慧教育平台应用试点，全国智慧教育示范区，基于教学改革、融合信息技术的新型教与学模式实验区，人工智能助推教师队伍建设试点区等一批试点示范，积累了可借鉴的先进经验和优秀范例，实现了学校网络设施全覆盖、师生数字素养显著提升、义务教育巩固率明显增加（杨宗凯，2024）。

宁夏建立全国首个“互联网 + 教育”示范区，全区义务教育巩固率达 100%，基础教育一流课程入选率位居全国前三位，据教育部教育信息化战略研究基地（华中）研究团队测评，全区教师数字素养优秀率连续 3 年提升；湖南长沙示范区通过重点实施 8 项工程推动智慧教育建设，搭建了终身教育学习大平台；上海市黄浦区卢湾一中心小学设计实施“智情共育”教学方案，获得了国家教学成果奖特等奖。此外，各级政府也高度重视人工智能与教育的深度融合与发展，浙江温州、湖北武汉、江西南昌等地持续挖掘教育大数据价值，建立了融合数据规范、师生画像和服务保障的教育大数据体系。

四川省成都市新津区紧扣教育信息化的本质要求，坚持“分阶段、小步走、重实效、全覆盖”的工作思路，将信息技术融入课堂教学、教育科研、课程改革全过程。以万和小学三色教育、新津中学外国语实验学校的阳光课堂为典型，示范推进信息技术支撑下的教学方法和模式改革。立足 8 个现代教育技术应用课题，引领教师开展教育技术与课堂教学深度融合的探索。

可以看到，智慧教育正在推动学校的教育教学发生深刻变革，将传统教学优势与在线学习优势结合起来的混合式教学模式，这能在起点不公平的情况下，给弱势者提供更多的教育资源，促进教育过程中的公平。由此，不仅需要补短板，缩小历史形成的城乡发展差距，更需要面向未来，构建数字化时代、学习型社会教育公平的基础，缩小甚至弥合数字鸿沟。有研究者提出，随着教育数字化转型的全面推进，建设工作的重点应逐渐从软硬件基础设施的建设转为教育公共服务的整合与互操作，构建持续可用、具有生命力的智慧教育服务新生态（余胜泉、刘恩睿，2023）。

（三）社会层面以信息技术手段促进教育公平、弥合数字鸿沟的实践

1. 公益机构以数字化手段促进教育公平的实践

在参与学校管理层面，公益机构与学校开展了智慧校园的全方位合作。智能教育在学校中的应用从智慧校园和智慧课堂两方面切入，前者主要针对学校管理中信息技术和人工智能技术的应用，后者主要从教学方面切入。

2015 年，中国发展研究基金会在青海省海东市乐都区和贵州省松桃苗族自治县实施了“智能村小”项目。两地共有 8 所学校约 500 名师生参与。项目由实时视频课堂和课后的平板电脑学习构成。目的在于缩小县城和乡镇中心小学、村教学点学生之间的教学质量差距和数字鸿沟。

洋葱学园通过将大数据与本地化教研相结合，为乡村教师日常授课提供分层教学实施方案，为学生精准推送适合当前学习水平的个性化资源。面向乡村学校和教师，洋葱学园持续提供“洋葱助教行动”的公益服务，已累计服务超过 29 个省市的 3 万余所乡村学校，超过 6 万名乡村教师直接受益。该项目辅助乡村教师个性化兼顾不同水平的学生，让农村学生也能够通过精品数字教育资源提升自主学习能力。

公益机构还可以从人工智能通识课等轻量化的课程设计入手，针对学生和教师的数字素养，开展数字化教育方面的工作。

2. 企业结合自身优势，以科技化、信息化为手段，促进教育公平

各类企业选择了推动教育公平的不同切入点，但大多数企业都认识到，随着国家政策在信息化设备和资源上的大力推进，从数字鸿沟的视角看，物理接入的方法已不足以真正促进教育公平，更需要着眼于信息技术与教学设计和教学过程的深度融合，以及教师、学生信息素养的提升。因此涉及硬件支持的教育扶助项目也都配套了相应的软件资源，而不是单纯地进行信息化硬件的投入。例如，中国平安村教工程的乡村小学升级为智慧小学，也配套了同频互动直播平台及双师课堂和素质教育课堂。

中国移动、中国电信和中国联通与教育部开展教育信息化领域战略合作，提供全方位支持；武汉天喻信息产业股份有限公司等一批高新技术企业、国家创新型企业投身到教育信息化事业中，研发构建以教育云为核心的教育资源公共服务平台和教学、教研支持系统；科大讯飞、云思智学、飞象星球、一起教育科技等企业致力于研发“人工智能 + 教育”产品和解决方案，成为推动智能教育发展的重要力量；阿里、华为、网龙等公司也与部分省份开展了战略合作（钟登华，2019）。四川的凉水井中学与广州爱卡的米教育科技有限公司自 2015 年开始合作，打造爱米课堂教学云系统，以资源库形态对互联网资源进行模块化处理，再通过教师、学生层层接

入，构建与互联网世界相连接的信息化教学平台，实现了学校整体教学质量提升，成为一所农村“明星学校”。

四、总结与展望

教育是一个鲜活的过程，是一个以人为主体的复杂系统，它不仅仅是简单的教与学。教育信息化时代，学校、课堂、师生关系都发生了新的变革，但教育以人为本、以影响人的发展为最终目的的本质不会改变（陈晓珊、戚万学，2021）。

在数字时代，流动儿童和留守儿童拥有了丰富多样的数字工具，可以看到外延极度拓展的世界。数字技术打破了教育的时间与空间界限，通过多种系统平台的应用，让优质资源的生产和沉淀便捷且快速，可将优质的教育资源输送至任何网络可及的地方。

与此同时，那些跟着父母生活在城市的乡村儿童，或是与父母分离留在家乡的儿童也面临着新的挑战，他们的睡眠时间被丰富多样的短视频、游戏所挤占，学习压力越来越大，霸凌在数字世界也有了新的形式。生活中充斥的信息让他们的理智、好奇心和敬畏感都有所缺失；而支持性网络的缺乏、自身数字素养的不足却让这些孩子无法在数字时代真正获得营养。

有学者提出，亲子之间的情感补偿程度和家庭监管效度是平衡子代手机使用与家长监管、智能手机产生积极影响或消极影响的关键因素，如情感补偿与监管手段未能达标，留守儿童在生活资本的有限救赎之外，难以避免地滑向螺旋式困局的深渊。

“教育 + 数字化”，就是要以人为中心，以学习为中心，以促进人自由、全面、个性化地发展为目的，要从教育的问题出发，从未来的需要出发，以解决问题和变革创新为导向，以教育规律和人的发展规律为引导，让技术为育人服务，在促进人的发展过程中发挥数字教育的不可替代作用（袁振国，2023）。对于流动儿童和留守儿童亦如此，因此本报告提出可以尝试努力的方向，以期对儿童的发展可以产生一些正向的作用。

专栏 7-1　从“智慧校园”到“智慧课堂”再到“智惠园丁”，信息化手段多层次全方位助力乡村教育补平“数字鸿沟”

多年来，中国发展研究基金会从“智慧校园”的尝试开始，补齐乡村学校的基础设施建设，并不断深入，将数字技术带入课堂，带给教师。

在“智慧校园”建设方面，2015 年，在青海省海东市乐都区和贵州省铜仁市松桃苗族自治县实施的“智能村小”项目，两地共有 8 所学校约 500 名师生参与，项目由实时视频课堂和课后的平板电脑学习构成。2020 年 9 月，“乡村儿童教育信息化”项目在基础设施方面，搭建智慧教室、捐赠全息投影设备、改善学校网络状况。

在“智慧课堂”方面，“乡村儿童教育信息化”项目为学生提供线上编程课、网络安全知识等主题培训，为教师提供数字化教学技能等培训，举办信息技术技能相关比赛，探索了提高学生数字素养的途径。

在“智惠园丁”方面，2023 年 4 月发起的“智惠园丁：乡村未来教师培养计划”项目，利用数字技术促进学科专家与乡村教师的连接，通过学科专家陪伴式教研和信息科技课创新试验，促进面向数字化的教师专业发展，从而缩小城乡教育差距、促进教育均衡发展。项目启动以来，已成功建立了 16 个学科的 29 个名师工作室，为 3 个试点县义务教育阶段教师、教研员及校长提供了近 200 次线上线下混合式教学培训，培训教师 5000 余人次，间接受益学生 15000 余人。

学校是提升乡村儿童数字素养、补平“数字鸿沟”的重要场所，无论是参与学校管理的“智慧校园”，还是直接作用于课堂的“智慧课堂”，抑或是授之以渔的“智惠园丁”，都是中国发展研究基金会将信息化手段逐步深入落实到学校教育的大胆尝试。

资料来源：中国发展研究基金会。

第八章

新型城镇化下的儿童福利与保护

提高儿童福利和保障以及保护儿童权益，是各国实现现代化的一项共性要求。在高质量新型城镇化条件下，有针对性地解决好 1.38 亿名或占全国儿童近半数的留守儿童和流动儿童的福利和保护问题，是推进中国式现代化过程中面临的特殊任务，需要在政策制定和实施中被置于更高的优先地位，同时付出额外的努力予以落实。从另一个角度来说，健全城乡儿童关爱保护服务体系，不仅是加强社会保障体系建设的战略举措，也是实现新型城镇化建设可持续发展不可或缺的支撑。

一、儿童福利改善与保护体系建设

美国政治哲学家约翰·罗尔斯的正义理论被视为现代收入分配和社会福利政策的哲学基础。他关于社会福祉和社会保护的理念之一是社会保护水平的设置边界应该以社会中处于最不利地位成员的需要来确定（Elizabeth，2007）。尚未就业和独立参与社会活动的未成年人，特别是其中受人口流动影响的儿童，无疑处于相对弱势的地位，应该成为社会保护和法律保护的关注重点。

我国坚持儿童优先原则，大力发展儿童事业，提高儿童福祉的体系日趋完备，相关工作机制逐步健全，保障儿童权利的法律法规政策体系逐步完善，儿童发展环境不断得到优化。特别是随着新型城镇化进程的推进，农村经济条件不断改善和物质生活逐渐富裕，我国儿童福利与保护制度体系逐渐确立完善，包括孤儿保障制度、事实无人抚养儿童制度、残疾儿童康复救助制度、受艾滋病影响儿童保护制度、农村留守儿童关爱保护制度等，成为政府的法定职能和财政支出责任，切实保障了城乡儿童的健康成长。本章从制度建设和政策完善的角度，概述我国在推进新型城镇化的过程中，在儿童福利改善和保护体系建设方面取得的成就。

（一）以特殊儿童群体为重点的福利保障

一是孤儿救助制度。2006 年《关于加强孤儿救助工作的意见》出台，孤儿救助福利保障制度初步建立。随后建立起由中央财政与地方财政合力支持的孤儿津贴制度，当时对东、中、西部地区的孤儿，分别按照月人均 180 元、270 元、360 元的标准予以补助。此后，各地逐步建立起孤儿基本生活最低养育标准自然增长机制。2009 年正式确立了散居和福利机构孤儿的津贴保障制度。随着发展水平不断提高以及物价水平自然调整，该制度成为国家儿童福利制度的重大突破。从 2023 年 7 月 1 日起，提高孤儿基本生活最低养育标准。集中养育孤儿和社会散居孤儿基本生活最低养育标准在现行每人每月分别 1800 元和 1400 元的基础上，增加 300 元。调整后，集中养育孤儿和社会散居孤儿基本生活最低养育标准分别为每人每月 2100 元和 1700 元。

二是事实无人抚养儿童的制度性保障。2019 年 6 月，民政部等 12 部门联合印发《关于进一步加强事实无人抚养儿童保障工作的实施意见》，首次认定父母双方均符合或一方死亡或失踪，另一方符合重残、重病、服刑在押、强制隔离戒毒、被执行其他限制人身自由的措施、失联情形之一的儿童为事实无人抚养儿童，并纳入国家保障体系。2020 年 12 月，民政部发布《关于进一步做好事实无人抚养儿童保障有关工作的通知》，在原有保障范围基础上增加被撤销监护资格、被遣送（驱逐）出境两种情形，进一步扩大保障范围。近 3 年来事实无人抚养儿童基本生活保障力度不断加大，这个儿童群体得到了切实的保障。民政部统计数据显示，2022 年发放给事实无人抚养儿童的基本生活保障资金达到 45.8 亿元，占全年儿童福利总支出的比重为 46.03%，并且较上年增加 5.6%。

三是残疾儿童全面保障体系。残疾儿童政策法规保障体系不断健全，保障重点由最初的保障残疾儿童基本生活和学习教育，发展到精准保障残疾儿童及家庭的康复服务需求，并逐渐拓展到开展残疾预防行动，残疾儿童获得全面保障，同时，受艾滋病影响儿童也被纳入制度保障范围。首先，保障残疾儿童教育先行，20 世纪 90 年代起，我国陆续出台一系列政策文件，针对残疾儿童保护意识逐渐增强，积极完善面向残疾儿童的特殊教育体系。2020 年，教育部印发《关于加强残疾儿童少年义务教育阶段随班就读工作的指导意见》，切实保障残疾儿童接受义务教育，为进一步完善特殊教育体系提供契机。其次，建设残疾人社会保障体系被纳入政策议程。2015 年，国家正式在中长期规划中对残疾人事业建设提出具体要求。再次，全国残疾儿童康复救助制度全面铺开。2018 年出台《国务院关于建立残疾儿童康复救助制度的意见》，要求在全国全面实施残疾儿童康复救助制度，对符合条件的 0 ～ 6 岁残疾儿童和孤独症儿童，提供手术、辅助器具配置和康复训练等救助。最后，残疾儿童成为社会救助制度的重点对象。2020 年，在中共中央办公厅、国务院办公厅印发的《关于改革完善社会救助制度的意见》中，要求推进残疾儿童康复救助、重度残疾人护理补贴、孤儿基本生活保障等工作，通过购买服务等方式，引导社会工作专业力量参与社会救助，不断推进专业化儿童服务与保护体系的建设。

四是对 3 类特殊儿童给予价格补贴保障。2021 年，国家发展和改革委员会等 6 部门联合发布《关于进一步健全社会救助和保障标准与物价上涨挂钩联动机制的通知》，决定进一步扩大价格补贴联动机制保障范围，将孤儿、事实无人抚养儿童、艾滋病病毒感染儿童等特殊儿童群体纳入联动机制保障范围，发挥价格补贴联动机制的作用，兜牢民生底线。北京、天津、安徽、河北、宁夏结合本地实际，明确提出将孤儿、事实无人抚养儿童和艾滋病病毒感染儿童 3 类儿童群体纳入价格补贴保障范围，切实做好困境儿童群体的基本生活保障工作。

（二）流动儿童权益保障制度不断完善

根据《儿童权利公约》和《中国儿童发展纲要（2021—2030 年）》，儿童为 18 岁以下的人口。从研究流动儿童权益保护着眼，基于研究需要与现实考量，本书把流动儿童定义为：不具有实际居住地户口的未成年人，包括跟随监护人离开户籍所在地流动生活的未成年人、自行离开户口登记地的未成年人以及从小出生在居住地但不具备居住地户口的未成年人。为了切实保障流动儿童的合法权益，我国出台了系列法律政策规定，为流动儿童提供必要的保护和支持。主要体现在保障流动儿童受教育权、建设社会保障体系和改善流动儿童心理健康等方面。

首先，保障流动儿童接受义务教育的权利。2016 年，《国务院关于加强困境儿童保障工作的意见》《国务院关于统筹推进县域内城乡义务教育一体化改革发展的若干意见》《国务院关于实施支持农业转移人口市民化若干财政政策的通知》等文件发布，明确提出要改革随迁子女就学机制，强化流入地政府责任，坚持“两为主、两纳入”（即以流入地政府管理为主、以公办学校为主，将随迁子女义务教育纳入城镇发展规划和财政保障范围），建立以居住证为主要依据的随迁子女入学政策，依法保障随迁子女平等接受义务教育。2020 年起，教育部印发一系列文件，从招生入学政策、学位供给、入学安置等方面对流动儿童义务教育工作提出具体要求，推进“两为主、两纳入、以居住证为主要依据”的随迁子女义务教育入学政策，努力为随迁子女就学创造更好的保障条件。同时，教育部要求，从 2021 年起各地均不得要求家长提供计划生育、超龄入学、户籍地无人监护等证明材料，精减不必要的证明材料，鼓励有条件的地方仅凭居住证入学。2023 年，中共中央办公厅、国务院办公厅印发的《关于构建优质均衡的基本公共教育服务体系的意见》和教育部等部门发布的《关于实施新时代基础教育扩优提质行动计划的意见》，再次强调要健全以居住证为主要依据的农业转移人口随迁子女入学保障政策，以公办学校为主将随迁子女纳入流入地义务教育保障范围。保障流动儿童在流入地平等接受义务教育，事关教育公平和人民群众切身利益。2024 年，民政部、最高人民检察院、共青团中央等 21 部门联合印发《加强流动儿童关爱保护行动方案》，继续强调优化落实教育保障政策。上述法律法规以及政策从流入地政府责任、随迁子女入学政策、公办学位供给等方面为随迁子女享受公平而有质量的教育提供了坚实的制度保障。

其次，推动流动儿童社会保障体系建设。2016 年，国务院发布《关于加强农村留守儿童关爱保护工作的意见》，指出要为农民工家庭提供更多支持，以从源头上减少儿童留守现象。包括推进农民工市民化，推进农民工本人及家属落户，保障农民工家庭基本居住需求，在生活居住、日间照料、义务教育、医疗卫生等方面为农民工家庭提供帮助，同时倡导社会力量为农民工家庭照料未成年子女提供便利条件和更多帮助。2021 年，国务院印发《中国儿童发展纲要（2021—2030 年）》，明确提出要完善流动儿童服务机制，包括深化户籍制度改革，健全以居住证为载体、与居住年限等条件挂钩的基本公共服务提供机制，推进城镇常住人口基本公共服务均等化，保障儿童平等享有教育、医疗卫生等基本公共服务，以及健全以社区为依托、面向流动儿童家庭的管理和服务网络，提升专业服务能力，促进流动儿童及其家庭融入社区。

再次，加强流动儿童心理关爱和家庭教育。我国政府出台一系列规定来强调关注流动儿童心理健康并号召流动人口家庭加强家庭教育。2015 年颁布了《教育部关于加强家庭教育工作的指导意见》，这一文件明确提出要特别关心流动儿童、留守儿童、残疾儿童等，鼓励和支持各类社会组织发挥自身优势，以城乡儿童活动场所为载体，广泛开展适合困境儿童特点和需求的家庭教育指导服务和关爱帮扶。2023 年，民政部、教育部、国家卫生健康委、共青团中央、全国妇联联合发布《关于加强困境儿童心理健康关爱服务工作的指导意见》。该指导意见在基本原则部分指出，要坚持精准关爱，重点聚焦留守儿童和流动儿童中的困境儿童，及时发现掌握心理健康状况和实际需求；在保障措施部分提出，要推动关爱服务对象范围向有需要的留守儿童、流动儿童拓展，鼓励有条件的儿童福利机构和未成年人救助保护机构向留守儿童、流动儿童及其他有需要的社会儿童提供心理健康服务。该指导意见为困境儿童心理健康关爱服务工作作出进一步指示，并且重点指出要加强对流动儿童心理健康问题的关注。

最后，加强对流动儿童的救助和安全保护。2016 年起，先后发布《关于加强农村留守儿童关爱保护工作的意见》《国务院关于加强困境儿童保障工作的意见》《关于进一步健全农村留守儿童和困境儿童关爱服务体系的意见》《关于进一步加强事实无人抚养儿童保障工作的意见》《关于进一步做好事实无人抚养儿童保障有关工作的通知》等系列文件，将农村留守儿童、困境儿童以及事实无人抚养儿童等纳入法律保护范围。2021 年，国务院印发《中国儿童发展纲要（2021—2030 年）》。该纲要在儿童与安全部分指出，要建立健全儿童伤害防控工作体系，加大儿童伤害防控领域立法和执法力度，构建完善多部门合作的儿童伤害防控工作机制，鼓励社会力量参与儿童伤害防控。制定实施国家、地方儿童伤害防控行动计划，探索创新并大力推广儿童伤害防控适宜技术，优先制定实施针对流动儿童、留守儿童、困境儿童的伤害防控措施。

（三）农村留守儿童关爱保护体系渐趋完善

我国农村留守儿童关爱保护工作经历了较长时间的倡导性与探索性实践，党和政府与社会各界持续推动留守儿童关爱保护事业，修订有关法律，调整并充实有关的体制机制，出台一系列政策和措施，目前农村留守儿童关爱工作已系统纳入未成年人保护和儿童福利工作的基本框架，从而实现了制度性的持续保证。

首先，农村留守儿童保护工作纳入制度保障。随着农村人口外出务工现象增多，农村留守儿童人数增加，受伤害事件频繁发生，引起全社会的高度重视，逐渐成为社会发展转型的重要治理议题，政府和社会开始探索关爱保护农村留守儿童的措施和路径，农村留守儿童逐渐进入国家政策议程，在儿童发展纲要、国家欠发达地区儿童发展规划等一系列文件中，都作出明确的要求和部署。

其次，农村留守儿童关爱保护工作机制基本确立。2016 年国务院印发《关于加强农村留守儿童关爱保护工作的意见》，第一次对农村留守儿童问题作出顶层设计和系统性制度安排，明确了关爱保护留守儿童的政策措施和具体路径。特别是规定民政部牵头建立农村留守儿童关爱保护工作部际联席会议制度，以及各级妇女儿童工作委员会和农民工工作领导小组，将农村留守儿童关爱保护作为重要工作内容，统筹推进相关工作。这无疑是一项重要的行政授权，也是我国儿童保护工作的一次重大制度创新。此后，民政部会同相关部门推进农村留守儿童关爱保护和困境儿童保障体系建设，完善儿童分类保障制度，关爱服务能力和水平显著提升。

最后，农村留守儿童关爱服务体系纳入未成年人保护机制。2019 年民政部等 10 部门联合印发《关于进一步健全农村留守儿童和困境儿童关爱服务体系的意见》，从工作机制、机构设置、工作职责等多方面完整系统地对农村留守儿童关爱服务体系作出了具体的制度安排。2020 年 10 月修订的《中华人民共和国未成年人保护法》，以法律形式确立了家庭保护、学校保护、社会保护、网络保护、政府保护、司法保护 6 个方面的儿童保护体系，为保护未成年人特别是留守儿童提供了法律支撑，包括留守儿童在内的未成年人保护工作法治基础更加坚实。2023 年民政部等联合印发《农村留守儿童和困境儿童关爱服务质量提升三年行动方案》，明确提出关爱农村留守儿童和困境儿童的任务和措施，从政策层面专项部署以儿童需求为导向的农村留守儿童和困境儿童关爱服务工作，进一步提升农村留守儿童关爱服务质量，关爱保护农村留守儿童和困境儿童工作渐趋完善。

二、儿童权益保护的法律框架逐渐完善

儿童保护是关系亿万家庭幸福、社会和谐稳定的重大民生问题。党的十八大以来，党中央高度重视少年儿童工作，我国儿童保护法律政策体系不断健全完善，形成了以宪法为基础，以《中华人民共和国未成年人保护法》《中华人民共和国预防未成年人犯罪法》为核心，其他相关法律、行政法规、司法解释、部门规章、地方性法规为配套和补充的未成年人法律保护框架，为儿童的健康成长提供了坚实、全面的制度保障。2021 年颁布的《中国儿童发展纲要（2021—2030 年）》，确立了完善保障儿童权益的法律体系、加强保障儿童权益的执法工作、完善满足儿童身心发展特殊需要的司法保护制度、有效提升儿童法治素养和自我保护意识的主要目标，以及明确提出具体、可操作的策略措施。

（一）相关法律和法规正式修订并实施

《中华人民共和国未成年人保护法》和《中华人民共和国预防未成年人犯罪法》是两部关于未成年人的专门性法律，都于 2020 年完成修订并于 2021 年 6 月 1 日正式实施。《中华人民共和国未成年人保护法》素有未成年人保护“小宪法”之称，本次修订确立了来自家庭、学校、社会、网络、政府和司法的“六位一体”保护的框架结构。该法着力强调家庭保护，明确了未成年人的父母或者其他监护人应当履行的监护职责；完善了学校保护，旨在让每名学生都能在学校安全健康地成长；在社会保护部分，增加了交通优惠、大型公共场所设母婴室、商场设置安全设施等相关规定；在政府保护部分，明确了相关政府部门的责任，使得政府在未成年人保护中更有作为；单设未成年人网络保护专章，推动解决社会关注的未成年人网络沉迷、儿童个人信息保护等问题。该法全面总结了包括农村儿童在内的所有未成年人保护的经验，对新时代的未成年人保护制度进行了更为严密、更具可操作性的充实和规范，新增的多项原则和重要制度对未成年人保护具有重要的价值和意义，为保护未成年人提供了坚实的法律支撑。《中华人民共和国预防未成年人犯罪法》则细化了对未成年人罪错行为的教育与矫治措施，由原来的 57 条修订为 68 条，在内容上更加丰富。在预防犯罪的教育部分，规定了国家、社会、学校和家庭如何开展未成年人的预防犯罪教育；在对不良行为的干预部分，进一步明晰了不良行为的概念以及具体行为；在对严重不良行为的矫治部分，列举了严重不良行为的 9 种情形，规定了参与矫治的主体、程序等；在对重新犯罪的预防部分，对公安机关、人民检察院、人民法院、司法行政部门、未成年犯管教所、社区矫正机构以及相关社会组织提出要求。

（二）重要法律对儿童权益作出特殊保护

在儿童民事权益保护方面，《中华人民共和国民法典》作为新中国第一部以法典命名的法律于 2021 年 1 月 1 日正式实施，该法针对未成年人的监护、民事行为能力以及民事法律责任等进行了规定，是保护未成年人民事权益的一部重要法律。

在涉及儿童刑事犯罪领域，2012 年全国人大修订的《中华人民共和国刑事诉讼法》增设了未成年人刑事案件诉讼程序专章，2015 年发布并实施的《中华人民共和国刑法修正案（九）》取消了不符合儿童保护理念的嫖宿幼女罪，2020 年发布的《中华人民共和国刑法修正案（十一）》进一步加大了对性侵害未成年人犯罪行为的打击力度，同时对情形极为恶劣的未成年人犯罪问题进行了突破性规定。

2015 年发布并于 2016 年实施的《中华人民共和国反家庭暴力法》第一次以专门立法的形式全面反对家庭暴力，对于保护儿童免受家庭暴力提供了法律支撑；2021 年实施的《中华人民共和国个人信息保护法》加强了未成年人尤其是不满 14 岁未成年人的个人信息权益保护，促进未成年人个人信息的合理利用；2021 年通过的《中华人民共和国法律援助法》明确规定，要对无固定生活来源的未成年人等特定群体免予核查经济困难状况，以积极维护未成年人等弱势群体的合法权益；2022 年实施的《中华人民共和国家庭教育促进法》明确了家庭教育的概念，要求家长用正确思想、方法和行为教育未成年人养成良好思想、品行和习惯，将传统“家事”上升为“国事”。

（三）侵害未成年人案件强制报告制度

我国就侵害未成年人案件强制报告制度（以下简称强制报告制度）出台了一系列法律政策。2016 年，国务院印发《关于加强农村留守儿童关爱保护工作的意见》，明确提出建立农村留守儿童强制报告机制。2018 年 1 月—2019 年 10 月，全国检察机关起诉侵害留守儿童犯罪 4660 人，我国农村地区儿童权益得到切实保障。2020 年 5 月，最高人民检察院等 9 部门出台《关于建立侵害未成年人案件强制报告制度的意见（试行）》。该意见详细规定了强制报告的责任主体、侵害情形、报告对象、失职追责和服务救助等内容，有利于责任主体和相关部门落实强制报告制度。新修订的《中华人民共和国未成年人保护法》对强制报告制度也作出更为明确和完善的规定，制度设计进一步完善，强制报告制度在执行层面迈进了一大步。

（四）政策性文件、司法解释和地方性法规

国务院及相关部委积极发布部门规章及政策性文件，以落实国家法律、推动制度创新，在

实践中更好地推动未成年人的政府保护工作。例如，针对学生欺凌问题，教育部等多部门印发了一系列文件，包括依据《中华人民共和国未成年人保护法》中学校保护一章，教育部发布了更加具体明确且更具可操作性的《未成年人学校保护规定》；针对网络保护问题，相关部委相继发布文件，就儿童个人信息、游戏充值、网络沉迷、不良信息等问题作出具体规定，开展专项治理，为未成年人营造良好安全的网络环境。2023 年 10 月，国务院发布《未成年人网络保护条例》，这是第一部专门的未成年人网络保护综合立法，在未成年人保护工作领域具有里程碑意义。

为了补充或者调整法律规章与《中华人民共和国未成年人保护法》等存在的差异，细化法律规定以更好指导司法实践，近年来，最高人民检察院、最高人民法院等部门持续出台相关司法解释及文件，以加强对儿童权益的司法保护，提高司法保护的专业化，为儿童的健康成长提供坚实的司法保障。例如，为打击利用儿童实施黑恶势力犯罪的行为，2020 年最高人民法院、最高人民检察院等 4 部门发布了《关于依法严惩利用未成年人实施黑恶势力犯罪的意见》；为了提高律师从事儿童法律援助工作的专业性，2020 年 9 月司法部公共法律服务管理局、中华全国律师协会发布了《未成年人法律援助服务指引（试行）》；为了进一步强化打击性侵未成年人犯罪的力度，2023 年 5 月最高人民法院、最高人民检察院发布《关于办理强奸、猥亵未成年人刑事案件适用法律若干问题的解释》，并联合公安部、司法部发布《关于办理性侵害未成年人刑事案件的意见》，向整个社会明确性侵未成年人犯罪的司法“红线”。

此外，各地也颁布、修订与完善了保护儿童的地方性法规。特别是随着《中华人民共和国未成年人保护法》《中华人民共和国预防未成年人犯罪法》的出台以及实施，各地纷纷根据本地实际情况修订完善相关地方性法规。截至 2023 年 12 月，上海、贵州、甘肃、湖南、新疆、北京、山东、山西、重庆、河南等地已经陆续完成了相关地方性法规的修订工作，浙江、四川等地的相关立法修订工作也在紧锣密鼓地展开。

三、新型城镇化下儿童福利和保护现状

我国儿童福利与保护工作和制度建设仍然面临挑战。一方面是长期存在且具有共性的均衡性问题。目前的政策较多侧重于物质保障，然而资源分配却存在着不均衡现象，特别是城乡之间的儿童福利保障水平仍然存在差距。另一方面是快速城镇化进程中特有的问题。大批农村劳动力进城务工，除了会有大量儿童留守农村，也会出现一批跟随着父母在城市生活或出生在城市的流动儿童等“类留守儿童群体”亟待关注。此外，基层儿童保护工作队伍专业化水平也有

待进一步提升。

（一）儿童福利制度系统性不足

目前我国儿童福利政策体系主要依据行政部门的规章，具体工作主要依靠“通知”“意见”“办法”“规定”“实施细则”等来运行，资金、管理和服务供给及质量评估等的权威性和可持续性不强。不仅如此，我国现有很多儿童福利法律法规也散见并依附于其他成人的法律法规中，未能形成系统的、专门的、独立的儿童福利法律体系。当儿童权益受到侵害时，虽然有不少法律条文涉及，但究竟应该由哪个部门来处理、依据是什么、处理到什么程度等，往往不够明确。

（二）儿童多样化发展性需求亟待重视和满足

政策制定和实施在提高农村儿童基本生活需求保障的同时，在一定程度上忽视了儿童发展性需求。2016 年颁布的《国务院关于加强困境儿童保障工作的意见》，提出根据困境儿童分类情况，分别纳入孤儿保障、特困供养、最低生活保障、临时救助等范围，从基本生活保障、教育保障、医疗保障等方面对困境儿童给予各种形式的现金转移支付补贴。然而，城乡之间的低保补助标准存在较大的差异，也就仅仅能够保障农村困境儿童的基本生活，难以保障更高水平需求的满足。此外，非物质层面的保障措施也很有限，保护儿童的法规体系和体制机制还有待进一步健全。由此可见，现行法律在儿童发展中更多重视物质层面的保障，对于发展层面的保障有限。

《中共中央 国务院关于优化生育政策促进人口长期均衡发展的决定》提出进一步优化生育政策，实施“三孩”政策。在人口结构转型的背景下，儿童福利与保护的范围不断扩大，儿童群体尤其是农村地区的儿童需求多样性增加，儿童保护迫在眉睫，儿童心理健康成长也不容忽视，家庭照顾缺失等问题亟待进一步解决和改善，儿童群体各项服务需求紧迫性加剧，对儿童关爱保护工作的要求也逐渐提高。

儿童心理健康问题亟待关注。《中国国民心理健康发展报告（2019—2020）》中提出我国青少年整体抑郁检出率为 24.6%（轻度抑郁为 17.2%，重度抑郁为 7.4%）。《中国乡村儿童发展报告 2021》数据显示，我国农村儿童心理异常比例为 28.6%，高于我国青少年的整体抑郁比例，其中初中阶段学生（13 ~ 16 岁）的心理异常比例高达 31.5%。农村儿童的心理健康亟须社会关注和干预，儿童主任亟须承担关爱农村地区儿童的任务，关注儿童群体的心理健康和成长。

此外，家庭照料缺失现象在城乡地区均普遍存在。由于父母外出打工、隔代抚养、照料人照料能力不足的因素，我国农村儿童照料缺失的情况比较普遍，但儿童照料缺失的情况也常发生在城市流动儿童群体身上，但总的来说，农村儿童遭遇照料缺失的可能性更高，针对基层地区的儿童保护工作及时有效介入是十分必要的。

（三）农村儿童关爱服务对接城乡一体化

由于受城乡二元体制的影响，城镇儿童和农村儿童在就业、教育、医疗、社会保障等领域所享受的公共服务水平仍存在很大差距，包括社会救助、教育卫生等基本公共服务仍带有明显的二元特点。以儿童健康水平和卫生医疗资源为例，《中国儿童发展纲要（2011—2020 年）》终期统计监测报告显示，2020 年，农村婴儿死亡率和 5 岁以下儿童死亡率分别为 6.2‰和 8.9‰，分别高于城市 3.6‰和 4.4‰的水平。分地区来看，西部地区婴儿死亡率和 5 岁以下儿童死亡率分别为 7.9‰和 10.6‰，高于中部地区 4.7‰和 6.6‰的水平、东部地区 2.7‰和 4.1‰的水平。儿童医疗卫生资源存在总量不足、区域发展不平衡的情况。我国儿童医院总体数量仍然较少，优质医疗资源主要分布在东部地区，中西部特别是边远地区的儿科优质医疗资源短缺问题仍然存在，基层儿童保健服务网络薄弱。

城乡儿童教育水平差异也较为明显。以义务教育为例，农村缺乏优秀教师资源，家庭经济状况不良等因素，都会影响儿童的学业水平。2020 年，农村小学本科及以上学历的教师占比不到 60%，比城区的接近 80% 低将近 20 个百分点。农村初中本科及以上学历的教师占比达到 85%，城市占比则为 94%。此外，农村转出的教师比例远远大于进入的教师比例，这就使得农村的很多师资队伍存在严重不足的问题。据教育部 2022 年发布的《中国职业教育发展白皮书》统计，我国职业教育学校 70% 以上学生来自农村。

农村儿童活动设施覆盖水平仍然很低。《中国儿童发展纲要（2011—2020 年）》要求 90% 以上的城乡社区建设为儿童及其家庭提供游戏、娱乐、教育、卫生、社会心理支持和转介等服务的儿童之家。截至 2020 年底，这一目标未能实现。中西部地区儿童之家建设相对滞后问题较为明显，部分地区建有儿童之家的社区占比偏低，个别省份不到 10%[①]。2021 年，国务院印发《中国儿童发展纲要（2021—2030 年）》，再次提出新阶段目标，城乡社区儿童之家覆盖率进一步巩固提高，服务能力持续提升。2022 年《中国儿童发展纲要（2021—2030 年）》统计监测报告显示，2022 年我国城乡社区儿童之家数量是 33.4 万个，城乡社区儿童之家覆盖范围有待进一步扩大。

① 国家统计局:《中国儿童发展纲要终期统计监测报告：儿童健康状况持续改善》，2021。

目前，全国儿童福利机构所有在院职工12556人中，拥有专业社工职业资格的人数为1436人，仅占11.4%。此外，全国已拥有65.1万名儿童主任，实现每个村（居）配备一名儿童主任，但城镇和农村地区的儿童主任在专业能力上存在差异。我国农村地区约有49万名儿童主任，绝大多数由村委会成员兼任，行政性事务负担重，且没有接受过专业系统的培训，缺乏系统的专业知识与社工技巧。加强农村儿童关爱与保护工作需要更加专业化、精细化的关爱服务，基层儿童工作队伍专业能力亟待提升。

（四）流动儿童法律保护和犯罪防范

整体而言，受人口流动影响儿童是监护缺失、监护不当和监护侵害问题的易感人群。《未成年人检察工作白皮书（2022）》显示，2022年，对于符合撤销监护人资格条件的，检察机关支持个人或单位起诉239件，提出检察建议178件，撤销监护人资格217件；就监护人缺乏有效监护能力，或者因客观原因事实上无法履行监护职责等监护缺失情形，共提出检察建议330件；针对性督促、引导监护人切实、有效履行监护职责，共制发“督促监护令”57425份。流动儿童由于家庭流动性强、父母工作繁忙、文化程度低等，往往缺乏稳定的家庭环境和有效的监护，一些流动儿童甚至因监护不当或监护侵害而处于危险境地。这些问题的存在给流动儿童的成长和发展带来了极大的影响和挑战。

流动儿童面临的监护问题尤为严重。受人口流动影响儿童大都面临着监护缺失的问题，使其缺乏必要的监管和照顾，对身心健康产生负面影响，还可能在面临危险时无法得到及时的援助。监护不当的问题也很严重。部分省市办理的涉未成年人案件中，近80%的案件存在父母或其他监护人放任、打骂、体罚等家庭教育方式不当问题，给孩子带来身心创伤。受人口流动影响儿童遭遇家庭内部成员侵害的事件时有发生。在北京青少年法律援助与研究中心近期办理的37起未成年人遭受性侵害的案件中，流动儿童遭继父或者母亲同居男友性侵的就有5起，既包括男孩也包括女孩，占比高达13.5%。

受人口流动影响，儿童犯罪防控问题具有紧迫性。根据最高人民检察院发布的《未成年人检察工作白皮书（2020）》，2020年各地检察机关受理审查起诉未成年人犯罪案件，流动儿童占比为50.7%，其中非本县13923人，非本市8729人，非本省5213人。综合最高检以及全国各地检察院统计数据可知，近年来我国流动未成年人犯罪占比仍然较高，对流动未成年人的管理、教育工作依然十分迫切。北京青少年法律援助与研究中心曾对2016—2020年办理的100起未成年人犯罪案件进行分析，发现非本市户籍儿童占比达到78%。

侵害流动儿童犯罪也屡有发生。由于流动儿童的居住环境较为杂乱且缺乏必要的安全措施，也由于作为流动人口的父母安全意识较为薄弱，经常独留未成年子女在家或者让孩子独自在外，且鲜少对孩子进行性教育、安全教育、法治教育等，导致孩子缺乏预防侵害的意识与能力，使这个儿童群体易于受到犯罪侵害。2023 年，最高人民检察院的工作报告显示，5 年来，检察机关从严追诉性侵、虐待、暴力伤害等侵害未成年人犯罪 29 万人，这个数字意味着至少有 29 万名未成年人受害。

受人口流动影响儿童既容易成为犯罪的受害者，也容易成为未成年犯罪者。最高人民法院公布司法审判工作主要数据表明，2024 年一季度判处未成年人罪犯 1.2 万人，同比增长 77.67%，占罪犯总数的 3.12%，同比上升 1.12 个百分点，重刑率 8.50%。

根据已有的研究，流动儿童和留守儿童的本身与成为施暴者和受害者具有很大的正相关性。也就是说，这些涉事儿童很多都缺乏早期教育特别是家庭养育和保护。儿童早期发展对儿童一生的影响是深远的，会在更长的生命周期中显现出来。缺乏家庭养育的不利影响，不仅在于认知能力表达的人力资本或技能缺乏，还包括非认知能力决定的人际沟通、同理心、社交能力等软技能的缺失。

詹姆斯·赫克曼在对儿童早期发展的研究中，把非认知能力作为重要的支撑点，得出了极具权威性的结论：非认知能力形成的关键年龄在 3 ~ 4 岁时期，在这一阶段如果孩子管教方式不当、被忽视或者受到虐待，则成年后的犯罪倾向明显偏高（Heckman and Rubinstein，2001）。因此，父母养育的缺失难免造成非认知能力的明显障碍（Heckman and Landers，2021）。非认知能力的一个主要表现，就是个人在心理学意义上进行自我情绪管理的能力，包括行动前的认真思考、管理愤怒、抑制冲动、对行为后果的充分考虑等。如果人们具备非认知能力，并且在正确的时间和地点很好应用，便可以避免许多由情绪引发的暴力事件。

也有研究者使用中国数据尝试检验这些假说，相关结果也不无启发。例如，一项对留守儿童的研究表明，如果孩子在童年期间缺少来自父母的养育，成年后犯罪的可能性会明显增加。具体来说，留守儿童相较于其他儿童，成年后犯罪的概率会高出 1.8 ~ 2.5 个百分点。父母不在孩子身边的时间每增加一年，子女成年后被判刑的概率平均提高 0.2 个百分点。从另一个角度估算，儿童留守的时间每增加一年，会导致所调查地区的入狱率提高 6.7%（Cameron et al.，2022）。

四、儿童保护的基层实践和社区探索

基层、社区、社会组织共同成为儿童保护项目的倡议者和参与者，近年来进行了诸多有成效的实践，也创造出一些有益的经验。特别是在宏观政策引导和各级政府的扶持下，社会力量积极参与未成年人保护事业，开展了一批行之有效、可复制、有借鉴意义的未成年人保护项目，主要包括社会监护体系、专业能力建设、性和安全教育、驻校社工体系及关爱阵地建设等多种类型的项目，这些项目取得了良好的效果（见表 8-1）。

表 8-1　全社会参与未成年人保护的主要项目类型

项目类型	项目名称	机构名称	干预手段
社会监护体系	“村儿童主任”项目	中国发展研究基金会	搭建和培训基层未成年人保护工作队伍
	“SOS 儿童村”项目	国际 SOS 儿童村	以家庭方式抚养孤儿
专业能力建设	“护童成长”项目	联合国儿童基金会	针对基层儿童工作队伍提供专家指导和全员培训
	壹基金儿童服务站	壹基金	提供儿童活动空间，促进基层党组织和人员能力成长
性和安全教育	“女童保护”项目	北京众一公益基金会	培训和宣讲，普及提高儿童性侵害防范意识
	“你我伙伴”项目	你我伙伴性教育支持平台	提供性教育课程包和专业支持
驻校社工体系	“陪伴助行”项目（原名“陪伴成长·驻校社工”）	西部阳光农村发展基金会	培养青年志愿者，在乡村学校开展社工服务
关爱阵地建设	“儿童快乐家园”项目	中国儿童少年基金会	配备儿童发展所需物资，打造儿童专属服务阵地
	“关爱儿童之家”项目	中国宋庆龄基金会	营造健康有益的学习成长环境

资料来源：作者根据相关资料整理。

未成年人保护项目大体包括 5 种类型。一是社会监护体系类项目。搭建基层未成年人保护工作队伍，以中国发展研究基金会的河北大名县“村儿童主任”项目为代表。项目通过搭建村级儿童主任队伍，预防和应对农村儿童权益受侵害的情况发生。该项目在较大范围内获得推广。类似的项目还有中国乡村发展基金会的“童伴妈妈”项目、世界宣明会（中国）的“童心同行”项目和爱佑慈善基金会的“爱佑安生”项目等。二是专业能力建设类项目。以联合国儿童基金会“护童成长”项目为代表，旨在为未成年人保护工作队伍提供专家指导和全员培训，培训内容涵盖儿童福利、未成年人保护、少年司法、社会工作等领域。此外，壹基金支持的基金儿童服务站也通过扶持县域公益组织来提升基层组织和人员的工作能力。三是儿童性和安全教育类项目。以“女童保护”和“你我伙伴”项目为代表，以培训和宣讲为主要干预手段，旨在提升儿童和青少年的性侵犯防范意识和性教育知识水平。四是驻校社工体系类项目。以“陪伴助行”项目为代表，通过在校内提供社工服务，减少儿童意外伤害事件，预防恶性儿童侵害事件，为儿童提供心理健康辅导服务。五是关爱阵地建设类项目。以

“儿童快乐家园”和“关爱儿童之家”项目为代表，通过在社区建设关爱留守儿童、困境儿童的儿童乐园，配备儿童发展所需要的教育、学习等相应的物资，定期开展娱乐活动，助力儿童全面成长发展。

专栏 8-1　微澜图书馆

微澜图书馆由公益机构北京三知困难儿童救助服务中心于2017年发起，通过在位于城市边缘的打工子女学校以及打工人聚集的社区中建立小型图书馆，为孩子创造积极、开放、自由流动的知识网络。

2022年10月12日是微澜北京40馆开馆第一天，共有318个孩子举着卡、排着队拥过来，等待借阅的孩子直接捧着书读起来，当日外借709册图书。3名馆员，平均每人每分钟要处理3本书的借阅登记。

从2017年10月在北京设立第一个微澜图书馆开始，在过去的12年时间里，微澜图书馆从北京走向其他20座城市，开拓过近100所图书馆，累计服务流动人口子女超过11万人，为孩子们提供图书借阅已超过150万册。

这是一个流动的时代，但孩子们借助图书馆这一渠道，能够持续地阅读，了解更广阔的世界，努力缩小与城市儿童的教育差距。

资料来源：《ME创新计划｜阅读，让流动的生命在波澜中开出绚烂的花朵》。

第九章

新型城镇化下的儿童发展投入

从分配的理念、结构和规模上保障儿童发展的资源投入规模和增长幅度，是提高儿童发展治理水平的核心。构建体系完备的终身教育，不仅指学校教育之后的终身学习，也应该包括在义务教育阶段之前，乃至比学前教育更早阶段的养育和照护阶段。这就要求在儿童发展的各阶段提供保障和提高投入水平。诚然，投入来源和主体应该包括家庭、国家和社会，但鉴于儿童发展具有社会收益最为突出的性质，以及中国城镇化过程中存在的诸多外部性，国家应该在儿童发展事业中发挥更积极的促进作用，承担更大的支出责任。为此应该把儿童发展纳入人口高质量发展的优先议事日程，以完善儿童发展治理模式为中心，保障并提高对儿童发展的公共投入。

一、新型城镇化下儿童发展公共投入现状

（一）公共教育经费投入

2021 年国务院印发的《中国儿童发展纲要（2021—2030 年）》，要求坚持对儿童发展的优先保障，确保在出台法律、制定政策、编制规划、部署工作时优先考虑儿童的利益和发展需求。按照儿童发展的完整内容，纲要要求的优先保障应该包括用于发展学前教育、中小学阶段教育、改善儿童营养健康、提高儿童福利水平、保障儿童安全、促进儿童文化体育发展，以及养育和照护等方面的公共投入保障。国家统计局为落实纲要要求，在儿童健康、安全、教育、福利、家庭、环境、法律保护等 7 个领域进行了统计监测，显示在上述方面均取得了明显的成绩[①]。

在儿童发展方面取得的成就，无疑得益于大规模投入和大幅度增加的公共资金。鉴于相关投入分列在政府支出的不同方面，除了教育投入之外，大多无法明确地剥离出来。因此，使用公共教育投入作为一个代理指标，仍可以从总体上观察这种投入的绝对水平和增长情况。教育经费包括国家财政性教育经费、社会团体和公民个人办学经费、社会捐赠经费、学费和杂费、其他教育经费等组成部分。2012—2021 年，按照名义金额计算，教育经费总投入增长了

① 国家统计局：《2022 年〈中国儿童发展纲要（2021—2030 年）〉统计监测报告》，2021。

102.0%，其中，国家财政性教育经费增长幅度为 98.0%，占全部教育经费的 80% 左右，占国家财政支出的比重为 15.1%。与此同时，社会和个人的教育支出具有更大的增幅，这期间的名义增长幅度为 118.6%。

2012—2022 年，高等教育在校学生数增加了 57.0%，普通高中在校学生数增加了 10.0%，中等职业教育在校学生数则减少了 36.6%，初级中学在校学生数减少了 2.1%，普通小学在校学生数增加了 10.7%。同期，生均一般公共预算教育事业费的增长幅度，普通高等学校为 27.9%，普通高中为 128.9%，中等职业学校为 114.9%，普通初中为 111.7%，普通小学为 100.0%。生均一般公共预算教育事业费显著领先于在校学生数量增长，意味着财政投入力度加大，经费保障水平提高。

（二）家庭教育投入

根据一项对中国家庭追踪调查数据的分析，在公共财政为每个学生支出的教育经费之外，家庭自身仍然需要较大幅度的支出，分别采取教育费用和课外班支出等形式（张春泥、潘修明，2022）（见表 9-1）。如果把家庭承担的这两个支出部分加总起来，数额已经堪比生均财政投入水平。从儿童发展必要投入的角度来看，还有教育费用之外、数额不菲的种种其他支出，以及在家庭养育和照护方面，家庭成员以无酬劳动形式体现的投入。表 9-2 分年龄段估算了我国 0 ~ 17 岁儿童的平均养育成本和教育成本，其中 3 ~ 17 岁阶段额外的家庭教育支出约为 71628 元。

表 9-1　　不同教育阶段的家庭和财政支出

	教育费用（元）	课外班支出（元）
家庭在学前阶段支出	5169	6210
家庭在小学阶段支出	4410	5692
家庭在初中阶段支出	6778	5692
生均一般公共预算：幼儿园	10198.39	—
生均一般公共预算：普通小学	12791.64	—
生均一般公共预算：普通初中	18151.98	—

资料来源：家庭支出数据来自苑立新主编《儿童蓝皮书：中国儿童发展报告（2022）》，一般预算内教育经费支出来自教育部、国家统计局、财政局发布的“2022 年全国教育经费执行情况统计表”。

注：生均一般公共预算指各级各类教育生均财政经费的平均水平。

表 9-2　　0 ～ 17 岁儿童的平均养育成本和教育成本

时间段	养育成本（元）	教育成本（元）	合计（元）
怀孕期间	办卡建档、营养品、产前检查费用以及备孕用品的估算	—	10000
	10000		
分娩和坐月子期间	住院费用、顺产或剖腹产费用，以及部分产妇采用的无痛分娩。差额较大，计算平均费用	—	15000
	15000		
0 ～ 2 岁	假设婴幼儿与人均消费支出相同（每人每年 24538 元 ×3 年）	—	73614
	73614		
3 ～ 5 岁	人均消费支出（每人每年 24538 元 ×3 年）	幼儿园或学前教育支出（每人每年 12000 元 ×3 年）	109614
	73614	36000	
6 岁～ 14 岁[①]	人均消费支出（每人每年 24538 元 ×9 年）	教育、文化娱乐支出每人每年 2469 元 ×9 年	243063
	220842	22221	
15 ～ 17 岁	人均消费支出（每人每年 24538 元 ×3 年）	非义务教育阶段需要额外支出住宿费等，结合教育、文化、娱乐支出计算每人每年（2469+2000）元 ×3 年	87021
	73614	13407	
0 ～ 17 岁	466684（占养育成本和教育成本的 86.69%）	71628（占养育成本和教育成本的 13.31%）	538312

资料来源：育娲人口研究，《中国生育成本报告2024》。

根据联合国开发计划署的数据并进行适当的推算，我们可以分析女性的劳动参与率和从事家务劳动时间占比，并将中国与其他国家和地区进行比较。以每天 24 小时这个总时长为基准，中国女性用于无报酬家务劳动的比例是 11.1%，略低于各国该比例的算术平均值 12.5% 的水平。然而，中国女性的劳动参与率高达 60.5%，显著高于各国的算数平均值 51.6% 的水平。同时，中国女性花费在家务劳动上的时间比例是男性的 2.6 倍（蔡昉，2022）。这种家务劳动中的很大部分与养育和照护儿童有关。

家庭为孩子的养育、照护和教育付出金钱、体力、精力和心血，是我国传统家庭价值观的一种表现，也是人力资本培养不可或缺的投入来源。然而，儿童发展完全或者过度依靠家庭投入，或者说公共投入不足，显然不是一种理想状况，也不符合现代社会的实践。首先，这个领

① 北京大学中国社会科学调查中心发布的中国家庭追踪调查 2010—2018 年的数据显示，孩子的养育成本占家庭收入的比例接近 50%，而其中教育支出占养育成本比例达 34%。根据国家统计局数据，2022 年全国居民人均支出构成中，教育文化娱乐支出为 2469 元。假设有一个普通的三口之家（父亲、母亲、正在上中学的孩子），那么这个家庭 2022 年的教育文化娱乐总支出为 2469×3=7407（元）。在正常情况下，这个家庭的教育文化娱乐支出中，孩子占了大部分，父母只占小部分。所以，我们可以估算这个家庭孩子的教育文化娱乐支出为 2469×2=4938（元），而父母的教育文化娱乐支出为 2469 元。根据上述估算方法，我们可以把 6 ～ 14 岁孩子的养育成本，在人均消费支出 24538 元（已经包含一项教育文化娱乐支出 2469 元）的基础上，再加上一项教育文化娱乐支出 2469 元，即按 2022 年价格计算，平均每年养育成本为 24538+2469=27007（元），9 年共计 243063 元。

域具有社会收益大于私人收益的性质，仅仅依靠家庭投入达不到最佳投入规模。其次，儿童发展实践和相关项目，包括基础设施建设与改造、与现代经济社会科技发展相符合的教育内容、最新的育幼和教育理念及技能，都不是家庭投入可以做到的，需要家庭、社会和政府的协同与互补。最后，每个家庭都处于社会分层的不同位置，父母的受教育程度、收入水平、职业性质，乃至居住地和户籍身份，都会影响对孩子投入的能力和意愿，从而产生儿童发展的效果差异，甚至导致人的能力的代际差别。经济学家提出一个著名的“了不起的盖茨比曲线”，从统计上描述了收入差距与代际社会流动之间的关系，揭示出一个规律性的现象：更大的收入差距意味着较低的代际社会流动（Balanden，2013；蔡昉，2024）。在中国的人均可支配收入基尼系数 0.467 的条件下，超越家庭能力的儿童发展投入，是促进社会流动的必然要求。

二、流动儿童教育及其投入政策演变

关于流动儿童的教育特别是财政责任问题，始终反映在改革开放的政策演变之中，受到国家关于农民工的政策、义务教育发展方针以及基本公共服务均等化政策的直接影响。经过多年的政策演变，农民工随迁子女义务教育被纳入城市各项规划统筹处理；教育经费和补贴由地方各级财政负担，中央给予奖励；相关的教育经费政策，经历了从按当地接收人数和预算内生均教育经费定额标准拨付，到逐步形成流动儿童“钱随人走”政策的转变；公办中小学的主渠道作用得到发挥，对打工子弟学校的扶持和管理同时得到加强。

（一）流动儿童义务教育政策演变

20 世纪 80 年代后期和 90 年代初期，进城务工人员主要以单身进城打工为主，只有较小比例的农民工举家进城。随同父母进城的儿童数量有限，但随迁子女教育问题已见端倪。总体来说，对于这部分流动儿童的教育政策，主要依据 1992 年发布的《中华人民共和国义务教育法实施细则》，即适龄儿童的义务教育主要由户籍所在地政府负责，教育经费则按照户籍学生数下拨。这限制了农民工子女在城市接受教育，没有户籍的流动儿童难以进入城市公办学校就读。一些跨地区儿童利用了当时的借读政策，即适龄儿童、少年到非户籍所在地接受义务教育的，经户籍所在地的县级教育主管部门或乡级人民政府批准，可以按照居住地人民政府的有关规定申请借读。

20 世纪 90 年代中期以后，国家把研究解决流动人口子女教育问题列入议事日程，依序出台了一些“办法”，进行试点和推广。例如，1998 年国家教委、公安部联合印发了《流动儿童少年就学暂行办法》，在一定程度上打破了儿童必须以户籍所在地政府为主接受义务教育的壁垒，标志着政府开始考虑以流入地、公办学校为主解决农民工子女教育问题。但是，这个“办法”的基调还是强调流动儿童少年常住户籍所在地人民政府应严格控制义务教育阶段适龄儿童少年外流，没有明确流入地政府对已经进城的农民工子女义务教育的保障责任。借读费、赞助费成为一部分农民工子女接受义务教育必须支付的额外教育费用。

随着国家提出改革城乡分割体制，对于农民工的政策发生了积极变化，逐渐取消对农民进城就业的不合理限制，2001 年出台《国务院关于基础教育改革与发展的决定》，提出要重视解决流动儿童青少年接受义务教育问题，以流入地区政府管理为主，以全日制公办中小学为主，采取多种形式，依法保障流动儿童少年接受义务教育的权利。这是国务院首次提出流入地政府在解决流动人口子女接受教育问题上的责任，并明确提出流动人口子女接受教育问题的解决策略是以流入地区政府管理为主，以全日制公办中小学为主。“两为主”政策的出台对农民工子女平等接受义务教育起到了很好的保障作用，也为随迁子女教育政策奠定了基调。

2003 年发布的《关于进一步做好进城务工就业农民子女义务教育工作的意见》首次提出建立农民工子女义务教育经费筹措保障机制，要求流入地政府财政部门对接收农民工子女较多的学校给予补助，规定从城市教育费附加中安排经费用于农民工子女义务教育；也提出政府和公办学校建立保障农民工子女接受义务教育的工作制度和机制。该文件还要求流入地政府将农民工子女的义务教育纳入城市社会发展计划，将农民工子女就读学校建设列入城市基础设施建设规划；要求规划编制部门将农民工子女数量纳入定编范围，作为学校定编的基础；要求价格主管部门制定收费标准，做到收费与当地学生一视同仁，并对学校收费情况进行检查；要求采用设立助学金、减免费用、免费提供教科书等方式，帮助经济困难的农民工子女就学。

2006 年发布了《国务院关于解决农民工问题的若干意见》，对“两为主”政策进行了细化，提出将农民工子女义务教育纳入当地教育发展规划，列入教育经费预算，按照实际在校人数拨付公用经费，城市公办学校对农民工子女接受义务教育要与当地学生在收费、管理等方面同等对待，不得加收借读费和其他任何费用。取消义务教育借读费，极大减轻了进城农民工的经济负担，标志着公共财政开始普及到每一个适龄儿童。随着 2006 年人大常委会修订义务教育法，农民工子女平等接受义务教育成为一个有法律保障和指导的政府行为，也成为构建和谐社会的重要举措。

（二）流动儿童义务教育经费保障政策

2008 年《国务院关于做好免除城市义务教育阶段学生学杂费工作的通知》发布，决定在全国范围内全部免除城市义务教育阶段学生学杂费，规定在接受政府委托、承担义务教育任务的民办学校就读的学生，按照当地公办学校免除学杂费标准，并享受补助。免除城市义务教育阶段学生学杂费所需资金由省级人民政府统筹落实，省级及以下各级财政予以安排。对符合当地政府规定接收条件的随迁子女，统筹安排在就近的公办学校就读，免除学杂费，不收借读费，中央财政对流动儿童接受义务教育问题解决较好的省份给予适当奖励。2008—2010 年，中央财政累计安排奖励专项资金 62.2 亿元。

中央政府始终鼓励地方把随迁子女全部纳入财政保障范围，对进城务工农民工随迁子女接受义务教育问题解决较好的省份给予奖励。各地将中央奖励资金主要用于补充接收农民工随迁子女的城市义务教育阶段学校的公用经费，以及用于改善办学条件。随着政策的演变，解决农民工随迁子女义务教育问题的核心目标和责任归属得以明晰，核心理念、指导思想以及基本策略得到确立，具体的举措也得到了进一步的细化和完善。不过，中央的这部分经费属于专项转移支付，可以说还没有形成资助流动儿童教育的长效机制[①]。虽然相关文件已将流动儿童的异地升学问题提上了日程，但是尚未明确哪一级政府负责流动儿童义务教育阶段，也未涉及升学后的教育经费负担问题。经费在各级政府之间的承担责任仍不明确，导致各级政府在流动儿童教育经费的支出上存在争议，使流动儿童教育经费责任不明确。

2013 年，党的十八届三中全会召开，提出加快户籍制度改革，推进农业转移人口市民化，逐步把符合条件的农业转移人口转为城镇居民，稳步推进城镇基本公共服务常住人口全覆盖。这也为流动儿童的义务教育乃至更高阶段教育问题的解决提供了根本遵循。为了贯彻落实党中央精神，2014 年开始，中央政府相继出台一系列重要文件，旨在使文件精神落地实施。

首先，《国家新型城镇化规划（2014—2020 年）》提出，城镇基本公共服务从主要面向本地户籍人口，转变为面向常住人口。通过建立健全全国中小学生学籍信息管理系统，为学生学籍转接提供便捷服务，将农民工随迁子女义务教育纳入各级政府教育发展规划和财政保障范畴；要求各地合理规划学校布局，科学核定教师编制，足额拨付教育经费，保障农民工随迁子女以公办学校为主接受义务教育。

其次，《国务院关于进一步推进户籍制度改革的意见》要求，稳步推进包括义务教育在内的城镇基本公共服务覆盖全部常住人口，保障农业转移人口及其他常住人口的随迁子女均能平等享有受教育权利，同时要求将随迁子女义务教育纳入各级政府教育发展规划和财政保障范畴。

①《中央财政支持农民工随迁子女接受义务教育》，《人民日报》，2013 年 6 月 6 日。

最后，《国务院关于进一步做好为农民工服务工作的意见》提出，积极推进城镇基本公共服务，由主要面向本地户籍人口向面向常住人口转变，要求流入地政府将符合规定条件的农民工随迁子女教育纳入教育发展规划，在学校布局规划、公办学校教师编制核定、公办学校教育经费投入等方面，保障流动儿童平等接受义务教育的权利；同时，要求公办义务教育学校普遍对农民工随迁子女开放，与城镇户籍学生混合编班，统一管理。这标志着义务教育资源配置政策从依据户籍人口及流动人口"两为主"模式，开始向依据常住人口"两纳入"的"属地逻辑"转变。

（三）"钱随人走"政策的出台与完善

2015 年出台的"钱随人走"新政，旨在解决城乡义务教育经费保障机制中政策不统一、经费可携带性不强、资源配置不均衡等问题。规定农民工随迁子女可以把"两免一补"和生均公用经费基准定额资金从农村携带到城市，并规定中央全额承担教科书资金及国家规定课程，国家和地方按比例承担生均公用经费基准定额资金。《国务院关于进一步完善城乡义务教育经费保障机制的通知》决定取消中央奖补政策，代之以中央与地方分项目、按比例的可携带"钱随人走"政策。这一规定明确了中央财政将以分项目的形式承担流动儿童的部分公用经费，即落实生均公用经费基准定额所需资金由中央和地方按比例分担，西部地区及中部地区比照实施西部大开发政策的县（市、区）为 8∶2，中部其他地区为 6∶4，东部地区为 5∶5，这也意味着流动儿童义务教育公用经费的负担，从制度上可以期望逐渐转变成以中央政府责任为主，经费基准定额资金可随学生流动，通过强化中央政府的分担责任，缓解地方政府的管理压力。

随后采取了一系列措施推动"钱随人走"政策的落实。2017 年印发的《县域义务教育优质均衡发展督导评估办法》将随迁子女在公办学校和政府购买服务的民办学校的就读比例（不低于 85%），作为衡量县域义务教育优质均衡发展的重要指标。2018 年国务院印发《基本公共服务领域中央与地方共同财政事权和支出责任划分改革方案》，提出义务教育公用经费由中央和地方按比例分担支出责任，从而把流动儿童公用经费负担的主体上升到了中央政府。这些举措缓解了流入地政府及流动儿童家庭的经济压力。2020 年《关于进一步加强控辍保学工作　健全义务教育有保障长效机制的若干意见》要求做好随迁子女就学工作，保障适龄随迁子女接受义务教育的权利。强调随迁子女教育政策更关注过程公平和结果公平，政府在教育中的作用不仅是提供充足的教育服务，更要保障教育资源的有效配置和公平配置。不过，这项改革仍然有待于继续落实。根据现有研究，2020 年地方政府承担随迁子女义务教育经费的比例，东部地区平均为 97.8%，中部地区平均为 96.9%，西部地区平均为 96.2%，换句话说，中央财政承担的比例，全国平均仅为3%（吴开俊等，2024）。可见，全面落实“钱随人走”的政策仍然任重道远。

三、流动儿童教育均等化的地方实践

流动人口管理、城市治理、义务教育都是地方政府的责任和权限，也是同地方和城市经济社会发展密切相关的事项。中央的相关政策方针，归根结底既是对地方政府的要求，也是对地方所反映现实的回应。因此，政策实施必然在中央政府与地方政府的对话、反馈和协同中进行。下面将简述这样的过程，同时总结一些有益的经验和值得进一步探讨的问题。

（一）“两为主”政策实施的央地互动

中央政府针对流动儿童教育的财政政策，是在经历地方实践中遇到问题和困惑、中央回应各地诉求、纠正执行中的偏向、统一部署和实施手段的过程中而逐步确立的。因此，随着中央政策的不断完善，各地结合自身的特点予以贯彻落实。具体来说，各地政府都将农民工随迁子女教育问题纳入教育规划和管理，通过拨付经费配足公办学校，扩充公办中小学资源，并且统一免除学杂费和借读费，并适当地给予补贴，同时加强对农民工子女民办学校的规范和引导。此外，各地还改变了教育经费拨付的口径，统一以实际在校人数，而不是以户籍人口为标准拨付经费。平等的理念不仅渗透在教育机会的平等上，还体现在教育过程中的一视同仁，从制度上打破了对流动儿童教育的差别对待。

流动儿童“两为主”政策是一个具有全局性的顶层决策，对地方政府来说，执行起来仍有共同或各自的难度。特别是当国家在对地方的责任和权限作了规定，却未同时对与之密切相关的其他方面作出配套性界定，或者就同一内容的各个方面，有的被严格界定，有的则界定模糊，或者中央政府的不同部门对同一规定有不同的认定时，可能使地方无所适从。最常见也是最合乎逻辑的反应，便是以某种程度的变通方式执行中央的政策。从某种程度上说，流动儿童义务教育政策对于地方政府，正是这样一种可以产生政策实施余地的类型。特别是当地方政府又涉及省、市、县（区）多级时，政策执行更呈现多样化特点。

（二）落实“两为主”政策的地方实践模式

流动儿童义务教育的财政保障政策，随着时间的推移不断完善，并且在各级政府中得到越来越有力的执行。因此，可以把贯彻这一政策方针和实施一系列相关举措，看作一个时间和空间中相互交织的实践场景，既多姿多彩、纷繁复杂，又具有一定的共性和内在的逻辑关联。为了更好地回顾这一政策的实施历程，同时发现现存的问题，以便提出有效的政策建议，我们把时间作为纵坐标，把空间作为横坐标，通过归纳共性和提炼个性，概括出 4 种特征化的政策实施模式。也就是说，这些模式并不特指或严格对应哪些城市，而是一种高度的抽象和概括。

第一种模式反映这样一种情景：特大城市乃至超大规模城市，在面临巨大的人口扩张压力情况下，虽然财力和资源并非决定性的制约因素，却采取相对消极的态度对待流动儿童发展问题。2023 年全国有 17 个城市常住人口超过 1000 万人，其中城镇常住人口超过 1000 万人的城市为 12 个，城镇常住人口超过 1600 万人的城市为 6 个（见表 9-3）。这些超大城市在面临大规模流动人口进入时，通常会感到极大的压力，担心发生发展中国家常见的“大城市病”。相比许多发展中国家，中国的城镇化的确避免了许多弊端，如因大规模人口流动造成城镇失业率、犯罪率等攀升，同时生活条件和环境质量下降等现象。然而，这种做法也把城乡二元结构的部分特征保留到城镇内部的二元结构中。

表 9-3　常住人口超千万城市的人口规模

城市	常住人口（万人）	城镇常住人口（万人）	城市	常住人口（万人）	城镇常住人口(万人)
重庆	3191	2287	杭州	1252	1054
上海	2475	2211	西安	1308	1045
北京	2186	1920	郑州	1301	1041
深圳	1779	1779	东莞	1049	973
成都	2140	1723	长沙	1051	879
广州	1883	1633	石家庄	1123	812
武汉	1377	1168	青岛	1037	812
天津	1363	1160	临沂	1099	626
苏州	1296	1069			

资料来源：国家统计局“国家数据”网站、各城市统计局网站。

注：表中大多为 2023 年数据，个别为 2022 年数据。

第二种模式与第一种模式的不同之处在于，这里涉及的城市，既因规模极大而面临着人口压力，同时也由于发展阶段所限，在解决包括儿童发展在内的基本公共服务均等化方面，面临着财力拮据和物质资源不足等问题。例如，重庆市不仅常住人口规模大，还由于城镇化率较低、农村人口规模巨大，城镇化需要吸纳的农村转移人口成为一个庞大的数字。此外，重庆在 2020 年实现农村人口全部脱贫之前，曾经是实施脱贫攻坚的主要地区，并且集规模巨大的库区、山区和农村于一体。这些情况使得这类城市在靠自身财力落实流动儿童义务教育要求时，常常捉襟见肘。

第三种模式是特大城市和超大城市中存在的一种特例，流动儿童的义务教育落实得较为妥善。一般来说，这类对外来人口压力感受比较强烈的大城市，确实面对着诸多“激励悖论”。例如，对流动儿童无条件开放本地优质教育资源，会加大人口流入的规模，结果反而导致本地教育质量降低。又如，一方面政府并不乐见过多的打工子弟学校存在，另一方面公办学校却没有能力也没有积极性安排尽可能多的流动儿童入学。在户籍制度改革彻底完成之前，以及在基本公共服务在人口群体之间的差别被根本消除之前，破解这类悖论的一个办法，就是把迁移政策与流动儿童义务教育政策脱钩。换句话说，无论是否具备条件接收外来人口落户，对已经进城的儿童都要无条件提供平等的义务教育机会。

上海被认为是这种模式的代表。虽然这一超大规模城市所面临的人口涌入压力巨大，甚至该市也采取了比其他城市更具有限制性的户籍政策，但是，保障流动儿童的义务教育权益理念、较为雄厚的财力和资源调动能力，使其能够在总体上仍然实施相对严苛的户籍制度和迁移政策的同时，良好保障了流动儿童的义务教育基本权益。上海较早便建立了公办学校经费全部由财政承担、市和区县政府共同分担教育经费、全部流动儿童接受免费义务教育的经费保障机制。具体表现在采取各种手段降低入学门槛，包括实施教育经费转移支付、明确公办学校接收比例、增加城郊接合部和郊区集镇公办学校资源、政府购买学位服务、民办学校改造和成本补偿、给民办学校学生补贴等。

第四种模式具有较为典型的制度制约特征，即户籍制度仍在妨碍着流动儿童均等获得包括义务教育在内的基本公共服务。户籍制度是一个包括但不限于居住地登记的制度体系，相应地，户籍制度改革也涉及从自由迁徙和择业到均等享受常住地基本公共服务保障等一系列体制机制的调整。所以，户籍制度改革究竟进展到怎样的阶段，常常不能以一纸文书或某种宣示来显示。虽然绝大多数中小城市均已宣称不再有落户限制，但是，出于诸如难以负担新市民的基本公共服务成本、热衷于刺激地方房地产发展、转嫁户籍制度改革成本等动机，地方政府远未真正放弃户籍制度的全部功能。

因此，从外来人口落户条件、基本公共服务覆盖率等方面衡量，应该说即使在这些中小城市，户籍制度改革也并未完成。也就是说，与此相关的体制弊端仍存在，妨碍着流动儿童养育、照护和义务教育的权益保障。例如，包括县城在内的大多数城市，迄今仍然自主或者变相保留着对儿童入学的不合理限制，有时直接就是户籍要求，更多的时候则涉及与父母居住证有关的居住地、房屋产权状况、缴纳税费等条件。一个针对义务教育入学甚至进入幼儿园的“两个一致”原则，就充分说明了城市的自由裁量权以及针对受人口流动影响儿童的不平等待遇。

义务教育法规定，地方各级人民政府应当保障适龄儿童、少年在户籍所在地学校就近入学，父母或者其他法定监护人在非户籍所在地工作或者居住的适龄儿童、少年，在其父母或者其他法定监护人工作或者居住地接受义务教育的，当地人民政府应当为其提供平等接受义务教育的条件。然而，这些旨在保障流动儿童权益的法律规定，在实际执行中却被转化为所谓“两个一致”原则，即适龄儿童少年户籍应与其父母户籍一致，户籍地址应与其实际居住地址及父母的房屋权属证明一致。有些地方把同一原则应用于幼儿入园，且附加了诸如（房屋）产权为成套住宅性质且为完全产权一类的条件。

四、围绕投入保障完善儿童发展治理模式

按照公共治理的原则和儿童发展的特殊要求，这个领域的治理体系和机制一般包括但不限于以下方面：①政府、社会和家庭在促进儿童发展事务中的协同和互补关系；②中央政府和地方政府之间的事权划分、支出责任、财政保障和筹资模式；③基于资源分配公平与效率有机统一的原则，确定儿童福利覆盖的范围和方式；④儿童发展各领域、各阶段的对应管理体制的完善。按照以人口高质量发展支撑中国式现代化的要求，从现有的儿童发展治理结构特征出发，当前迫切需要探讨新型城镇化下的儿童发展治理模式，以便通过治理模式的创新，支撑总体儿童发展战略的落地实施。从国际经验、中国国情、现实挑战和一些地方实践来看，儿童发展的治理模式改革需要突出问题导向和目标导向，从以下方面进行。

（一）充当延长受教育年限的有力引擎

伴随传统人口红利逐渐消失，亟待加大人力资本培养力度，按照获得人才红利的要求，我国亟待探寻有效拓展义务教育、延长人均受教育年限的路径。先来讨论为什么需要延长义务教育年限。中国的人口机会窗口，主要体现在劳动年龄人口增长显著快于其他年龄组的时期，具体来说，即 1980—2010 年的 30 多年时间里。中国经济的高速增长恰好也落在这一区间。所以，总体来说，这个时期的中国经济增长，最大程度地得益于人口红利。然而，就这段时期来说，速度最快的经济增长，集中发生在 1990—2010 年，其间 GDP 的年均实际增长率超过 10%。一个重要的原因在于，这个时期也是中国经济增长收获教育红利最显著的时期。

在这期间，中国教育有过两次大幅跃升。第一次是 1985 年正式启动普及九年制义务教育的努力。这是一项意义深远的政策举措，对于人力资本积累具有显著的效果。第二次是始于 1999 年的高校扩大招生，中国高等教育由此进入大众化阶段，每年高校毕业生人数，从 1999 年的 85

万人迅速提高到2012年的680万人。高校扩招的附带效应拉高了高中入学率，即便那些没上大学的人群，也获得了更多年限的受教育机会。这两次重大教育改革，从义务教育和高等教育两个阶段上，一并大幅度延长了新成长劳动力的受教育年限，而这一指标在任何经济增长模型中，都是解释高速经济增长的重要变量。

义务教育完成率的提高以及高校毕业生的增长，助推了经济增长。这可以从两类毕业生增长率与GDP增长率的关系获得说明（见图9-1）。义务教育毕业生增长率的提高效果，最初在20世纪90年代初显现，大约于20世纪90年代末开始减弱。人力资本增长动能的减弱，原本可能导致经济增长中出现较大的人力资本缺口。然而，这个预期的负面效应恰好由随后高校毕业生的大幅度增加效果所抵消，使得高速经济增长继续获得人力资本支撑。2010年劳动年龄人口达到峰值后，经济增长虽然缓慢减速，能够保持中高速度也得益于劳动者的人力资本禀赋。

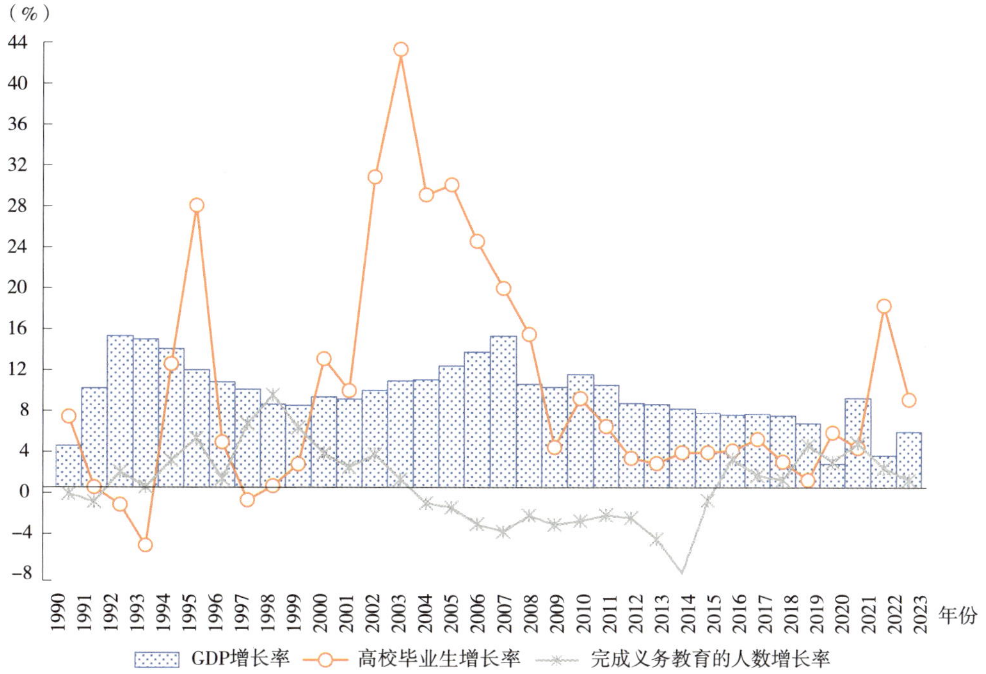

图9-1　1990—2023年义务教育完成增长率、毕业生增长率与GDP增长率

资料来源：国家统计局网站“国家数据”。

从全生命周期入手，提高任何一个年龄段的受教育年限，以及通过工作实践、在职培训和其他机制实现终身学习，都有助于构建人才红利。但是，以现行九年制义务教育的两头，即学前教育阶段和高中阶段为边界，延长在学的年限，可以取得整体提高人力资本的最佳效果。其中延长学前教育期限、把学前教育确立为义务教育（或普惠性的免费教育），以及实现儿童早期养育和照护一体化，都是这项改革的可行路径。

（二）与新型城镇化路径相适应的儿童发展投入

适应迅速的城镇化和城市发展的需要，以及应对区域人口增减分化的挑战，亟待解决流动儿童、留守儿童以及新居民儿童的发展问题。在人口的城乡之间、区域之间分布发生巨大变化，同时户籍制度仍然发挥作用的情况下，户籍人口与常住人口之间的比例，一方面产生了较大的差异，另一方面在不同地区具有不同的比例关系。根据第七次全国人口普查数据，在城镇常住人口中，剔除市辖区内人户分离的情况，户口登记地在外乡、镇、街道的比例平均为 36.8%。其中 0 ~ 6 岁儿童的比例为 29.4%，0 ~ 17 岁儿童的比例为 34.2%。这种现象给基本公共服务均等化，特别是儿童发展机会的均等化带来极大的挑战。

解决问题的思路在于，在推动以农民工市民化为核心的户籍制度改革的同时，通过不断完善相关机制，政府基本公共服务的供给和支出责任率先转向以常住人口而非户籍人口为基础。2022 年，财政部印发《中央对地方均衡性转移支付办法》，进一步规范了中央对地方均衡性转移支付分配、使用和管理，旨在推进基本公共服务均等化。特别是在均衡性转移支付制度中形成“钱随人走”的机制，优化了流入人口和流出人口的折算比例，更为充分地体现了外来人口的增支影响，对吸纳外来人口的地区形成正向激励[①]。

在此基础上，财政部还向各省下达农业转移人口市民化奖励资金预算（如 2023 年下达 400 亿元，分布情况见图 9-2），并要求各省级财政根据本地区农业转移人口市民化的状况、农业转移人口落户城镇的规模，以及农业转移人口享有基本公共服务方面存在的突出问题，加大资金集中统筹使用力度，重点向吸纳农业转移人口特别是跨省区市落户人口较多的地区倾斜，向有效解决农业转移人口市民化过程中遇到突出问题的地区倾斜，向创新资金使用和管理方式的地区倾斜，尽快下达省以下奖励资金[②]。在这个转移支付理念下，进一步改革应该围绕流动儿童进行。有两个路径：一方面，在现行均衡性转移支付制度安排中，给予儿童发展更高的优先级；另一方面，中央政府在儿童发展基本公共服务供给上履行更多职能，承担更主要的支出责任。

①《均衡性转移支付应“钱随人走”》，《经济日报》，2022 年 5 月 20 日。

② 财政部：《财政部关于下达 2023 年中央对地方农业转移人口市民化奖励资金预算的通知》，2023。

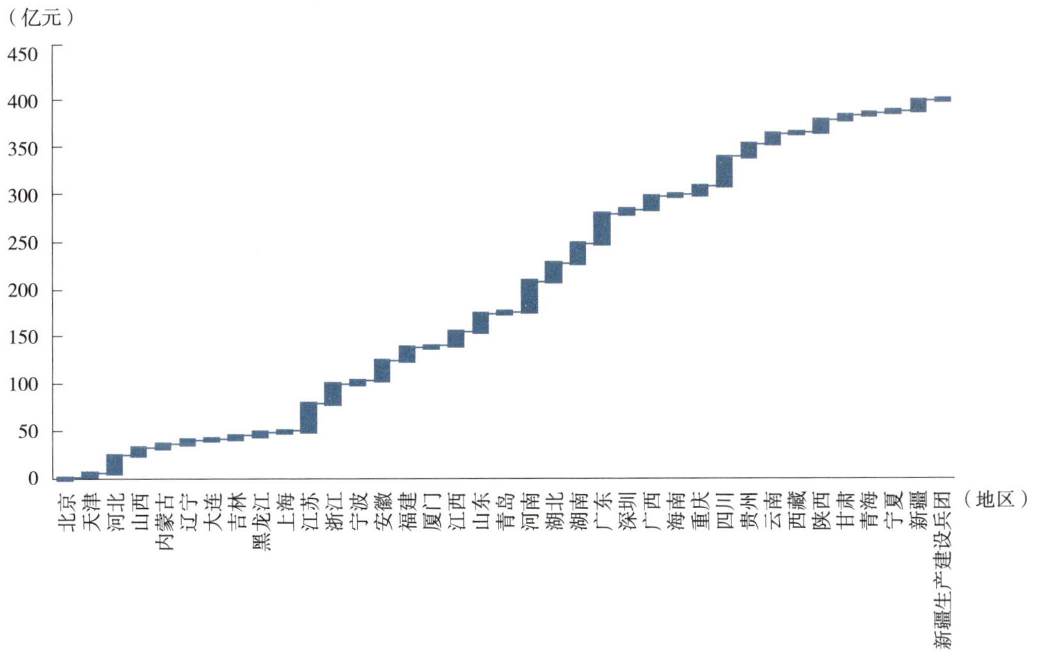

图 9-2　2023 年农业转移人口市民化奖励资金分配情况

资料来源：财政部网站。

注：每个柱形代表该地区获得的资金数额，整体曲线为各地区获得资金的累计额。其中计划单列市的奖励资金数额不再反映在所在省（区、市）数据中。

（三）以各级各类教育的社会收益率为依据

儿童发展治理模式涉及各级政府之间、政府与社会及家庭之间的投入责任划分，以及与此相应的体制安排。研究表明，越是早期的教育阶段和教育类型，投资回报率越高，这种规律特别表现在儿童早期发展具有极高社会收益率上面（Heckman and Carneiro，2003）。相应地，政府在那些社会收益率高的教育阶段和教育项目，既要承担主要支出责任，也要尽力而为地增加投入。在这方面，实施普及九年制义务教育、持续推进义务教育优质均衡发展和城乡一体化、强化学前教育等重大政策举措都取得了显著效果。政策效果不仅表现在教育的发展，从而使人均受教育年限得以显著提升，也表现在这些举措以制度的形式得到确立，能够保障公共教育投入提高的长期可持续性。

如前所述，促进人力资本大发展的下一步改革，应该是延长义务教育年限。根据不同时期财力物力的支撑能力，这个目标的推进可以分解为不同的阶段性任务，譬如分别从目前的九年制义务教育向更高教育阶段（高中）延长，以及向更低教育阶段（学前）延长。这个目标要求调整财政投入结构，又可以达到公平与效率的统一。目前具有紧迫性和可行性的一个相关举措，应该是学龄前儿童养育和照护的一体化。无论作为当务之急，还是作为长远之计，这样做都具有诸多明显的益处。

首先，越是在儿童发展的早期阶段，养育和照护越是难以作出明确区分，这两种功能以儿童福利的保障和人力资本的形成为目标，可以毕其功于一役。国内外研究表明，对于低龄早期儿童来说，依年龄的大小，分别采取家人教导识数、辨认颜色和物体形状、陪伴外出游玩、购买书籍、讲故事和教识字等方式（张春泥、潘修明，2022），既是日常的常规照护行为，同时也对儿童的大脑有积极的刺激，有助于儿童认知和非认知能力的培养（Heckman et al.，2006），并且能够与正式的学前教育和学校教育实现良好衔接。受人口流动影响儿童包括流动儿童和留守儿童，面临的问题也难以区分究竟是养育问题还是照护问题。实际上，受人口流动影响儿童既在学校教育和学前教育方面处于劣势，也在养育和照护方面缺乏“营养、游戏和关爱”，因此需要统筹解决。

其次，儿童养育和照护一体化，有利于儿童发展投入的制度化和持续增长。例如，正是由于学前教育作为教育的组成部分，由教育主管部门统一管理，幼儿园的一般预算内投入得到优先保障，入园率明显提高。近年来一般公共预算在各级各类教育中的投入优先级，与国家对教育发展规律的认识、政府部门和地区落实教育发展规划的努力，均保持了高度的一致性。例如，这包括了对儿童早期发展更加重视、在政策上对教育社会收益率的排位作出反应、落实普及高中教育的要求，以及推动现代职业教育高质量发展努力等。如图 9-3 所示，生均公共投入水平与年度增长率呈现负相关关系，或者说，总体呈现处于短板地位的教育阶段，资源投入的增长幅度通常更大。

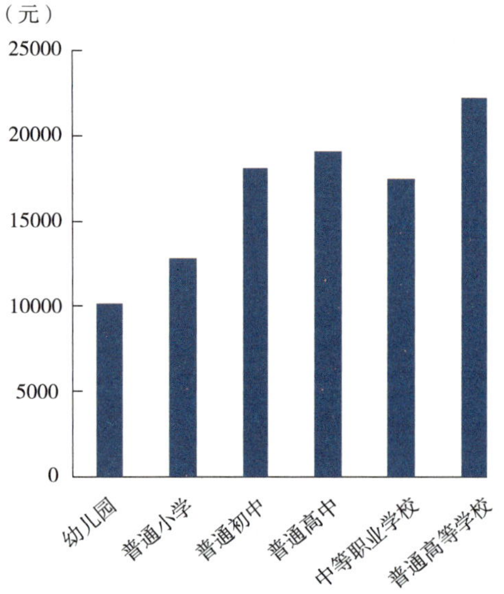

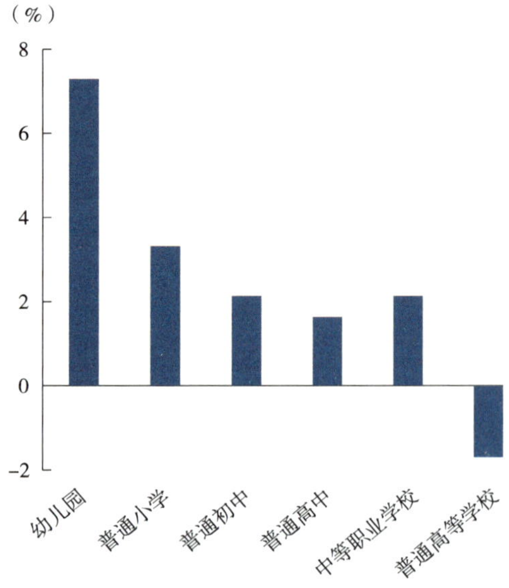

图 9-3 2022 年生均一般公共预算教育经费及增长情况

资料来源：作者根据教育部“2022年全国教育经费执行情况统计表”整理。

最后，儿童养育和照护一体化，有利于解决托育供给不足与幼儿园资源富余之间的矛盾。在长期处于低生育率状态的前提下，生育政策调整、生育支持政策体系完善，以及鼓励措施的实施，使得中国在少子化现象将不可避免长期延续的情况下，也会出现一些出生人口和儿童人口的周期性升与降，对儿童发展相关资源的配置造成冲击，产生供给不足和资源富余并存的现象。通过统筹配置0～6岁育幼服务资源，有助于实现0～3岁和3～6岁服务供给的有序衔接，并且还会通过实质性降低“三育成本”，提高年轻家庭的生育意愿。

五、儿童优先和更公平的财政投入机制

儿童优先的理念得到落实，最重要的一点就是要在公共投入上具有优先地位。保障和改善民生、提高基本公共服务供给水平、满足人民群众不断增长的美好生活需要，需要坚持尽力而为和量力而行原则，保持两者之间的对立统一关系，也需要对长期愿景与现实国情具有深刻的认识和娴熟的把握。然而，遵循这个总体原则，并不意味着要把相同的平衡关系运用于所有民生领域，而是应该掌握不尽相同的政策目标的优先序和政策执行的轻重缓急。对于儿童发展领域来说，应该更体现尽力而为的政策倾向，公共投入资金和资源优先增长。

（一）儿童发展公共投入的优先增长

无论是延长义务教育年限，还是实现早期儿童养育和照护一体化，都有必要增加财政的教育投入，并使其包括养育和照护经费，因此需要提高公共教育支出占GDP的比重。一般来说，一个国家的财政收入的增长取决于GDP规模和增长率，但是，前者的波动幅度总是明显大于后者。与此同时，一些基本公共服务项目如医疗卫生和教育等，却是硬性的民生要求，因此，诸如公共教育投入这样的指标，以占GDP的固定比重予以确立是必要的。1993年发布的《中国教育改革和发展纲要》首次提出国家财政性教育经费支出占GDP比例达到4%的目标，最终这一目标在2012年实现，并在从那以后的10余年中始终保持了这个标准。需要回答的问题是，提高这个比重的建议是不是超越了中国目前的发展阶段。

至少有若干重要的理由，可以为这一政策建议提供支撑。或者说，可以从几个方面来认识，提高公共教育支出已经具备了天时地利人和条件。党和国家为推进中国式现代化，设立了包括幼有所育和学有所教在内的全生命周期基本公共服务供给和均等化目标。同时，积极应对人口老龄化，以人口高质量发展支撑中国式现代化，也要求加快培育人才红利的速度。这意味着对儿童养育、照护和教育的投入力度需要加大。为达到这个目标，中国所处的

发展阶段应该作出更高的教育投入承诺，同时，国力和经济增长潜力也足以支撑这个承诺的兑现。

从世界银行的口径，即政府的教育支出占 GDP 比重来看，在有数据的 167 个国家和地区中，有 102 个在该指标上超过 4.0% 这个中国标准，有 86 个超过 4.4% 这个世界平均水平（见图 9-4）。一方面，从跨国数据来看，公共教育投入占 GDP 的比重与人均收入水平并不直接相关；另一方面，从 2021 年开始，中国的人均 GDP 就略超世界平均水平，因此，中国提高这个投入承诺是必要且可行的。更重要的是，我们应该从人才红利的“分母效应”来认识问题，也就是说，在人力资本培养领域进行的公共投入并不是非生产性的，而是可以获得真金白银的社会收益。

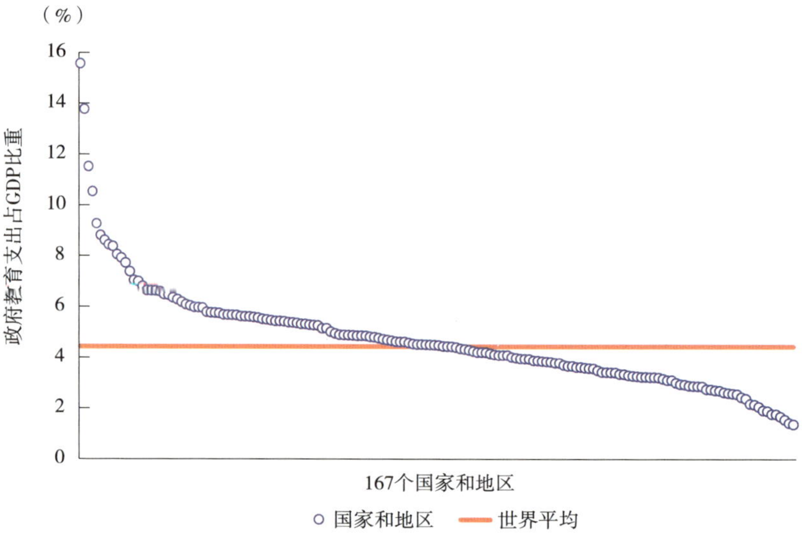

图 9-4　政府教育支出比重的国际比较

资料来源：世界银行数据库。

从公共品供给的角度来看，中国目前正处于一个有利的“三期叠加”时刻。第一是基本公共服务支出的加速增长期。跨国的时间序列数据表明，随着经济发展水平的提高，政府社会性支出占 GDP 比重具有长期提高的趋势。同时，在一个国家或地区人均 GDP 从 12000 美元提高到 30000 美元的发展区间里，政府支出的提高幅度最大，增长速度也最快。2035 年之前，中国恰好处于这样的发展时期。第二是养育、照护和义务教育相对减负期。由于低生育率导致的少子化趋势，儿童人数及其占总人口的比重均降低。根据联合国 2022 年的预测，2022—2035 年，中国 0 ~ 17 岁及 0 ~ 6 岁两个年龄组的儿童数量，均以每年 3% 的速度减少[①]。第三是由于经济

① United Nations，Department of Economic and Social Affairs，Population Division. *World Population Prospects 2022*，Online Edition，2022.

发展和人口变化双重原因，在国家相关财力持续增长的同时，可用物质资源出现富余现象。基于今后一段时期的中国经济潜在增长率（蔡昉等，2023），以及财政教育经费占 GDP 比重需要达到 4% 的要求，我们可以推算出 2021—2035 年财政教育经费的实际增长率可达年均 4.7%。在校生的减少使得在师生比得到改善的同时，学校、幼儿园大幅度撤并，校舍等资源也产生富余现象。例如，2000—2022 年，主要由于农村学校的撤并，全国普通小学学校数减少了 73.1%，与此同时，学前教育学校数增加了 64.5%。这也揭示了教育资源的可转移性，以及教育向更早期阶段前移的必要性和可行性。

（二）通过资源均等化配置促进公平和效率

把儿童的养育、照护和教育视为人力资本培养过程，其中的逻辑是这些过程都体现着一种投入产出关系，对儿童发展的更大财政投入和家庭投入，无疑可以为社会供给更多的人力资本。与此同时，在这个投入产出关系中，投入资源的使用效率也是重要的，而提高资源使用效率的一条重要途径，便是按照最有效率的方式配置资源。詹姆斯・赫克曼多年前曾经指出，中国在物质资本与人力资本投资之间存在着不平衡，在不同地区之间也存在着教育投入的不平衡，这样，在缺乏公平性的同时，也造成资金和资源使用效率的损失（Heckman，2003）。当前，在城乡之间、地区之间、各级各类教育之间，特别是户籍儿童和流动儿童之间，这种公共资源投入的不平衡现象仍然存在，与之对应的人力资本投入效率也由此遭受损失。

在坚持继续加大公共资源对教育发展投入力度的同时，应该既遵循均等化和均衡化的原则，又遵循教育回报率的规律，改善教育资源的配置格局，以便在达到增强教育公平性要求的同时，显著提高资金和其他资源的使用效率，为教育发展创造出新的更大的空间。这一原则在涉及儿童发展事务的时候更突出。在人口红利逐渐消失的情况下，物质资本报酬递减的现象已经愈演愈烈。与此同时，人力资本则凸显了报酬递增的优势，并且人力资本提高也是全要素生产率改善的必要条件。所以，不仅社会资源从物质投资领域更多地转移到人力资本投资领域，而且人力资本投资也向更为早期的儿童发展倾斜，必然带来巨大的资源重新配置效率，通过人口高质量发展，支撑中国式现代化。

（三）通过完善治理模式保障儿童发展投入

讨论新型城镇化背景下的儿童发展，涉及对一般规律、国情特征和现状挑战的认识。讲清楚和弄明白这些相关的理论和实践问题，有助于我们重新塑造儿童发展治理理念和模式，并以此保障对儿童发展事业的投入。从经济社会发展规律来看，儿童发展可以产生巨大的收益，既可以产生显著的社会收益，也会通过人力资本回报增加家庭收入，避免阶层固化。这种从家庭向社会的溢出效应，以及从当代向后代的溢出效应，决定了儿童发展是一个具有在当代和跨代意义上双重正外部性的事业，也决定了儿童发展事业成为政府履行职能的重要领域。从中国正在经历的发展阶段变化来看，人才红利接替人口红利以保持合理增长速度，既要求人力资本积累取得一个超常规的速度，也需要从长计议，从娃娃抓起，为人力资本的长期可持续打牢基础。从特定的现实挑战来看，不管是推动新型城镇化过程，还是应对其间面临的体制遗产，都意味着要把受人口流动影响儿童作为关注的重点，在养育、照护和教育各方面确保不让任何一个孩子掉队。

为了攻克新型城镇化过程中儿童发展的难题，儿童发展治理理念和模式变革应着眼于让中央政府发挥主导性的作用，承担更大的支出责任，同时授权教育部门统筹从养育、照护到教育等儿童发展事务。具体来说，应从以下几个方面着手。首先，在一般公共预算中，把分散性的相关支出整合为一个有关儿童发展的专门支出项目，同时按照占 GDP 的相应比例要求确保不断增加投入。这也是公共财政促进人口高质量发展，支撑中国式现代化的重要举措。其次，为了确保中央财政能够有力支持儿童事业发展，对应着该领域投入力度的增长，中央财政收支占国家预算的比重应不断得到提高，以此为契机逐步改变中央财政的收支占比过低（蔡昉，2023），以及公共财政支出中社会福利支出占比过低的状况（李冰冰、汪德华，2022）。最后，在前述制度安排的基础上，使儿童发展相关投入水平与地方经济发展水平和财政能力脱钩。

第十章

儿童优先和友好城市建设

随着全球范围内城镇化进程的推进，世界上居住在城市的人口已远超乡村，同时有更多的儿童在城镇长大。据预测，至 2030 年，全球将有 60% 的人口居住在城镇。城镇化在提供富足、便利的生活与基础设施的同时，也带来噪声、环境污染、交通拥堵、久坐不动的生活方式以及与社会脱离等诸多问题。这些问题也为城镇儿童的成长带来了前所未有的挑战。如何让儿童在城镇化背景下继续健康快乐地成长，成为与可持续发展并存的一个重要议题。国际上目前倡导较为普遍的理念和实践是建设儿童友好城市。

一、儿童优先和友好城市的理念和意义

（一）儿童优先和友好城市概念界定

1. 儿童优先和友好城市的倡议背景

儿童高质量发展与福利是衡量一个社会的宜居程度、民主程度和良好治理的终极指标。随着全球城镇化、去中心化水平的日益提高，城市和社区在制定直接影响儿童的政策方面，发挥着越来越重要的作用。1996 年，联合国儿童基金会和联合国人类住区规划署共同发起了儿童友好城市倡议，呼吁和支持地方政府及利益相关方共同努力，构建包容、安全、充分响应儿童需求的儿童友好城市和社区，最大化地保护儿童的一切权利得以落实。

城镇化进程为儿童带来新的机遇和挑战。为了儿童与社会的良性发展，有必要在城镇化的过程中关注和保护儿童权利，保障儿童的优先发展。这是因为，儿童的健康成长对城市和社会拥有一个健康、可持续的未来具有至关重要的作用，相较于成人，儿童更易受生长环境的影响，居住条件差、环境污染等会对儿童造成更大伤害，同时，儿童受各类政策、法规的影响也更多。忽视儿童权益和成长需求，将为一个社会带来巨大的成本。研究表明，儿童的早期成长经历，直接决定着儿童长大成人后对社会的影响，决定着他们是为社会作出贡献还是花费社会成本（UNICEF，2024）。因此，儿童优先应成为城镇化建设的基本原则。

2. 儿童优先和友好城市的概念界定

儿童友好城市指致力于实现《儿童权利公约》规定的儿童权利的城市、城镇、社区或任何地方政府体系。在这些城市或社区，儿童的心声、需求、优先事项和权利是当地公共政策、

程序、决策不可或缺的一部分。儿童优先是儿童友好城市的重要标志。儿童优先原则是指在涉及儿童的事宜中以儿童的最大利益为出发点，所有关于儿童的行动首要考虑儿童的最大利益[①]。

儿童友好城市倡议是联合国儿童基金会主导的倡议活动，旨在支持城市和社区构建儿童友好城市和儿童友好社区，致力于提升所在城市和社区的儿童友好程度。倡议中的儿童不是狭义的概念，而是包括 18 岁以下的未成年人和 18 ～ 24 岁的青年人的广义概念（UNICEF，2019）。儿童友好城市与适合人类居住的城市、老年友好城市、联合国可持续发展目标等议题并不矛盾，如果一个城市对儿童友好，那么它对每个人都具有友好性（Caroline et al.，2019）。因此，儿童友好城市是适合所有人栖身的城市[②]。

儿童友好城市的议题在学术界也引发了广泛的关注和讨论。多数学者对儿童友好城市建设的关键要素已基本达成共识：儿童权利、政府治理和实体环境。其中，儿童权利的保障是儿童友好城市最根本的行动倡议，体系化的政府治理是实现这一倡议的途径，实体环境是实现这一倡议的载体（Viviana et al.，2023；Eliana，2002）。

3. 儿童优先和友好城市的建设目标

儿童友好城市倡议的愿景是每个儿童和青年都能拥有愉快的童年和青年时光，在各自的城市和社区中，平等享受他们的权利，充分发挥他们的潜力。为实现这一愿景，建设儿童友好城市重点围绕 5 个目标领域开展工作[③]，包括：保证儿童获得尊重，保障儿童享有表达意见的权利，保障儿童获得医疗、教育、营养、早期发展、司法、家庭支持等基本社会服务，为儿童提供安全清洁的环境，以及保障儿童游戏和娱乐的权利并享有玩耍的安全场所。

儿童友好城市和社区为儿童提供以下基本保障：人身安全、健康、享受基本服务、获得教育和技能培训、参与社会生活、玩耍和娱乐、生活在安全清洁的环境中、能对影响到本人的事项自由发表意见并影响相关决策、拥有平等的机会[④]。

儿童友好城市的建设是一项系统工程，为取得可持续的成果，有必要采用一系列战略，包括：出台儿童友好政策和法律框架，宣传推广、增强意识、推动倡导，制定全市战略规划（儿童友好城市倡议行动计划），为儿童事务划拨专项预算，跨部门协调和伙伴关系，规划有包容性的儿童参与机制和流程，构建为实现儿童可持续的成果的能力体系，通过监测采集数据和实证资料[⑤]。

（二）新型城镇化下儿童优先和友好城市建设的意义

城市可持续发展的首要问题是实现社会公平，即保障弱势群体的利益最大化。我国 40 多年

①②③④⑤ 联合国儿童基金会：《构建儿童友好型城市和社区手册》，2019。

来的城镇化进程中，城市基本围绕成人需求而建设，城市儿童的权益长期被忽视，他们的生活和环境面临巨大变化和挑战（徐琳、万丽君，2023）。儿童因其脆弱性更是弱势群体中的弱者，因此城市的可持续发展应以儿童为基础。

随着新型城镇化的发展，儿童的家庭结构和生活环境发生了重大的转变，他们的生活状态和教育资源成为影响家庭迁移流动的重要因素。新型城镇化下儿童优先和友好城市建设具有深远的意义。首先，儿童是城市的未来，关注他们的需求和成长对于建设可持续发展的城市非常重要，通过在城市规划和建设中将儿童放在优先位置，可以创造更加健康、安全、有利于儿童成长的城市环境。其次，重视儿童权益和需求，可以促进社会的公平与包容。建设儿童友好城市意味着为所有儿童提供平等的教育、医疗、文化等基本服务，有助于缩小城市内部的社会差距，营造更加和谐的社会氛围。最后，通过重视儿童在城市生活中的权益，可以培养出具有社会责任感、环境意识和创新精神的未来公民。儿童优先和友好城市的建设有助于培养出更具包容性和共享精神的城市文化，为城市的未来发展打下坚实基础。

二、构建儿童优先和友好城市的国际经验

（一）儿童优先和友好城市建设的全球进展

纵观全球，儿童优先和友好城市的倡议和建设经过了将近 30 年的探索与实践，根据不同阶段探索的特点，可以将儿童优先和友好城市建设的进展划分为以下几个阶段。

1. 1996—2003 年：正式提出儿童友好城市倡议

1996 年，联合国儿童基金会和联合国人类住区规划署于第二次人类居住会议上正式提出儿童友好城市倡议，这一倡议旨在充分调动地方政府和社会各界力量，共同创建安全、包容、充分响应儿童需求的城市和社区。该行动自提出后得到了全球范围的广泛认同，引发了各国对儿童福祉的关注与行动。2000 年，儿童友好城市倡议秘书处在意大利佛罗伦萨成立，以促进相关交流和研究。

2. 2004—2018 年：初步提出行动框架、开发工具包及手册

2004 年，联合国儿童基金会初步提出儿童友好城市倡议行动框架。2008—2010 年，儿童友好城市建设系列工具相继开发。2016—2017 年，联合国儿童基金会对不同国家儿童友好城市建设情况进行了梳理回顾，并制定发布了《构建儿童友好型城市和社区手册》。2018 年，在儿童友好城市建设的国际实践基础上，联合国儿童基金会编制了《构建儿童友好型城市和社区手册》，为各方开展儿童友好城市建设提供指导意见和全球框架。

3. 2019 年至今：进一步加快推进全球儿童友好城市倡议进程

2019 年，联合国儿童基金会和德国科隆市政府联合举办了第一届国际儿童友好城市峰会，来自全球180个城市的600多名代表参加峰会，中国深圳市和长沙市派出代表参加峰会。2023年，联合国儿童基金会在其《地方治理行动框架》中修订了儿童友好城市倡议指南，提出了儿童友好城市建设的流程和步骤，明确了各合作方的定位和责任，进一步加快推进全球儿童友好城市倡议进程。

（二）不同国家政府层面的努力

自儿童友好城市倡议行动框架提出以来，世界上很多国家和地区推进了儿童友好城市的建设工作。目前，全球共有 49 个国家拥有通过认证的儿童友好城市。欧洲和北美拥有较多的通过认证的儿童友好城市，一些发展中国家，如巴西、伊朗、越南等，也获得了儿童友好城市的认证[①]。在国家层面，它们的实践呈现出体系化、以儿童为本等特点。

1. 以立法保障为基础保护儿童各项权益

德国政府在 2011 年批准了一项议案，以法律保护儿童制造噪声的自由。议案将儿童吵闹声归入“自然声”一类，认定 6 岁以下儿童在幼儿园、游乐场、球场等公共场所发出的喧哗声不会对环境造成破坏，不适用工业和商业噪声的管控法律，因而周围居民不得驱赶儿童或对儿童发出的玩闹声进行投诉。

2. 以组织和专家的支持为政策落实提供有效保障

法律保障之外，组织制度建设也是促进政策落实的有效保障。1990 年，德国埃森市在当地青年和社会事务部门内设立了儿童事务办公室，负责制定相关政策、定期开展调查、组织协商，并致力于促进儿童和家庭参与相关工作。儿童事务办公室不仅是与儿童有关的问题处理中心，也是促进儿童友好环境形成的主要机构。此外，德国还建立了由城市规划、公共卫生和教育等领域专家组成的小组，并成立一个线上专家库，积极为德国每个城市的儿童友好建设提供专业指导。

芬兰提出了完整的国家委员会—地方组织系统，该委员会提供一个交流平台并指导当地培训，利用评估清单进行过程和结果评价，并在地方建立专门的部门间协调机构（武昭凡、雷会霞，2021）。

3. 以本国的国情和现状为基础设立目标

国际案例表明，儿童友好城市建设不受经济和社会发展水平的制约，相关实践可以扎根于

① Explore Child Friendly Cities initiatives around the world，联合国儿童基金会官网，2023。

人均 GDP 超 5 万美元的发达国家（如美国、加拿大[①]），也可落地于人均 GDP 仅 1000 多美元的发展中国家（如肯尼亚[②]）。经济发展水平不是创建儿童友好城市的前提，发展中国家或欠发达地区也可以因地制宜地进行尝试。

不同发展水平国家在儿童友好城市建设中关注的目标有所不同。总体而言，发达国家的儿童友好城市倡议目标更加全面，在关注儿童权利之外，往往设立更为综合的目标，欠发达国家则更加致力于改善当地儿童的福祉。例如，加拿大、德国等高收入国家的儿童友好城市建设在儿童权利和福祉目标之外，还将城市经济与人口、城市可持续发展和环保等更加复合化的主题综合考虑纳入其中；莫桑比克则主要关注儿童早期教育、营养等直接改善儿童状况的目标领域；几内亚更加聚焦于提升妇女和儿童获得卫生保健、营养、教育等公共服务的机会（魏义方，2022）。

（三）典型城市的实践

在 20 多年儿童友好城市倡议和建设的发展中，涌现了不少典型城市的优秀实践，学习和分析这些实践，有利于在未来的儿童友好城市建设过程中少走弯路。

国外关于儿童友好城市的研究，可划分为 3 个阶段：第一阶段（20 世纪 70 年代前），重点关注环境对儿童健康的影响，主要集中在游戏场地的建设；第二阶段（20 世纪 70 年代—90 年代），开始关注儿童活动的独立性和安全性，不再局限于具有隔离性的娱乐场地建设，逐渐认识到非正式场所的意义；第三阶段（20 世纪 90 年代后），开始关注儿童更高层次的需求，正式提出《儿童权利公约》，规划设计与建设也拓展到整个城市，开始探索让儿童主体直接参与城市评估、政策制定和建设管理过程的方法（武昭凡，2023）。可以看到，国外典型城市的实践涵盖了教育资源、环境、身心健康等多个方面的内容。

1. 儿童优先和友好城市建设与优质公平的教育资源

为儿童提供优质的教育资源和公平的教育机会，是构建儿童友好城市的基本内容。为此，很多国家作出了不同努力。

在教育公平方面，一些城市通过软硬件的全方位支持，确保教育公平的实现。例如，法国的艾龙库曾推出面向学习困难学生的线上辅导服务，以推动该市教育资源的均衡获取。学生可通过电脑登录官方建立的学习平台，获得音频、视频、练习等多样化的学习资源，也可在准备全国统考的过程中从平台获得定制化辅导；教师可通过该平台对学生的学习进度进行跟踪和反

① 参见中经数据，美国人均 GDP、加拿大人均 GDP。
② 参见 Trading Economics，肯尼亚人均 GDP。

馈。政府为学生配备个人电脑，确保每位学生都能够在家学习，享受均等的教育资源，并派出协调人员，对有行动不便学生的家庭进行教育上的支持。

在教育提质方面，一些城市通过提供公民教育和社会教育，来弥补学校教育的不足。例如，伊朗的亚兹德通过举办 Shahmarooz 夏季学校，帮助儿童了解居住的城市，培养社会知识和技能。夏季学校的课程全部免费，行动不便的学生也可参加。通过游戏、看电影、小组工作、绘画和城市参观等方式，学生可以了解到城市与环境的关系、文化多样性与遗产、废物减排和可持续发展等概念[①]。

2. 儿童优先和友好城市建设与安全清洁的环境

安全和清洁的环境，是儿童生存和发展的基本条件。儿童友好城市会保障儿童免受较差的社会治安、暴力、虐待、环境污染和不良的交通条件等不利因素的影响。

在为儿童改善社会治安、改造社区环境方面，肯尼亚首都内罗毕曾作出过成功示范。内罗毕的一处低收入区丹罗拉，曾因无业游民多、环境脏乱、治安差而闻名。2014 年当地居民自发组织了一项环境整顿行动，通过注册非营利机构“丹多拉改造联盟”（以下简称联盟），从硬件环境改善、软件环境改善和多功能街区开发 3 方面推行社区改造。在硬件环境改善的过程中，联盟有偿雇用当地的无业年轻人进行改造，使其不再参与犯罪，改善了社区的治安状况。联盟还联合联合国人类住区规划署和有关机构的专家，调动社区居民和儿童，利用“我的世界”这款游戏重新设计了他们的街区，其中，儿童自主设计的社区大门，作为进入社区的欢迎入口。硬件环境的改善也促进了街区功能的改变，该街区从夜间的不安全场所，转变为居民和儿童的夜晚休闲和娱乐场所（Anna et al.，2018）。

在交通安全方面，瑞士的格伦兴曾投入大量资金，通过在十字路口增加路标和路灯、为学校和幼儿园引入适合儿童学习的道路安全课程，以及在学校周边区域派驻道路安全联络员等方式，为儿童改善道路安全状况[②]。

在信息互联时代，网络安全也是儿童安全的重要内容。阿联酋的沙迦曾开展儿童网络安全项目，通过为儿童、父母和看护人组织网络安全教育工作坊（涵盖网络欺凌、黑客、网络不良内容和针对儿童的网络诈骗等内容），向儿童看护机构提供儿童网络安全培训，开展提升网络安全意识的研究项目等方式，来提升公众对互联网和社交网络领域的儿童安全问题的关注[③]。

① Shahmarooz Summer School：Yazd，Iran，联合国儿童基金会官网，2023。
② Improving Road Safety for Children and Adolescents，联合国儿童基金会官网，2023。
③ Child Safety in Cyberspace，Sharjah，United Arab Emirates，联合国儿童基金会官网，2023。

3. 儿童优先和友好城市建设与身体心理健康

残疾和流离失所等儿童，更易受到疾病和营养不良的威胁。儿童友好城市建设会保障这些儿童与普通儿童平等享受医疗资源与健康服务，以获得更好的成长。这类健康服务会贯穿其整个生命周期，包括胎儿期、新生儿期与儿童期等各个阶段。

例如，韩国沃川郡通过发放生育奖励、产后护理补助、营养补充品、教育津贴等方式对新生儿及其父母进行支持；韩国首尔的松坡区通过向低收入家庭提供尿布和必需品、为新生儿进行听力筛查、为听力损失儿童提供听力援助、为早产儿和先天缺陷儿童提供医疗补助、为高风险产妇提供医疗补贴等方式，打造儿童友好的出生和成长环境①。阿联酋沙迦通过引入联合国儿童基金会和世界卫生组织发起的婴儿友好医院倡议，在办公和公共场所创建母乳喂养的友好环境，评估和奖励婴儿友好的机构等多种方式，鼓励和推行新生儿母乳喂养②。哥伦比亚帕斯托通过推广生殖健康服务，包括为孕期和哺乳期妇女提供每月营养包和健康服务等，减少低体重新生儿的数量③。

联合国儿童基金会儿童友好城市的倡议目标之一是：让每一位儿童免受剥削、暴力和虐待，有权获取高质量的基本社会服务。心理健康是儿童健康成长的重要指标，也是构建儿童友好城市的重要内容。

为使所有儿童都可以平等享受包括心理健康服务在内的基本社会服务，很多国家尤其关注了弱势儿童群体。例如，冰岛哈布纳菲厄泽市开展的桥梁计划项目，以有社会融入困难和有行为挑战的儿童及其家庭为主要对象，通过联合教育和社会服务领域的专业人士，包括心理学家、言语矫正专家、社工、特殊教育教师、校医、学校升学辅导老师等，组成联合工作组，为1 ~ 16岁的儿童及其家庭提供支持。该项目以学校为切入点，以实现问题的早期发现和干预为目标，当学校通过努力无法向面临挑战的学生提供更有效的支持时，桥梁计划项目工作组会介入，在校方的紧密合作下，对案例进行评估，制订干预方案，并指派一位案例经理，负责确保学生获得适当的服务，并随时与其家庭沟通干预的进展情况④。

4. 儿童优先和友好城市建设与弥合数字鸿沟

数字化技术正重塑着儿童的生活。一方面，数字化技术为能够接触到它的儿童提供了无限的学习和社交机遇；另一方面，数字化技术普及的不平衡，也将带来新的分化，使原本就处于

① Improving Access to Essential Services，联合国儿童基金会官网，2023。

② Sharjah Baby-friendly City Project，联合国儿童基金会官网，2023。

③ Reducing the Number of Children with Low Birth Weight，联合国儿童基金会官网，2023。

④ Bridge Project，Hafnarfjörður，Iceland，联合国儿童基金会官网，2023。

弱势的儿童失去更多的福利，造成弱势的代际传递。

儿童友好城市的建设，致力于为每位儿童提供平等的发展机会，也鼓励通过数字化技术等手段为儿童提供服务。在构建儿童友好城市的过程中，应用数字技术可以在很大程度上改变许多儿童因种族、民族、性别、残障、流离失所等因素而落后的现状，使他们有机会接触到世界范围内的各种机遇，获得必要的技能，跨越数字鸿沟而取得成功[①]。

信息通信技术创新可以帮助弥合知识鸿沟。例如，巴西亚马逊州政府“教育媒体中心”项目，自2007年起为偏远地区的儿童提供教学材料和直播课程，卫星电视将教师在州府授课的内容同步发送到农村地区的教室中，学生可以即时向教师提问，也能够接受专业教辅人员的面对面辅导。在喀麦隆，“连接我的学校”试点项目向学校派发了专为儿童设计且支持家长控制的平板电脑，同时通过太阳能发电设备为学校提供网络信号，儿童可使用电脑学习、玩教学游戏、绘画、发送信息、拍照和录像等。据教师反映，这些丰富优质的网络资源让当地儿童获益良多[②]。

5. 儿童优先和友好城市建设与儿童基础娱乐需求

娱乐是儿童的基本需求。然而，随着城镇化建设的推进，儿童玩耍的空间正在受到压缩和威胁。构建儿童友好城市，需要充分保障儿童娱乐的空间和机会。对此，国际实践通常有以下几种模式。

一是改造和建设儿童友好的街区、公园等。例如，德国的雷根斯堡采纳儿童的意见，将一处废弃的军事基地改建成儿童友好公园，并组织工作坊，广泛征询儿童对于新空间的需求和建议，在改建过程中，充分遵循儿童优先的原则[③]。

二是通过资源整合，为儿童增加娱乐的机会和选择。例如，美国的博尔德城联合1000名儿童、父母和看护人绘制和发行儿童友好的城市地图，将当地低成本的文化、教育和娱乐活动与场所标注出来，并对全市小学生和幼儿免费提供[④]。

三是采用“游戏街”策略，通过暂时封闭某些道路的交通为儿童创造游戏和社交的空间，建设儿童友好街道。新西兰交通局曾发起这类创新街道项目，鼓励各地区尝试暂时性的街区改造，以全新视角去审视街道的价值。参与游戏街实验的街道通常在周末或非繁忙时段实施这一活动，交通封闭期间，儿童和成人可以自由地在街道散步、游戏、涂鸦和运动，得以真正地享

①② 联合国儿童基金会:《2017年世界儿童状况：数字时代的儿童》，2017。

③ Developing a Masterplan of Play，Regensburg，Germany，联合国儿童基金会官网，2023。

④ Producing a Child-friendly City Map，Boulder，United States of America，联合国儿童基金会官网，2023。

用公共空间①。

（四）国际上儿童优先和友好城市建设的经验

儿童友好城市的倡议经过 20 多年的推广，遍及全球众多地区，积累了丰富的良好实践，形成了一些具有借鉴价值的经验（雷雅娴等，2023）。总结这些经验，可以看到，国际上儿童友好和优先型城市建设首先是以儿童服务、儿童保护和儿童参与为脉络，然后基于本国儿童的实际情况开展工作。

1. 多元主体协同建设儿童优先和友好城市

梳理国际上典型国家和城市的实践和探索，建设儿童优先和友好城市并不是一个部门或一个社区独自完成的，而是国家、城市和社区各司其职，多元主体协同共同开展。在国家一级，各国在联合国儿童友好城市倡议行动框架下建立起本土化的组织体系、行动计划、评估与认定机制；在城市层面，则聚焦于具体项目和活动的设计；具体的项目设计则围绕不同的城市空间展开。

2. 以儿童最大利益为出发点，注重儿童参与

联合国儿童基金会在儿童友好城市的相关文本中多次提到，儿童友好城市倡议要确保所有关于儿童的行动都应该首要考虑儿童的最大利益。以儿童为先是儿童友好城市倡议的重要标志。儿童参与是构建儿童友好城市的基础②。

综观欧美的实践，在儿童友好城市行动的各个领域，无论是营造儿童游乐场所还是在促进环境安全等方面，实践者都广泛采用了儿童参与的方法，并强调了儿童参与的重要性。例如，英国的北爱尔兰在一项街区改造项目中，采用影像发声法收集儿童建议。项目邀请当地的 400 余名学生参加，通过组织学生在当地街区徒步，拍照记录下他们喜欢和不喜欢的地方，讨论形成一份对所在街区的改进建议，并通过现场会谈的方式将需求直接传达给政策制定者（Jonna and Sonia，2018）。

在一些国家，儿童甚至能够参与与儿童有关的城市规划、政策制定等决策环节。例如，在芬兰的海门林纳，儿童和青年可以通过青年委员会，参与当地儿童友好城市行动计划的制订和相关预算的支配工作③；在瑞士的伯尔尼，儿童和青年可以通过儿童议会向当地政府提交提案，

① Open Play Street，Colombo Street，Christchurch Central，新西兰交通部官网，2023。

② UNICEF. Child Friendly Cities Initiative Child and Youth Participation–Options for Action，2019。

③ Child Participation in Local Planning and Budgeting，Hämeenlinna，Finland，联合国儿童基金会官网，2024。

并在6个月内收到回复[①]；在德国的科隆，儿童议会每年定期举行两次会谈，收集并向当地政府反馈儿童的需求与建议[②]。

3. 儿童优先和友好城市建设的过程与结果并重

儿童友好城市建设是持续落实儿童权利、保障和改善儿童生活状况的过程，这就要求事先作好现状分析，了解城市中儿童发展现状以及改进的目标与方向。联合国儿童基金会提出的儿童友好城市倡议强调认可而非认证，因而在各国的实践中，大多采用先候选再认定、周期推进的方式，即对申请参加儿童友好城市认定的候选城市行动计划或方案经过一段时期的执行实施，在评估监测到效果后再给予正式认可并获得称号，且在一定周期后需重新认定（魏义方，2022）。

4. 注重对弱势儿童群体的基本公共服务供给

由于欧洲和北美的基本公共服务本身已较为完善，因而，在构建儿童友好城市的过程中，这些地区很少有普及或推广某种普惠型公共服务的情况，更多的是关注弱势儿童群体，如行动不便的儿童、无家可归的儿童（美国）、难以融入社会的儿童（瑞士）、少数族裔和难民等是否能够有同等的机会享受基本公共服务和获得儿童权利。

三、中国儿童优先和友好城市的建设与经验

（一）儿童优先和友好城市建设的中国进展

中国对于儿童权利的保护一直非常重视，也从2006年起逐步从地方开始尝试提出儿童友好城市的目标，积累了一段时间的经验后，自2021年起开始发力。总体而言，儿童优先和友好城市在中国的发展可以划分为以下几个阶段。

1. 1990—2006年：签署儿童权利公约，实施儿童发展纲要

中国高度重视儿童权利的保护，1990年签署了联合国《儿童权利公约》，并先后制定了《九十年代中国儿童发展规划纲要（1992—2000年）》和《中国儿童发展纲要（2001—2010年）》，通过实施促进儿童发展的国家行动计划，认真履行联合国《儿童权利公约》规定的各项义务。与此同时，通过制定和完善《中华人民共和国未成年人保护法》等相关法律法规，依法保护儿童的合法权益。

① Participating in Local Governance，Bern，Switzerland，联合国儿童基金会官网，2024。
② Kids Parliament，Cologne，Germany，联合国儿童基金会官网，2024。

2. 2006—2021 年：响应儿童友好城市倡议，各地开展先行先试

2006 年，联合国儿童基金会开始在中国推广儿童友好城市的理念。2011 年，国务院颁布了《中国儿童发展纲要（2011—2020 年）》，从儿童健康、教育、法律保护和环境四大领域提出了儿童发展的目标和策略。

地方层面，郑州（2006 年）、南京（2009 年）、扬州（2013 年）等相继提出过儿童友好城市的市政目标，但由于缺乏顶层设计的引领，相关实践多停留在讨论层面。2015 年，随着高质量城市发展的转型，长沙、深圳等城市进一步开展了儿童友好城市的建设探索，并编制了实施儿童友好城市的行动计划和发展规划。

3. 2021 年至今：逐步完善顶层设计，儿童友好城市建设上升为国家行动

2021 年 3 月印发的国家“十四五”规划纲要，将儿童优先发展理念贯穿其中，儿童友好城市建设以专栏形式列入重大工程。这意味着儿童友好城市建设已经成为国家重大战略部署。

地方层面，各地积极落实《关于推进儿童友好城市建设的指导意见》要求，加快推进儿童友好城市建设。截至 2023 年底，全国有 29 个省份制定了推进儿童友好城市建设的实施方案，有 54 个城市入选建设国家儿童友好城市试点名单（国家发展和改革委员会社会发展司等，2023）。

（二）政府层面的探索

1. 部分机构和城市先行探索，由点及面

我国于 2006 年在儿童保护体系建设项目中第一次提到儿童友好概念，于 2009 年在国内正式推广儿童友好城市。2010 年，国务院妇女儿童工作委员会起草了《中国“儿童友好城市”的创建目标与策略措施》，并在新一轮的中国儿童发展纲要中指出创建儿童友好社会环境。2016 年，儿童友好社区工作委员会成立，开展了一系列活动及研究，于 2019 年颁布《儿童友好社区建设规范》。同时一些城市已经开始儿童友好城市建设，其中深圳和长沙走在全国前列（武昭凡、雷会霞，2021）。

2. 国家政策发力，迅速推广

梳理政策可以看到，《中国儿童发展纲要（2001—2010 年）》《中国儿童发展纲要（2011—2020 年）》《儿童友好社区建设标准》等初步提出儿童友好城市的概念与框架，直至 2021 年，国家将儿童友好城市建设项目纳入“十四五”规划纲要，明确提出开展 100 个儿童友好城市示范，积极将儿童友好理念深入城市规划与治理中。

随着国家政策和相关文件的出台，各省市也开始将儿童友好城市纳入优先发展的目标和重点任务，提出更为完善的规划与行动目标。

3. 系统提出“五个友好”政策体系

2021年9月国家发展和改革委员会等23个部门联合印发《关于推进儿童友好城市建设的指导意见》，明确了儿童友好城市建设的指导思想、基本原则和重点任务，提出了社会政策友好、公共服务友好、权利保障友好、成长空间友好、发展环境友好等五大政策体系。《关于推进儿童友好城市建设的指导意见》还提出，到2025年在全国范围内开展100个儿童友好城市建设试点，到2035年全国百万以上人口城市开展儿童友好城市建设的比例超过50%。这是国家层面出台的首个专门针对儿童友好城市的文件，也标志着中国儿童友好城市建设进入全面推进的新阶段。

（三）典型城市的实践

在城市层面，各省、市、区基于“五个友好”作出了详细的战略规划与计划，有一些城市的实践值得研究和探讨。

1. 儿童优先和友好城市建设的社会政策友好

推进社会政策友好，就是在制定公共政策、配置公共资源、规划城市建设中，体现儿童视角，坚持儿童优先和儿童参与；建立健全儿童参与城市事务的机制，畅通儿童参与的渠道；让全社会共同致力于儿童友好的事业[①]。

深圳市着力构建儿童友好的政策支持体系。一是以市级整体部署，各区及街道、企业因地制宜制订行动计划和实施方案作为基本架构。二是多部门联合完善儿童友好城市的建设标准。2018年以来，出台儿童友好社区、学校、医院、公园、母婴室等十大领域建设指引；开展学前教育设施评价标准等研究；城市规划部门研究制定幼儿园、基础教育、医疗设施专项规划；教育部门出台《城中村学校提升实施规范》地方标准；司法部门制定《青少年普法工作指南》，多部门、全方位地助推儿童友好城市建设标准的完善。三是探索建立儿童参与的长效机制。在全社会普及尊重儿童权利、儿童友好理念和儿童优先的原则；制定儿童参与的地方标准《深圳市儿童参与工作指引（试行）》；开展丰富的儿童参与活动，如深港澳儿童友好地铁专列、深圳儿童国际论坛、儿童友好艺术节等长期品牌活动（国家发展和改革委员会社会发展司等，2023）。

广州市也是起步较早的城市。早在1996年，广州市就开启了儿童参与城市建设的实践。

① 国家发展改革委、国务院妇儿工委办公室、住房城乡建设部等:《关于推进儿童友好城市建设的指导意见》，2021。

由广州市妇联、广州市教育局主办，自 1996 年每两年举办一届的“羊城小市长”系列活动，至今已举办 14 届，通过设计主题，为儿童提供建言献策的平台，吸引儿童深入社会、了解广州，在调研、参赛的过程中扩展视野、参与城市建设。该活动已成为广州儿童友好城市建设的常青树品牌，形成巨大的社会影响力。2023 年举办的第 14 届“羊城小市长”活动共吸引全市 11 个区的 62.3 万名中小学生参与。在“羊城小市长”活动中涌现出的很多城市建设建议，如增设红绿灯“行人过街请求按钮”、增加儿童活动阵地和设施等，已在广州落地实施。

在儿童参与方面，温州市的实践也独具特色。温州市通过成立各级儿童观察团，为儿童创设关于政策制定、综合治理、社会事务等建言献策、表达需求的渠道；通过出台《温州市儿童友好参与工作指引》，明确儿童参与工作的原则、内容和实施方式，建立保障儿童参与的长效机制。

2. 儿童优先和友好城市建设的公共服务友好

推进公共服务友好，就是要立足儿童成长发展的实际需求，健全完善面向儿童的公共服务体系，促进普惠共享、优质均衡；丰富和发展婴幼儿照护服务、基础教育服务、医疗卫生服务和文体服务。

深圳市重点打造无户籍地域差异的均衡医疗服务体系，将医疗保险范围覆盖非户籍儿童，并对符合深圳市人口管理政策的非户籍 3 ~ 6 岁在园儿童，提供健康成长补贴，同时提升残疾儿童康复经费，经费支出由2016年的0.76亿元增长到2021年的3.2亿元。在儿童普惠医疗方面，成都市和兰州市积极进行了儿童友好医院建设，致力于为儿童提供更优质的医疗服务（国家发展和改革委员会社会发展司等，2023）。

济南市把数字化作为推进儿童友好城市建设的重要抓手和特色品牌，推出《儿童友好城市数字化建设方案》，按照夯基础、创场景、强产业、优生态的思路，明确了数字赋能儿童友好的关键路径和任务举措。在创新儿童友好数字化应用场景上，济南重点实施儿童教育、儿童医疗服务、儿童社会救助、儿童科技体验、儿童体育服务、儿童友好社区等六大数字化提升行动，提升儿童公共服务均等化、普惠化、便捷化的水平；重点搭建在线教育平台，推动数字教育的技术和模式创新，实现教育信息化。在数字产业化方面，济南鼓励引导数字型企业，面向儿童开发陪伴类、学习类、安全类产品，提供可视化呈现、互动化传播、沉浸式体验服务，探索和拓宽数字 IP 产业在儿童友好城市的深度应用与发展。在数字化生态方面，济南加强基础设施配套、维护清朗网络空间、确保数据安全可控，营造儿童友好的数字化生态。

兰州市着力推进学前教育普及普惠。通过新建、改扩建、小区配建、企事业办园移交等方式，提高在公办园就学的儿童占比；通过给予补贴或购买学位的方式，鼓励标准化、普惠性幼儿园发展；通过制定办园、师资和经费标准，提升学前教育质量（国家发展和改革委员会社会发展司等，2023）。

3. 儿童优先和友好城市建设的权利保障友好

推进权利保障友好，一方面要加强对特殊儿童群体（包括孤儿、残疾儿童、留守儿童、流动儿童和困境儿童）的分类保障；另一方面要完善公益普惠儿童福利体系，打造立体式儿童关爱服务网络，推进儿童福利机构优化提质（国家发展和改革委员会社会发展司等，2023）。

广州市将儿童权利保障作为儿童友好城市营建的重点工作，构建了家庭、学校、社会、网络、政府、司法“六大保护”为一体的儿童关爱保护体系，建立了困境儿童分类帮扶的机制。一方面，加强对孤儿、留守儿童、流动儿童、残疾儿童、特殊教育儿童的支持和保障。对孤儿，提高其基本生活费的标准，增强医疗保障，创新安置模式；对留守儿童，构建“市—区—镇—村（居）”四级服务保障体系和“社区专职人员（儿童督导员、儿童主任）、社工服务、社会力量”三重关爱保护网络，建立“一人一档”机制对留守和困境儿童进行动态监测和监护；对流动儿童，扩大积分制入学覆盖人数，组织“候鸟儿童主题服务月”活动，为其提供家庭亲子、安全体验等服务；对残疾儿童，建设集残疾预防和综合干预于一体的服务平台，提高康复服务管理的智能化水平，加强对残疾儿童及其家庭的康复服务支持，将残疾儿童医疗康复项目纳入资助保障范围和签约家庭医生工作范畴；对有特殊教育需求的儿童，构建政府主导的特殊教育服务支撑体系，建设多种类型的特殊教育学校，在普通学校开展融合教育，打造特教课程体系和随科就读的融合教育新模式。另一方面，提升服务儿童的基层能力，建立全覆盖的镇（街）未成年人保护工作站，配备相应的儿童督导员和儿童主任，并对其进行到岗培训和年度轮训；开展片区督导工作；组织未成年人保护系列活动（国家发展和改革委员会社会发展司等，2023）。

4. 儿童优先和友好城市建设的成长空间友好

推进儿童成长空间友好，要进行儿童友好空间的分层构建，分别规划和建设城市、街区和社区层面的儿童友好空间；对城市空间进行适儿化改造；加强对儿童校外活动场所和儿童游憩设施的建设；通过制定儿童友好空间建设方案，完善空间建设技术标准，构建空间建设监督机制等路径，保障儿童友好成长空间的建设[①]。

北京市东城区依托其丰厚的历史文化资源和底蕴，启动八大类适儿化改造项目，重点推进

① 国家发展改革委、国务院妇儿工委办公室、住房城乡建设部等：《关于推进儿童友好城市建设的指导意见》，2021。

儿童友好的成长空间建设。一是开展街区慢行系统建设，净化校园周边环境秩序，建设儿童友好的出行环境。二是开展公园适儿化改造，在天坛公园、北京明城墙遗址公园等文化场所开展“乐享自然 快乐成长”系列活动，在公园拓展儿童游乐空间，设置沙坑、滑梯、攀爬网和涂鸦板等游乐设施。三是针对东城区老旧平房区占比高、空间资源紧张的情况，利用社区闲置空间建设儿童“微空间”，为老城区儿童友好空间建设提供样板，并出台儿童之家建设指南，完善儿童友好空间建设标准。四是结合区域资源优势，拓展儿童友好的人文空间，例如，结合文化东城和书香东城建设，建立“美书馆”等儿童友好阅读基地（国家发展和改革委员会社会发展司等，2023）。

成都市也利用公园城市的生态优势，打造儿童友好空间。例如，在尊重公园原始地貌和景观的基础上，为城市公园打造儿童友好景观场景，配备母婴室、家庭卫生间和儿童安全游乐设施。再如，建设与公园相融的儿童课外活动场所，在天府艺术公园建设儿童友好的天府人文艺术图书馆，开设儿童阅读与活动中心，定期举办儿童阅读活动（国家发展和改革委员会社会发展司等，2023）。

“一米高度”是儿童观察世界的视角，将“一米高度”的视角融入城市建设中，是一座城市尊重儿童、关爱儿童的最好礼物[①]。在深圳市福田区园岭街道，一块大约300平方米的绿地被打造成百花开心农场。花池内百花绽放、蜂蝶纷飞，花池一角还有小朋友亲手打造的昆虫屋；翻新过的石材座椅被贴心地打磨成圆角；学校门前的斑马线也涂刷成彩虹斑马线，这是200多名小朋友的集体智慧（孙飞、毛思倩，2021）。

5. 儿童优先和友好城市建设的发展环境友好

推进发展环境友好，要同时进行微观和宏观层面的环境建设。在微观层面，要营造儿童友好的家庭风气，推进家庭教育的法治化建设和家庭教育指导的服务阵地建设，完善家校社协同的共育体系；宏观层面，要培养健康向上的社会精神文化，鼓励适宜儿童的优质文化产品的创作，打造文明和谐的校园文化，净化网络环境，保障儿童的校园安全和人身安全，积极预防未成年人犯罪[②]。

郑州市多维打造有利于儿童成长的发展环境。一是保障儿童网络安全。通过开展网络乱象整治专项行动，打击涉及儿童的网络违法犯罪活动；通过开展护苗网络安全课堂和网络实践活动，对儿童使用网络进行分龄分类指导，多管齐下，打造安全的网络环境。二是强化儿童安全保障。通过为中小学、幼儿园安装一键式紧急报警装置、视频监控，设置“护学岗”等方式，

① 《广州报道：一米高度彰显城市温度》，《广州日报》，2023年6月18日。

② 国家发展改革委、国务院妇儿工委办公室、住房城乡建设部等：《关于推进儿童友好城市建设的指导意见》，2021。

保障儿童在校安全；通过健全儿童意外事故预防和处置机制，加强儿童密集和公共场所的安全隐患排查，保障儿童人身安全；通过组织儿童安全教育，提高儿童自我保护的意识和能力；通过开展教职工入职查询、打击侵害未成年人的犯罪行为，预防和减少针对儿童的犯罪行为（国家发展和改革委员会社会发展司等，2023）。

北京市东城区重点加强家庭教育和良好家风建设，与100多家文化机构和200多位文化讲师建立合作关系，提供分时段、定制化的家庭文化体验内容，开展绿色低碳、清廉家风等亲子活动（国家发展和改革委员会社会发展司等，2023）。

（四）中国儿童优先和友好城市建设的特点

党的十八大以来，儿童友好城市建设已成为国家重大战略部署，特别是2021年以来，各地积极出台《关于推进儿童友好城市建设的指导意见》的实施方案，围绕社会政策友好、公共服务友好、权利保障友好、成长空间友好、发展环境友好等五大政策体系推进儿童友好城市建设，形成了一些共性的特点（国家发展和改革委员会社会发展司等，2023）。

1. 自下而上推进，国家政策发力后迅速推开

梳理中国儿童友好城市建设的历程，可以看到，虽然早在20世纪90年代就已经注重儿童权利，但儿童友好城市的建设并未引起足够重视，只是在部分地区的部分城市先行尝试，经过一段时间地方层面的发展后，再结合国家战略的引导，各地纷纷出台了本地的儿童友好城市实施方案、建设标准等配套机制和支持政策。越来越多的城市将儿童优先原则转化为城市治理的实际举措，将儿童发展纳入重点工作统筹推进（国家发展和改革委员会社会发展司等，2023）。

在国家《关于推进儿童友好城市建设的指导意见》的推动下，未来中国的儿童友好城市建设必将继续繁荣发展，从一线城市向非一线城市扩展，呈现次第推进、遍地开花的局势。开展儿童友好城市建设的城市既有北京、上海、深圳、广州等一线城市，又有杭州、济南、长沙等省会城市，也有保定、菏泽、嘉兴等非一线城市。中国的儿童友好城市建设已不是经济发达地区和大城市的专利，而成为很多城市推进现代化治理、构建宜居环境的内在要求。

2. 注重综合性的儿童友好城市空间的建设

在国家发展和改革委员会社会发展司组织编写的《中国儿童友好城市发展报告（2023）》提供的实践案例中，14个城市中的10个城市都进行了儿童友好空间的建设（包括公园等公共场所的适儿化改造、社区儿童活动空间的建设等），还有部分城市（如成都、北京）将儿童友好空间建设作为儿童友好城市建设的主推方向。

儿童友好城市建设涉及制度建设、空间营造、儿童参与、服务供给、评估体系多方面内容，是全域维度的城市转型重构；需要学术机构、行政部门、学校、社区、企事业单位、儿童公益组织、媒体等多机构参与、合作和研究，需要建构以儿童为中心的多元化协同工作机制。然而，目前以建筑、城市规划学科对重点地区和重要空间的研究居多，研究视野较为狭窄，多学科合作研究较少，跨领域研究的融合度不高。在未来的研究中，既要提高不同学科和领域研究者之间的合作程度，也要拓展多团体跨机构跨部门之间的合作研究空间，共同推动我国儿童友好城市系统研究。

3. 注重儿童参与，但各地发展不平衡

很多城市已开展儿童参与的实践，并探索建立促进儿童参与的长效机制。但是，各地推进儿童参与的程度不同，其中，一些南方经济发达地区（如深圳、温州）的儿童参与程度较高，以出台儿童参与的政策、标准为特点，将儿童参与作为长效机制确立了下来；而某些城市通过组织临时性活动，邀请儿童参与城市建设，儿童参与缺乏制度化保障；还有部分城市尚停留在儿童参与公共活动的阶段，儿童的需求和话语权并未得到充分体现。

专栏 10-1 深圳全域推进儿童友好城市先行示范

2021 年深圳市“率先创建儿童友好城市”被国家发展和改革委员会列入深圳经济特区创新举措和经验做法 47 条清单并向全国推广。

1. 创新顶层设计，深化理论研究，推进社会政策友好

构建“1+1+2+1+X”政策支持体系。深圳市先后出台全国首部关于儿童友好城市建设的地方纲领性文件（2018—2035 年），提出总目标和三大策略体系；全国首个地方指导性意见，提出完善儿童友好四大体系。印发两轮行动计划，共 105 个项目纳入项目库。制定建设方案，提出实施五大行动及 30 个方面工作。因区施策、因地制宜、抓细抓实，区、街道、企业纷纷制定行动计划和实施方案，“1+1+2+1+X”政策支持体系不断完善。

深化“1+11+N”建设标准体系。深圳市出台全国首个儿童友好地方标准《儿童友好公共服务体系建设指南》，创新研究制定社区、学校、医院、公园、实践基地、城中村等十一大领域建设指引，将儿童友好理念融入城市规划建设，包括国土空间总体规划、城市更新政策及幼儿园、基础教育等专项规划。不断完善《深圳市城市规划标准与准则》，动态增设母婴室规划标准、社区儿童游戏场地、公园儿童游戏场地、社区儿童服务功能优化等内容。

2. 空间服务并重，全域系统推进，全面保障儿童权利

突出适儿化，拓展儿童友好空间。深圳市持续推动不同领域儿童友好空间建设，建成市级各类儿童友好基地678个；促进全市1290多座公园增加或完善儿童活动空间、自然教育等设施场所；全市共有妇女儿童之家761个；建有母婴室1400多间，基本实现公共场所全覆盖。实施新校园计划，将校园打造为复合多样、空间共享、适应儿童天性和审美培育的新型友好空间；研究制定儿童友好社区评价标准，将儿童友好社区建设纳入市政府民生实事，着力3年内实现儿童友好社区全覆盖，目前覆盖率达到40%；改善城中村儿童生存和发展环境，制定城中村儿童友好空间建设导则。

突出均等化，提供优质的儿童公共服务。深圳市打造无户籍地域差异、优质均衡发展的儿童公共服务体系，让改革发展成果更多更公平惠及所有儿童，义务教育阶段学位非深户籍学生占比54.9%。构建全国首个市级妇女儿童维权关爱智慧系统，将妇儿领域七大类149个事项纳入职责清单，实现妇儿权益事项一网全收、协同联动，推动妇儿维权关爱工作智能化、便捷化、高效化。实施儿童伤害预防项目，在南山、宝安、龙华3个区开展安全学校、安全幼儿园、安全家庭、安全社区“四安全”项目。推动儿童安全座椅使用纳入《深圳经济特区道路交通安全违法行为处罚条例》，深圳市儿童安全座椅拥有率和使用率分别从2014年的27.8%和22.9%提高到2018年的72.6%和56.3%，交通事故死亡人数连续10多年同比下降，万车死亡率降至接近世界一流城市水平。深圳市南山区百校焕新行动实施“一校一策”，优化学校周边区域交通和慢行系统、设计“校园最后500米”安全步行路径，进行标识、雨棚及市政设施微改造等，保障儿童安全，激活社区与学校的边界空间。

3. 加强宣传倡导，尊重儿童权利，探索建立儿童参与长效机制

持续开展全方位、立体化宣传。注重加强党政统筹，健全部门联动机制，引入社会力量，引导家庭儿童参与，构建全社会支持和积极参与的儿童友好共建格局。各大媒体报道400多次，新华社等央媒报道50多次，系列建设规划获得2022年首届大湾区规划大奖“卓越规划奖”，儿童优先原则、儿童友好理念在深圳逐渐深入人心、融入生活，成为城市文明底色。

着力促进儿童全面、广泛参与。深圳高度重视儿童参与权，倡导“从一米高度看城市”，制定《深圳市儿童参与工作指引（试行）》《深圳市儿童议事会工作指引（试行）》，推动将儿童视角纳入城市治理决策体系。深圳市建成各级各类儿童议事组织580个，福田、龙华、龙岗等区均实现区、街道、社区各级儿童议事会全覆盖。打造形式多样、丰富多彩的儿童参与活动品牌，连续9年举办深圳儿童国际论坛，连续7年与联合国儿童基金会驻华办共同举办世界儿童日亮灯活动，连续4年开通“深港澳儿童友好地铁专列”；成立儿童友好合唱团，开展儿童友好艺术季、城市人类学小记者亲子走读等。自2020年起，将每年11月的第三个星期六定为深圳“儿童友好社区日”，每年举办活动600多场。

4. 打造国际化展示交流平台，推动儿童事业与儿童产业融合发展

打造国家级平台，首次呈现中国儿童友好城市“全家福”。汇集全国 54 个建设国家儿童友好城市海报和优秀案例 223 个，向全球集中展示具有中国特色的儿童友好城市建设成果和先进经验，深圳首届儿童友好博览会的开幕式吸引了 44 万人在线观看，超 10 万人现场观展。

促进国际化交流，以儿童友好讲好中国故事。秉持开放包容理念，同时展示瑞士日内瓦、德国雷根斯堡等 17 个国家 30 个城市的典型案例；举办儿童友好城市国际论坛，研讨高水平专业化儿童友好城市建设的前沿趋势，以儿童友好促进理念融通、民心相通、世界联通，美联社、法新社等 35 家海外媒体进行报道。

首创中国儿童产业定义，推动儿童产业友好发展。深圳率先发布《中国儿童产业友好实践洞察白皮书》，首次系统性提出中国儿童产业的定义。联合英富曼会展公司首次同期举办 CBME 大湾区孕婴童展，4.5 万平方米展位共有来自 10 个国家的 570 家企业参展。

首创儿童友好设计奖，彰显深圳设计之都和儿童友好城市双重美誉。从报名参赛的 144 个作品中分别评选出空间设计奖、产品设计奖、社会创新奖和杰出设计奖各 1 个，遴选并奖励全球范围内儿童友好领域的最优设计作品和实践。

资料来源：《深圳全域推进儿童友好城市先行示范》，深圳发布微信号，2024年5月11日。

第十一章

政策建议

本报告提出“儿童优先的新型城镇化”战略，内容包括：将儿童优先纳入国家的新型城镇化战略和“十五五”发展规划；进一步降低城市入学门槛与转学要求，保障流动儿童的公平教育机会。加快异地中高考改革，为流动儿童创造公平的升学条件。增强对 0 ~ 3 岁城市流动儿童的照护支持和普惠托育供给，提高 3 ~ 6 岁城市流动儿童的学前教育普惠率。开展流动儿童和留守儿童健康服务的国家行动，对超重肥胖、近视、营养不良、发育迟缓、脊柱侧弯等健康问题进行积极干预。加快将流动儿童纳入城市医保体系。高度重视儿童心理健康问题，建立医教结合、家校社结合、以五育并举为抓手的儿童心理干预机制。完善流动儿童和留守儿童福利和保护体系，积极推动相关立法工作。优先保障并加大儿童发展投入，积极向儿童早期发展倾斜，完善随迁子女义务教育经费的省级统筹，加大中央财政资助与督导问责机制。积极整合社会和家庭投入，积极建设儿童友好城市。

一、促进全体儿童早期发展均衡化

（一）从战略高度和制度层面保障财政投入

把婴幼儿照护服务行动战略和实施计划，从制度上纳入基本公共服务体系，明确婴幼儿照护服务的普惠性质，明确政府的主体责任，保障国家财政经费的投入。建议借鉴现有的九省十余市的学前教育相关条例等立法经验，尽快把相关内容纳入学前教育法，尽快颁布实施，或者可以考虑制定包含范围更广的儿童发展促进法，同时参照财政教育经费不低于 GDP 的 4% 的做法，为儿童早期发展设置财政投入基本保障线。各级政府作为婴幼儿照护服务管理的责任主体，在制定经济社会发展总体规划时应将婴幼儿照护纳入整体统筹，结合地区特色和实际，制定本区域内婴幼儿照护专项规划，加强引导和规范市场切入，加强鼓励和支持社会参与，在制定照护政策、计划照护投入、增强照护监管等方面发挥主体作用。

地方政府须制定照护服务规范和照护服务机构建设标准，对婴幼儿照护服务供给进行有效监管，注重照护政策及家庭配套政策的落实；还须做好钱、地、人、专业技术的统筹与保障工作。综合运用中央预算内投资、地方政府专项债券，以及普惠专项再贷款等货币政策工具，支持托育服务设施建设和项目运营，保证婴有所护、幼有所育的目标稳步推进。同时，扶助方式突出制度化和普惠性，例如，可以借鉴经济合作与发展组织和日韩经验，向家庭提供儿童照顾津贴，使父母在幼儿照顾方面有更多的选择。政府可按幼儿家庭收入情况，向幼儿家长发放儿童照顾津贴或服务券，幼儿及其家长可在政府所划定的机构内使用服务券，享受相关服务。

（二）按照一体化方向健全养育和照护体系

资源整合及有效配置，关键要在养育和照护治理上实现一体化。在此基础上通过多方合作，形成“政府主导、市场完善、社会参与”的复合制度安排与婴幼儿照护公共服务供给的多中心体制及互补机制，达到公共服务供给社会效益最优、公共福利最大，扩充普惠性托育供给，群众需求最大满足的局面。提供与常住人口规模相适应的托育服务及配套安全设施，充分考虑进城务工人员随迁婴幼儿的需求。政府应当引导市场作为婴幼儿照护的中坚力量，鼓励并支持社会服务机构积极参与，界定政府和家庭在婴幼儿照护中的责任权限以及各级政府的职责范围，进一步促进婴幼儿照护行业规范有序发展。与此同时，需要鼓励多方力量参与托育服务，通过支持社会组织、企事业单位办托等多种形式，探索切实可行的合作模式，实现资源和力量整合，扩充普惠性托育服务供给。

统筹运用现有社区资源，以社区为依托，实现自办、合作办、委托办等多元模式并举，盘活因各种原因停办的资源及未充分利用的社区空间，鼓励有条件的幼儿园向下延伸提供托育服务，加强卫生健康部门与教育部门之间的沟通及互认机制。为包括私立幼儿园、亲子园、早教中心等营利类机构提供补贴和要素扶助，使其在市场中充分和平等竞争。在供给优质化、多样化的照护服务方面发挥优势，同时借助公私合作的模式处理服务供给中的外部性问题。由于公办托育机构建设受到编制的严格限制，从目前看，通过幼儿园下沉做托育，实现托幼服务资源共享、场地共享、师资人员融通的托幼一体化是托育服务发展的一种较为可行的模式。

结合托育发展困境和阻碍，多措并举建立完善支持体系。首先，对托育行业有效实施减税降费、减免租金，困难企业降低社保费率、缓交社保费以及贷款支持等各项扶持措施，使托育机构按照规定享受到普惠性的扶助待遇。其次，地方政策积极探索建立财政支持机制，通过专项补贴、以奖代补、税费减免、水电民价、融资优惠等形式，来扶持托育行业的发展。此外，托育服务的各项扶持政策措施需要地方和有关部门的积极落实，在落实过程中仍然有挖掘政策扶持力度和精准度的空间。要充分考虑城乡差异，一方面，通过财政倾斜投入对农村和欠发达地区予以重点支持；另一方面，根据不同地区家庭的不同需求，因地制宜构建适合当地特点的婴幼儿照护服务模式，保持托育服务可持续发展。

（三）促进儿童早期发展的科学化、标准化和规范化

养教结合和医教结合，都是科学开展儿童养育照护的重要方面。首先，鼓励多元化的儿童早期服务供给模式，实施弹性的机构供给和标准设定，形成以家庭照护为主的多元化供给模式格局。鼓励多元化的供给模式，避免儿童早期服务成为变相的学前教育版本。一是允许亲子机构等小型照护点发展，并设定弹性标准，参照大型托育机构或者亲子机构标准完善相关标准，允许一些特许准入以满足多元化的需求。二是实施分龄照护的政策策略。0 ~ 1 岁更多地考虑提供居家养育支持，1 ~ 2 岁由多主体市场化供给，2 ~ 3 岁实施托幼一体化。其次，通过对儿童生长发育监测、评估及多种形式养育照护活动，帮助照护者掌握科学养育知识、方法和实操技能，创造适宜儿童身心健康成长的家庭养育环境（郑蓉等，2023）。以家庭为中心，为父母及其他照护者提供亲子关系培养、管教技巧等方面的支持和服务，使儿童早期发展和养育照护的科学理念深入家庭，努力为儿童提供高质量的家庭养育照护条件。

完善监管法律法规，保障托育服务健康有序发展。目前需要尽快建立和完善托育机构监管的法律法规，推动托育机构监管工作规范。严格落实国家婴幼儿照护服务机构设置标准、管理规范。组织开发并规范运行托育机构备案管理信息系统，完善机制，优化流程，借助互联网手段实现托育机构信息数据互联共享，满足托育机构和广大群众的需求。出台并完善托育机构服务指南、评估办法，压实地方政府监管责任，加强对婴幼儿照护机构服务全过程监督管理。对开展托育服务机构的基础设施、场地设置、从业人员、工作规范等定期进行认真检查、严格验收，并定期向社会公布评估结果，确保托育服务机构的办托水平和服务质量。

地区之间和城乡之间存在较大差别，同一城区内部的新旧居住区之间的设施用地状况也存在不同特点，对各地制定和完善法律法规提出了更高要求，建议在包容机构设施差异性的前提下建立安全监管底线，统一服务质量的监督管理要求。托育服务行业中机构类型众多、条件差别大，通过有效监督，引导机构按照标准规范执业，避免出现安全事故问题。应抓紧建立托育服务行业的监管体系、完善相关法律法规，明确部门监管职能，将托育服务监管纳入卫生监督职责范围，赋予相应执法权，解决当前监管无法可依的情况，促进行业规范、有序、普惠、高质量发展。

加强托育人才培养及培训，推动托育从业人员资格认定。既要解决好行业发展人才流失的现实问题，也要统筹考虑人才培养使用的长远之策。一是针对各地区托育人才不足的现状，首先要根据教育部专业调整相关要求，扶持开放大学、职业院校、高等院校等增设 0 ~ 3 岁婴幼儿照护相关专业，系统培养托育人才，有条件的托育机构为学生提供实习基地。二是将托育从业人员培训纳入急需的职业培训目录和政府补贴职业培训目录中，充分发挥行业协会、有资质的社会培训机构等作用开展托育从业人员培训工作，形成“学历教育 + 培训”的托育人才培育

及供给体系。三是推动托育从业人员资格认定，建立完善保育师职业资格认证标准，畅通职称、职务晋升渠道及路径，增强托育从业人员的职业归属感、职业认可。通过提高工资待遇和增加补贴等多种方式，提高对从业人员的吸引力，减少人员流失，保证服务人员梯队的稳定性。

（四）特别关注农村儿童和受人口流动影响儿童

农村儿童、流动儿童和留守儿童的早期发展问题，应明确纳入乡村振兴战略以及巩固脱贫攻坚成果部署之中，在实施一系列规划纲要和政策过程中作为专项落实。针对农村儿童、流动儿童、留守儿童早期发展问题，应按照基本公共服务方式运行，更好发挥政府的主导作用，政府确保财政投入，具体项目通过政府相关部门或基层政府，或者政府购买服务的方式让社会组织实施。此外，政府要加大对农村儿童、流动儿童、留守儿童早期发展的财政投入。受人口迁移转变和城镇化影响，城乡之间、各级农村区划单位之间的儿童早期发展需求和资源供给都在发生着巨大的变化，各级政府应根据人口分布变动趋势、现行资源配置格局，以及遵循向农村地区和受人口流动影响儿童倾斜的原则，推进儿童早期发展事业。

我国户籍制度改革采取的是双轨并进的路径：一是逐步给予稳定居住和就业的城镇常住农民工及家庭成员本地户籍身份，进而实现基本公共服务的均等化。二是加快消除城乡之间，以及城镇户籍人口和非户籍人口之间享受基本公共服务保障的差别。一方面，为了有利于贯彻“家庭教育促进法”中倡导的“亲自养育，加强亲子陪伴”及“共同参与，发挥父母双方的作用”等家庭教育方法；另一方面，鉴于儿童早期发展所具有的显著社会收益，在消除基本公共服务保障差别的改革过程中，与儿童早期发展相关的公共服务应该获得最高的优先级。确保“相关公共服务随人走”的改革要求，率先在儿童身上体现出来。

具体的改革着力点应该包括以下方面。一是把经费等资源保障制度化，在对财政预决算执行的监督中予以保障。二是建立农村儿童早期发展评价和评估体系，开展全面监测，为政策实施和服务提供依据。三是利用农村地区现有公共机构能力，提高干部人员的认知程度、知识水平和技能，履行儿童早期发展职能。四是把提高婴幼儿养育知识和能力作为乡村振兴和家庭发展的内容，发挥农村社会各界的相关积极性。

二、城乡教育一体化改革

（一）遵循儿童优先原则，构建儿童发展的全面保障体系

二十届中央财经委员会第一次会议提出，以人口高质量发展支撑中国式现代化。从长远来

看，儿童是祖国的未来，儿童发展是关键，全面保障儿童全面发展、整体提升儿童人口素质是实现人口高质量发展的战略性和基础性工作。人口高质量发展，要始终紧抓 2.98 亿儿童的高质量发展，要始终紧抓 1.38 亿受人口流动影响儿童的高质量发展，要始终紧抓 6693 万留守儿童的高质量发展，要始终紧抓 7109 万流动儿童的高质量发展，为中国式现代化建设事业提供不竭的源头活水。保障儿童全面发展、积极应对留守儿童和流动儿童发展面临的挑战是实现人口高质量发展的战略性和基础性工作。在推进构建中国式城镇化新格局背景下，政府致力于逐步实现从“人口城镇化”向“人的城镇化”转变。对流动人口子女来说，获得与其他儿童均等的生存和发展机会成为新型城镇化时代的美好愿景。

（二）城乡教育一体化改革与新型城镇化协同推进

为了更好地促进人的城镇化、农业转移人口的市民化，必须加快推进城乡教育一体化改革，努力实现城乡基本公共教育服务均等化。一方面要加大城乡教育一体化的顶层设计力度，在政策制定、资源配置、标准建设等方面统筹考虑城乡学校的需求，形成城乡教育协调发展的长效机制。另一方面要健全城乡教育联动发展机制，在促进城乡教师交流、共建优质教育资源、推动城乡学校结对帮扶等方面制度化、常态化，提升农村教育质量。同时还要建立健全教育督导评估和问责机制，切实保障农村学校办学条件和教学质量，防止农村学校盲目撤并。城乡教育一体化改革必须与新型城镇化同步推进，使教育能够更好地适应并服务于新型城镇化发展。

（三）充分发挥新型城镇化进程中新人口红利，将流动儿童教育与户籍制度脱钩

在新型城镇化中，需提升基本公共服务的供给，拓展公共物品边界，进而深度培育和充分挖掘新人口红利。向前向后延长义务教育年限，并在此基础上进一步延伸到一体化的儿童养育照护，可以为未来经济的增长提供动力。推进户籍制度改革，让更多进城农民工和大学毕业生在城市落户，可以增加劳动力供给，延续和延伸资源再配置过程，从而提高潜在增长率；还可以在提高居民收入的前提下，获得更充足的空间以改善收入分配，保持和加强社会流动。

教育是影响儿童高质量发展的关键因素，也是新型城镇化以人为核心的重要体现。儿童优先原则应该是无条件的，既然户籍制度仍阻碍机会均等性和社会流动，在加速改革的同时，家庭同迁、儿童发展、义务教育和儿童福利的机会、水平、投入，需率先与户籍身份彻底脱钩。应对流动儿童困境之道要有系统的制度和政策设计，即体制机制上确保平权、赋能、善行。当前亟待解决的一个矛盾，是破除异地高考限制，允许流动儿童在常住地参加高考。

（四）深化户籍制度改革，进一步放宽城市落户门槛、消除义务教育入学障碍

目前，我国实行的是“差别化落户政策”，对特大城市的落户限制最为严格。这在一定程度上阻碍了农业转移人口市民化进程，特别不利于随迁子女接受优质教育。为更好地促进人的城镇化，应进一步降低特大城市的落户门槛，消除入学障碍。探索实施租房落户、租购同权、积分互认等措施，降低农民工进城落户的门槛。在教育方面，应进一步清理和取消超出国家规定的地方性随迁子女入学门槛，从流动儿童受教育的实际需求出发，保障进城务工人员随迁子女在流入地平等接受义务教育、高中教育和高等教育。政府应制定详细的操作细则，确保流动儿童平等接受教育的权利切实得到保障。一是要明确规定流动儿童可以在流入地就近入学，不得以学位紧张等理由拒绝其入学。二是应制定灵活的转学政策，允许已在流入地就读的流动儿童根据实际需要在学年内转学。三是要保障流动儿童就读公办学校的机会，不得强制安排在民办学校就读。对于公办学校接纳流动儿童可能带来的压力，政府要通过增加教育投入、合理分配生均教育经费等措施给予支持。四是应简化流动儿童入学手续，取消不必要的证明文件，为流动儿童入学提供便利。通过制定详细的操作细则，切实保障流动儿童的实际入学需求。

与此同时，在人口出生率下降、学龄人口减少的背景下，城市原有教育资源出现空置和富余。政府应统筹规划，合理利用这些富余的教育资源，将其用于满足流动儿童的入学需求。可考虑将空置校舍改造为流动儿童学校，或采取公办学校与农民工子弟学校合作办学等方式，最大限度发挥现有教育资源作用，缓解流动儿童入学压力。政府还要完善随迁子女教育经费分担机制，合理分担流入地政府因接纳随迁子女而增加的教育成本。

（五）加快异地中高考改革，为流动人口子女创造公平升学环境

异地中考和高考门槛高是制约流动人口子女教育发展的关键因素，是逐步扩大免费教育范围的障碍，地方政府应加快相关改革，为流动人口子女创造公平的升学环境。一是要进一步放宽流动人口子女在流入地参加中考的限制，取消对其就读年限、户籍、社保缴纳年限等苛刻要求。二是要创造条件支持更多流动人口子女在流入地参加高考。可探索实行高考报名人事档案属地管理，允许流动人口子女在连续就读高中阶段学校所在地报名参加高考。同时，应完善流动人口子女异地升学的配套政策，在升学信息、志愿填报指导、心理辅导等方面提供必要帮助。三是建立全国统一的基础教育学籍管理系统，实现学籍信息网上转移，方便流动人口子女在流入地就学和升学。四是加强顶层设计，制定流动人口子女教育发展的专项规划，明确纳入公共教育服务体系，保障平等受教育权的目标任务和措施。通过全方位推进异地中高考改革，切实为流动人口子女创造公平的升学环境。

（六）加强乡村教师队伍建设，提高乡村教育质量和吸引力

乡村教育的衰退在一定程度上缘于其教育质量的滞后。农村学校教师老龄化严重，青年教师补充不足，很大程度上制约了乡村教育质量的提升。为此，政府应采取有力措施加强乡村教师队伍建设。一方面要完善“县管校聘”管理体制，优化乡村教师编制配置，提高乡村教师待遇保障。另一方面要创新乡村教师补充机制，通过公费定向培养、特岗计划等方式培养输送优秀青年教师。同时还要加强乡村教师培训，提升乡村教师教学能力。只有不断提高乡村教育质量，增强其对学生和家长的吸引力，才能从根本上扭转乡村教育萎缩的局面。

（七）建立城乡教育资源统筹配置机制，促进教育资源均衡配置

当前我国教育资源在城乡之间分布不均，“城挤”“乡缩”“村弱”问题突出。为缓解教育资源错配，政府应建立健全城乡教育资源统筹配置机制。一是要加强学校布局规划，合理确定城乡学校的数量、规模和空间布局。要充分考虑人口变动趋势、城镇化进程等因素，避免盲目撤并农村学校，防止城区学校出现大班额现象。二是要均衡配置城乡师资力量，通过教师交流轮岗、对口支援等方式，鼓励优秀教师到农村学校任教。同时，加大农村教师培养力度，提高农村教师的整体素质。三是要优化教育经费分配，向农村地区倾斜。可考虑将学生数量、办学成本等因素纳入经费分配公式，提高农村地区生均教育经费水平。四是要推进城乡学校标准化建设，缩小城乡学校在基础设施、信息化水平等方面的差距。通过建立健全教育资源统筹配置机制，不断促进城乡之间、区域之间教育资源的均衡配置，从而缓解“城挤”“乡缩”“村弱”的失衡局面。在统筹配置城乡教育资源时，要充分考虑出生人口下降、学龄人口减少的趋势，科学预测城乡学校学生规模变化，合理配置教育资源。对于城市富余的教育资源，可统筹用于满足流动儿童和随迁子女的教育需求，或支持薄弱学校改善办学条件。对于农村地区，要避免因学生规模缩减而盲目撤并学校，要最大限度保留必要的教学点，确保农村学生就近入学。同时，鼓励城乡学校共享优质教育资源，推动形成优质资源辐射薄弱学校的办学格局。

（八）优化教育结构，推动职业教育高质量发展

党的二十届三中全会提出加快构建职普融通、产教融合的职业教育体系。新型城镇化背景下，大力发展职业教育是优化教育结构、促进教育公平、服务经济社会发展的必由之路。一方面，要把发展面向农业转移人口的职业教育摆在更加突出位置，突出抓好县域城乡一体化的职教中心建设，为农民工及其随迁子女提供多样化、有针对性的职业教育，提升农民工职业技能

和就业创业能力，助力农民工市民化。另一方面，要推动普通教育与职业教育协调发展，逐步扭转“重普教、轻职教”的传统观念，完善以就业为导向的现代职业教育体系。同时，改革普职分流机制，破除唯分数论，扭转职教沦为无奈选择的局面，充分尊重学生的兴趣特长，保障学生自主选择权。政府还要加大投入力度，改善职业院校办学条件，提高职教师资质量，推动产教深度融合，全面提升职业教育质量和吸引力，更好地服务于经济社会发展和人的全面发展。只有职业教育强起来，教育结构才能真正优起来，人力资源的素质才能全面提升，新型城镇化的内涵才能不断丰富，教育现代化的目标才能如期实现。

三、促进儿童健康成长

儿童健康是国际儿童权益保障的核心内容之一。中国作为联合国《儿童权利公约》的签约国，始终将保障儿童健康放在重要的位置。随着我国社会经济迅速发展，在生活水平显著提高的同时，超重肥胖、近视、意外伤害、膳食结构不合理、脊柱侧弯、听力损伤等已超越营养不良、发育迟缓成为我国儿童健康的新问题。影响儿童健康的因素包括社会经济、公共政策、卫生系统、物质环境、社会支持和行为生活方式等诸多方面。因此，儿童健康是一项系统长远工程，要宏观和微观相结合，整体布局、各有侧重，综合施策，才能形成有利于儿童健康的社会环境。

（一）加快国家和地方层面关于学生营养立法的步伐

目前，我国关于儿童营养健康的法律法规主要聚焦在母婴健康上，或者零星分布在其他法律法规条文中。营养是健康的基石，生长发育迟缓、超重肥胖、近视等很多健康问题与营养不均衡直接相关。国际经验表明，日本、芬兰、英国、瑞典等国家先后制定了与学生营养有关的法律法规和条例，营养立法对于保证学生营养和促进学生身心健康成长具有重要作用。我国在营养立法方面的呼声一直存在，《国民营养计划（2017—2030 年）》和《国务院关于实施健康中国行动的意见》中都提出要推动营养立法和政策研究。但是，行政命令和政策文件不能替代国家法律，没有法律，政府的营养干预政策与措施难以落实，营养改善计划不能产生应有的效果。因此，我国应加快国家和地方层面关于学生营养立法的步伐，明确责任主体，确保学生营养改善、合理膳食的可持续性。

（二）瞄准新问题，消除政策盲区

目前，我国政府针对儿童青少年的脊柱侧弯、听力受损、性早熟等新问题的政策文件和行动干预较少。比如，听力干预以出生缺陷中的新生儿听力筛查为主，脊柱侧弯的检查也纳入学生体检中。可见，这些新问题尚未引起家长、学校和社会的重视。因此，国家层面应未雨绸缪，尽快制定出台相关方面的防控政策，弥补现行政策的不足，同时制定相关的策略措施以确保防控干预实施的有效性。

我国儿童用药的相关政策体系需要逐步完善。要加快开发儿童用药技术标准、方法工具及指标体系，系统提供安全性、有效性、经济性、适宜性、可及性及创新性等多维度证据。依托药监部门对儿童药品安全性、有效性数据范围和证据认定的标准，结合医保部门对儿童药品定价及采购开展的分析评价，围绕儿童药品临床配备和使用面临的核心问题，科学、全面、客观地分析儿童药品相关证据，形成系统证据链条，进而有效解决儿童用药的临床准入、合理使用、补偿报销等各类决策问题，推进儿童专用基本药物目录的制定，保障儿童安全、合理用药，提高儿童用药可及性（肖月等，2021）。

（三）制定和落实涉及留守儿童和流动儿童的健康政策

对于留守儿童，主要的问题在于提升儿童早期发展水平，同时为其塑造良好的健康行为习惯。比如，以村组社区为纽带，通过提升照护人员的健康意识和卫生健康人员的业务素养，扩大儿童早期健康服务的覆盖率，激发留守儿童的健康潜能；加强农村食品安全的管理，强化留守儿童的卫生保障，提升留守儿童健康素养的水平，强化健康第一责任人视角，为其后续的健康行为奠定基础（王岩，2019）。对于流动儿童，应加快将其纳入城市医保体系。可考虑打通居民医保和职工医保两个医保体系，实施家庭联保，通过父母所在的职工医保体系为流动儿童实现健康兜底，提高职工医保资金利用率的同时，也能增强对联保子女的医疗保障能力，缓解流动儿童的就医负担。

（四）完善儿童健康投入机制，贯彻“防、筛、控”三级儿童健康预防管理模式

当前，我国儿童健康保障体系的整体投入不足，重医轻防，这不仅会导致儿童远期健康风险，还会进一步加重远期财务负担。以 2018 年为例，我国儿童疾病预防费用总量为 665.1 亿元，占全人群疾病预防费用的 20.3%，与治疗费用之比约为 1∶5，儿童公共卫生投入低于治疗投入。而当前困扰儿童的近视、超重肥胖、意外伤害、脊柱侧弯、听力受损等主要健康问题，已不再局限于医疗卫生领域，需要社会性、综合性手段，对个体进行干预，加大预防力度。因此，为更好适应儿童健康需求，应进一步完善儿童健康投入机制，协同推动解决预防不足、制度短板、政策落实不到位等问题。

同时，由于儿童面临的健康问题往往存在部分重合的影响因素和发病机制，因此可通过探索“共病—共因—共防”机制，借助“防、筛、控”三级预防管理模式，建立起足以覆盖家庭、学校、社区和医疗机构等全域场景的儿童青少年共病干预实施的标准化方案和流程。同时，考虑各地域之间儿童健康问题的特点，比如根据当地儿童青少年健康监测数据，对儿童健康问题按优先级进行排序，并制定与之对应的“防、筛、控”三级预防方案，明确各项健康服务的实施责任主体和评估责任主体，建立起预防问题、发现问题、解决问题的全链条管理模式，精准落实儿童健康的综合保障措施和干预行动，从更高维度上减轻因儿童青少年共病带来的家庭和社会经济负担，提升儿童健康水平。

（五）多措并举促进儿童健康服务布局的扩容下沉和区域平衡

持续推动优质医疗资源下沉，让不同地区儿童健康服务水平均衡提升，建立自下而上的分级服务网络，是保障儿童健康服务可及性的关键所在。近年来，我们在构建国家、区域、省、市、县级儿童医疗保健服务网络上已作过诸多探索。比如，以妇幼保健机构和儿童医院及综合医院的儿科为点，以同区域的基层医疗机构为面，以点带面，利用5G技术和互联网交流平台，开展远程会诊、线上转诊等服务，构建儿童健康服务医联体，促进优质儿童医疗服务资源下沉。

儿童健康服务的网络体系已经日趋成熟，但能否实现预期功能，仍需要各方持续努力。2021年版国家医保药品目录已将儿童基本药物进行单列，但现有的基层单位仍存在医疗卫生服务短板；面临现有医保资源短缺，服务利用率不足等问题。因此，应积极采取薪酬制度改革，以确保提供儿童健康服务的基层机构吸引人、留住人，从而为儿童提供有效的健康服务。比如结合出生率、发病数等指标，按周期测算所需医疗资源数量，通过定向免费培养、经费重点倾斜等方式，解决基层儿科缺医少药的目录中儿童剂型的药物还远远不足以覆盖儿童常见病的诊治，加快推进儿童用药入保，并在共用药的集中采购环节对儿童剂型予以重点关注。此外，可以通过大数据测算儿科常见病的投入产出情况，完善儿科常见病定价标准，调整儿科医疗服务价格，以平衡医方和患方的利益。

（六）加强儿童健康管理工作，推进儿童营养健康数据库的建设和开发

儿童健康档案的建立一方面能提高家长对子女健康的重视度和参与度，另一方面能在一定程度上反映出不同地区、不同家庭、不同年龄段儿童健康状况与健康需求的共性与差异，认识到影响不同儿童群体健康的因素特征和规律，有助于政府对儿童健康信息的把控和公共政策制定。因此，需要从数量和素质提升两方面加强基层社区卫生服务中心工作人员力量，以满足儿

童健康服务的供给需求。同时，需进一步拓宽儿童健康管理范围。目前，我国儿童健康管理主要关注 0 ～ 6 岁的低年龄段儿童，7 ～ 18 岁的儿童健康管理尚未被基本公共卫生服务所覆盖。需要特别关注的是，流动儿童和留守儿童的健康管理服务更为薄弱。

大数据时代为数据共享和开发利用提供了有利条件。当前，我国对儿童营养健康的监测数据很多，比如，每 5 年开展一次的学生体质监测、中国居民营养与慢性病状况调查、中国儿童青少年伤害状况调查、农村学生营养改善状况调查等。但是，诸多调查数据的利用率较低，公布的数据主要停留在对儿童营养健康的现状描述上，缺少对数据的群体差异、地域差异和影响因素的分析，数据深度挖掘不足，导致积累的大量数据并未对政策制定发挥其应有的价值。因此，要借助先进的信息技术整合资源，搭建涵盖儿童营养健康发展的大数据平台，通过对数据的及时更新、多元交互分析、持续跟踪，研究中国儿童营养健康的发展规律和特点，为相关政策制定提供科学、专业、权威、精准的信息支持，及时关注和调整儿童营养健康优先发展领域。

四、重视和提升儿童心理健康水平

（一）创设有利于儿童青少年身心健康发展的环境

创设有利于儿童青少年身心健康发展的环境，不仅涉及包括家庭和社区心理健康服务机构、部门的建立及常态化运行在内的社会心理健康体系建设，还包括良好的电子产品及网络信息发布和使用规范的制订，以及良好的有助于学生身心健康成长的校园文化建设。具体而言，环境创设至少包括 4 个层面的工作。在家庭层面，提供高质量的家庭教育指导，提高儿童监护人的健康素养；在学校层面，创设符合学生心理健康需求的校园环境，根据实际情况逐步缩小班额，增加生均室外活动空间等，以减轻教师教学负担和儿童因环境拥挤而产生的压力、焦虑等消极情绪；在社区层面，充分利用社区资源，为儿童提供适当的活动空间和丰富多彩的课余活动，营建积极的社区氛围；在社会层面，向公众普及心理健康基础知识，倡导积极的生活方式，并做好媒体和舆论的引导。

（二）加速心理健康教育的高质量学科渗透

新课标发布之后，学科融合进一步受到关注，心理健康教育如何高质量渗透于学科教学成为需要迫切解决的问题。在学校教育工作者和公众的理解中，心理健康由于影响因素众多且影响机制复杂，在学校教育过程中往往扮演较为被动的角色。具备正常的认知发展水平是心理健康的重要指标之一，而学生认知发展水平的提升，不仅有助于心理健康的维护，同时也有助于学生学业表现的提升。在教育心理和学习心理的学术研究中，有大量涉及但不仅限于提取练习、具身认知、故意犯错、执行功能和成长型思维等领域的研究成果可以融入学科教学。学科教师在心理学科研工作者指导下开发方案，将这些研究成果应用于教学过程中，培养更多的专家型教师，提高整个教师队伍的教学科研水平。心理学研究成果与学科教学的高质量融合不但能够促进儿童心理健康水平和学校教学质量双方面的提升，也有助于整体国民素养的提升。

（三）重视心理健康教育人才培养和队伍建设

从数量来看，国内心理健康教师的总体数量偏低，高等院校 1∶4000 的心理健康师生比和中小学迄今为止尚未实现每所学校至少配备 1 名专职心理健康教师，表明有必要持续扩大学校心理健康工作者队伍的整体规模。从质量来看，目前国内心理健康教师队伍还不能完全实现专职化，心理健康教育工作者专业来源复杂，非心理学专业毕业的心理教师在整体教师中所占比例仍然较高，专业知识和技能水平参差不齐。尽快更新现有的心理健康教育人才培养方案，提高心理健康教育人才培养水平，建立由高等院校和科研院所、学校心理学家专业组织、学校心理教师共同构成的人才梯队，建立科学规范的学校心理学家执业资质和心理教师执教资质认证体系，探索专业的学校心理健康教育工作者持续性督导机制，对儿童青少年心理健康教育工作的开展和推进而言，都具有重要的作用。

（四）充分利用社会心理健康服务体系建设的经验和成果

儿童青少年心理健康问题的成因复杂，不但涉及学生的内部影响因素，还涉及包括学校、家庭、社会在内的外部影响因素。因此在心理健康问题的预防和处置方面，也需要所有社会和政府职能部门通力协作。党的十八届五中全会将社会心理健康服务体系纳入国家战略以来，社会心理健康服务体系的试点工作开展已经接近 10 年，充分利用社会心理健康服务体系建设试点工作取得的经验、教训和成果，使之服务于儿童青少年心理健康教育工作，对提高心理健康教育工作的效率、促进学生心理健康成长而言，起到积极的作用。除家校社联动的学生心理健康环境创设之外，动员公益组织和社会力量加入、鼓励志愿者投入儿童青少年心理健康工作，在政府层面协调多部门合作搭建心理健康工作平台的同时，发动基层力量与为基层提供资源双管齐下，注意心理健康力量下沉和重心下移，使公众能够更便捷地得到心理健康服务。最终通过增加资源总量和形成联动机制来构建有中国特色的儿童青少年心理健康服务体系。

（五）心理健康从医疗模式向“教育 + 服务 + 医疗”模式转变

强调补救的医疗模式虽然对于特殊和危机个案有重要的意义，但是心理健康工作的对象是全体儿童，维护全体儿童心理健康的工作需要将心理健康关注渗透在儿童日常的学习生活中。因此，有必要尽快完成由医疗模式向“教育 + 服务 + 医疗”的儿童心理健康教育模式的转变。这里的教育实际上包含了学校教育和家庭教育两个部分，它们是儿童心理健康的基本保障；服务强调社会力量的共同参与，可以保障儿童心理健康工作有足够的人、财、物资源；医疗则通过接收转介等，解决学校和家庭无法处理的较严重问题。三者协同作用，对于从根本上解决城镇化进程中儿童发展面临的心理健康问题具有重要意义。

五、消除儿童发展中面临的数字鸿沟

（一）提供适合儿童学习需求的整体方案，以教育数字化转型助力儿童成长

在个性化学习的变革时代，自主学习能力制约着城乡儿童（尤其是农村儿童）在数字化时代的学习与成长。培养良好的学习习惯则是当前乡村儿童在数字化学习环境中亟须养成的前置能力。知识不分城市和乡村，自适应系统会自动匹配相应的知识给城市或者乡村儿童，人工智能技术推动的自适应学习系统能够为儿童提供便捷、即时的学习资源，进而启发他们的学习兴趣。

在内容层面，应该注重与生活、学习的有机联系，把数字素养教育与生活教育结合起来，设计用户界面友好的数字化产品，让乡村教师、学生能够依托可用、易用、低成本的软硬件产品共建共享乡村数字教育资源。还应关注学生的身心健康，避免学生在使用手机的过程中受到网络暴力、网络诈骗等侵害。引导乡村学生积极健康地发展，让儿童在课堂上能够进行探究、看到更为广阔的世界。

（二）关注乡村老师、儿童和家长的数字素养，构建数字教育服务体系

以学校、教师、家长、学生的需求为导向，围绕教育数字化战略行动要求，实施适合乡村需要的有影响力、有实效、可规模化的项目。关注城乡老师、儿童和家长在数字素养上的痛点，助力他们快速提升。还应关注乡村儿童家庭的特殊结构，区分主要抚养者，为他们提供有针对性的引导和服务。

教育从来不能只局限在学校中，孩子们生活的每一个地方，家庭、社区也同样重要。因此，

应该在关注城乡老师、儿童和家长的数字素养的基础上，构建整体的数字教育服务体系，从资源到技术到服务层面，都应该凸显乡土特色。让教育基于乡土，不脱离土地，让故乡成为孩子们健康成长的温床。

（三）关注留守儿童的情感鸿沟和思维鸿沟，进一步弥合数字鸿沟

教师不仅要成为留守儿童的督导者与教育者，还应形成良师益友的良好关系，放下架子，与其进行零距离的沟通，与他们成为无话不谈、亲密无间的朋友。教师还可利用业余时间为自己充电，采取多样化的措施确保留守儿童健康快乐地成长，逐步学会自我调节情绪，提升对学习的兴趣与信心。只有不断将爱渗透到学生的心灵深处，才能赢得学生的信赖与拥护，让他们愿意放下包袱，推心置腹地与老师进行沟通交流，拉近彼此的情感距离，逾越年龄与性别的鸿沟。

针对普遍存在的农村留守儿童缺乏有效的亲子沟通问题，可打造家校共育的信息技术服务公益项目。一是利用农村信息化工程建设的软硬件设施，依靠教师、村干部和志愿者等，定期组织留守儿童与父母“在线团聚”，企业为此提供技术支持、设备维修等服务。二是开发专用于亲子在线沟通的“虚拟社区”（如设计参与性高、互动性强的在线亲子活动，提供适合的家庭教育方面的课程等），通过政府采购或补贴、公益资助等方式，低价或免费发放给留守儿童及其父母。

（四）关注城镇化中的弱势儿童群体，以“疏”代“堵”助力乡村儿童成长

在城镇化过程中，城市流动儿童虽然与父母居住在一起，但父母大部分忙于工作，缺少对孩子使用互联网的监管；乡村留守儿童则大都与父母中的一方或双方分隔两地，由祖父母隔代抚养，学业和娱乐更是无人监管。这些孩子会因为父辈数字素养的缺乏或者是祖父母辈监管的缺失而不断被短视频、游戏等虚拟世界裹挟，针对这些问题，首先应该关注城镇化发展中产生的这类弱势儿童群体。

作为数字时代的“原住民”，如果将留守儿童、流动儿童与互联网严格隔绝开来，他们的数字素养将会成为纸上谈兵。目前这类儿童的家庭和学校的处理方式大都为严格管理手机，将孩子们“堵”在互联网之外。针对这种情况，应以“疏”代“堵”，基于新型城镇化背景下的乡村留守儿童和城市流动儿童的特点，将国家、地方政府、社区、学校和家庭联动起来，构建多方参与的家校社协同教育平台，教会乡村儿童正确地使用移动互联网，有效查找和识别互联网中的信息，此外还应关注乡村儿童、留守儿童的陪伴与情绪需求，整体促进儿童发展，实现教育公平和提升教育质量，用教育数字化转型助力弱势儿童的成长。

六、儿童福利与保护事业的高质量发展路径

在迈向第二个百年奋斗目标的新征程中，我国儿童福利与保护体系建设有着全新的任务，也迎来空前的历史性机遇。为了促进新时代儿童福利和保护事业实现高质量发展，本报告建议，应进一步加强我国儿童福利与保护制度体系建设，打造儿童友好城市和儿童友好城乡社区，加强对儿童群体的精准关注，促进基层儿童主任队伍专业化建设，推进儿童发展城乡一体化，切实保障城乡儿童的健康成长。

（一）通过立法统筹规划儿童福利和保护事业

学界和社会都有关于加强儿童福利和保护立法的呼声，也有人大代表的立法建议明确提出制定儿童福利法的必要性和紧迫性[①]，这是一种可能的选择。另一种可能的选择是，把相关建议中所要强调的儿童权益保护等内容，在未成年人保护法的修订中予以体现，而把其中所要宣示的儿童优先理念，更为突出和集中地作为制定儿童发展促进法的内容。这样便可以强调社会各主体在统筹儿童保护工作中的职责，总体性地规划儿童福利工作。针对各类困境儿童群体不仅要加强生活保障，更需要关注儿童成长和发展需求。

与此同时，作为扩大儿童关爱保护类别的一项工作，应将“类留守儿童”等儿童群体纳入工作范围。对于众多父母外出打工不满 6 个月的留守儿童、城乡流动儿童、再迁儿童等“类留守儿童”群体，应该同样纳入儿童关爱保护的服务范围，给予不同程度的关爱保护服务。这些儿童涉及人口众多的家庭，他们往往位于城乡接合部，处于管理的薄弱带，在城镇就业人员所租的住房条件较差，从而面临更为复杂而特殊的风险。在各种“类留守儿童”中，对于大病救助、重残儿童护理和其他特殊需求，应该纳入优先关爱服务范畴。

（二）政府、社会共同推动儿童友好社会建设

促进社会力量融入基层，共同构建儿童社会保护网络。鼓励政府购买专业社会组织服务，积极引导为儿童服务的社会组织面向基层地区提供服务，增加儿童福利服务供给，构筑多方共同参与的儿童社会保护的服务机制。引导社会资源向农村地区倾斜，积极培育和扶持为儿童服务的社会组织和志愿服务组织，促进城乡地区儿童服务资源均等化，完善儿童社会保护网络体系建设。

---

①《周洪宇代表：关于制定〈儿童福利法〉的建议》，中国民主促进会网站，2013。

需要借鉴国际经验，将儿童福利设施纳入城乡建设规划，推动公共服务和公共资源均等化，促进城乡社区适儿化改造，为城乡儿童发展提供适宜的活动空间。例如，在城镇化的发展进程中，建议将儿童福利设施纳入铁路、公路、机场等基础设施的投资范围之中，打造儿童友好生活社区，探索建立以城乡社区为依托、面向多类困境儿童群体的福利服务网络体系。

同时，完善基层儿童服务体系，推广儿童主任队伍专业化建设。基层儿童主任队伍的专业化、制度化培训是儿童关爱服务的重要一环，需要采取切实措施促进农村地区儿童工作专业能力提升，完善基层儿童福利保护服务供给体系建设。一方面，将儿童主任的津贴补助纳入每年财政支出预算范畴，鼓励中央和地方根据地区经济发达水平按比例统筹儿童主任的工资，对于欠发达地区，由中央统筹承担儿童主任的津贴补助。另一方面，加大力度促进儿童主任队伍专业化建设。建立中国式基层儿童社会工作者知识体系，编制理论和实践相结合的教材体系，建设以问题为导向的多样化培训体系，形成定期专业指导的督导评价体系。不断推动儿童主任队伍专业化，进一步提升关爱服务质量，打造涵盖儿童主任、家庭教育、心理咨询、社会工作等多专业的人才队伍，增进城乡儿童及家长福祉。

（三）加强对流动儿童的控辍保学工作

北京青少年法律援助与研究中心对2016—2020年办理的100起未成年人犯罪案件进行分析，发现68%的涉罪未成年人在义务教育阶段辍学。由此可见，学校、家庭和政府应密切协作，从解决流动儿童辍学问题入手，避免其因失学失管走上犯罪道路，影响家庭幸福和社会和谐。首先，政府从政策、资金上充分保障流动儿童完成九年义务教育，降低公办学校的隐性入学门槛；司法机关对于拒不送子女入学的家长发出“督促监护令”，依法惩处非法招用未满16周岁儿童的单位和雇主。其次，发挥好家庭在防止未成年人辍学中的第一道防线作用。学校应该提高教学质量和安全管理水平，特别关注流动儿童的学习困难和行为偏差，加强心理辅导和帮助，避免因学习困难或家庭问题而辍学。最后，要求流动儿童的父母不得让未成年人脱离监护单独居住生活，引导家长积极与孩子沟通，向教育专业人士咨询，杜绝棍棒式教育或放纵溺爱式教育。

七、儿童优先和更公平的财政投入机制

为了攻克城镇化过程中儿童发展的特殊难点，儿童发展治理理念和模式变革，应该着眼于让中央政府发挥主导性的作用，承担更大的支出责任，同时授权教育部门统筹从养育、照护到

教育等儿童发展事务。

一是在一般公共预算中，把分散性的相关支出整合为一个有关儿童发展的专门支出项目，同时按照占GDP的相应比例要求确保不断增加投入。这也是公共财政促进人口高质量发展、支撑中国式现代化的重要举措。

二是为了确保中央财政能够有力支持儿童发展事业，随着该领域投入力度的增加，中央财政收支占国家预算的比重应不断得到提高。以此为契机逐步改变中央财政的收支占比过低，以及公共财政支出中社会福利支出占比过低的状况。

三是在前述制度安排的基础上，使儿童发展相关投入水平与地方经济发展水平和财政能力脱钩。

八、建设儿童优先和友好城市

（一）建设儿童友好城市是实现儿童优先的必要途径

不同于过往的单一经济增长要求，儿童友好是对城市软实力和综合发展水平的考察。近年来，越来越多的城市将儿童优先原则转化为城市治理的实际举措，将儿童发展纳入重点工作统筹推进。国际经验表明，构建儿童友好城市，涵盖安全、健康、教育、娱乐、医疗、营养、儿童参与等多方面内容，是实现儿童优先的必要途径，有利于儿童福祉的全面提升。

儿童是城市重要的参与者，他们有着不同于成人的身体健康、心理健康和社会适应需求，在进行儿童友好城市建设的设计时，不能只关注物理的空间和环境，而应该以不同年龄段、不同类型儿童的需求和权利为中心，全方位、系统性设计，在教育、医疗、营养健康等方面综合考量，建立真正的社会政策友好、公共服务友好、权利保障友好、成长空间友好和发展环境友好城市。

（二）以儿童需求和权利为中心，鼓励儿童参与

儿童的需求和权利是儿童优先和友好城市建设的核心。在儿童友好城市建设的过程中，成人往往用自己的视角为儿童设计和布置，但什么是儿童真正想要的呢？也许是砖缝里的一只小蚂蚁，也许是草丛边一片形状特别的落叶。只有真正以儿童为中心，鼓励孩子们参与进来，探索和讨论自己的喜好，才能真正做到儿童友好。

在我国，儿童参与的现状不尽如人意。在反映需求、分享成果等环节，儿童参与相对充分，但决策过程中儿童参与相对不足。儿童在城市建设中通常处于被动状态，“一米视角”

往往是用成人视角来理解儿童需求。儿童参与出现“精英化”倾向，以成绩优秀、性格外向、能力较强的儿童参与为主，而弱势儿童、残疾儿童、流动儿童等有特殊需求的儿童参与不足（范斌、宋耀萌，2023）。一些城市将儿童参与活动等同于儿童参与，例如，在学校或社区组织儿童活动，收集儿童创造的诗歌或绘画，邀请优秀的儿童代表在一些重大活动中发表演讲等，这类有儿童参与的活动，并不属于真正意义上的儿童参与城市建设（Fang，2020）。

鼓励和推动儿童真正参与，一是建立完善城市、城区、社区、学校等各级儿童参与和议事的平台，鼓励儿童参与与其有关的事务决策。二是优化儿童参与的结构，聆听弱势儿童的声音，鼓励特殊困难家庭的儿童参与（范斌、宋耀萌，2023）。三是积极探索儿童参与的新模式与新方法，可借鉴国际经验采用拍照法、游戏法等多种形式，在城市建设中引入儿童视角，增加儿童的参与度。四是纠正对儿童参与的认知偏差，走出以儿童参与活动代替儿童参与的误区。

（三）加大宣传力度，提升社会公众对儿童的理解和尊重

社会公众对儿童优先和儿童友好等理念认知不足，儿童保护的意识较为淡漠。中国儿童福利和收养中心发布的《中国未成年人保护发展报告蓝皮书（2022）》显示，自 2021 年我国未成年人保护法修订以来，全国建立了“六位一体”的未成年人保护工作新格局，但儿童权利受到侵害的情况依然存在，尤其农村儿童的权益保障存在重大风险，主要集中在家庭去功能化、童年逆境及儿童越轨行为等多个领域。从社会舆论来看，近年来公众对儿童的包容度在下降，厌童情绪也正在当代年轻人中存在。

让全社会形成关爱儿童、理解儿童、保护儿童的风气与文化。积极利用广播、电视、互联网、新媒体等媒介，进行儿童友好理念的宣传；通过学校教育、家庭教育、社会宣传等形式，主动培养儿童的权利意识，提高儿童的自我保护意识与能力。

（四）健全管理机制，促进儿童友好空间和服务的有机融合

完善的管理体制是建设儿童优先和友好城市的保障，应健全管理机制，分别成立儿童友好城市建设全国指导办公室和市级、区级指导办公室，负责儿童友好城市建设战略的制定、推行与监督，并作为跨部门合作的牵头与协调部门，推进儿童友好城市建设网络的构建。

空间环境与基础设施等硬件条件的改造具有收效明显、可视化程度高等特点，这也是很多城市以儿童友好空间建设为切入点的重要原因。但是，一些城市在推进友好空间建设的过程中，

忽视了与儿童生活需求相关的公共服务（如托育、家庭教育、儿童娱乐活动、特殊儿童帮扶等）的匹配，常常造成场所空置、资源浪费的问题。应结合儿童友好的各类空间场景（如公园、社区、医院、学校等），增加满足儿童和家庭需求的公共服务供给，将公共服务作为儿童友好空间的配套措施，增加空间的利用率。同时要警惕地方政府将儿童友好空间建设作为“政绩工程”的倾向或苗头。

儿童友好城市的建设，致力于为每位儿童提供平等的发展机会，也鼓励通过数字化技术等手段为儿童提供服务。在构建儿童友好城市的过程中，应用数字技术可以在很大程度上改变许多儿童因种族、民族、性别、残障、流离失所等因素而落后的现状，使他们有机会接触到世界范围内的各种机遇，获得必要的技能，通过跨越数字鸿沟而获得发展和取得成功。

（五）将儿童友好城市建设纳入城市整体规划，构建多功能复合型儿童友好户外空间

设计并创建有助于儿童独立出行的城市环境，重视童趣化、特色化建设；更加重视家庭空间建设，根据城市的实际情况对家庭住房进行儿童友好改造；针对儿童保护、儿童心理健康、普惠托育、家庭教育等儿童友好政策的薄弱环节，强化儿童及其家庭福利的政策支持；从承载儿童公共服务供给入手，打造儿童友好的家庭、社区、医院、网络、公园等空间场景，推进复合型、嵌入式公共服务设施建设，促进友好空间和友好服务的有机融合。

（六）探索制定和完善儿童友好城市建设的监测和评估机制，实现评估工作与问题反馈的双向衔接

借鉴联合国儿童基金会及各国儿童友好城市建设框架，制定探索建立儿童友好城市建设监测与评估机制，制定国家评估清单。根据每个城市儿童友好建设的发展阶段，划分基础指标、提升指标、特色指标等，并确定对应的操作评估清单，从而确保评估工具的可操作性。

实现评估工作与问题反馈的双向衔接。通过对建设过程的实时监督和阶段性评估，收集相关数据信息，形成监督评估报告，为制定改进措施和后续工作的有效推进提供可靠的事实依据。

（七）关注城镇化过程中的弱势儿童群体

联合国儿童基金会儿童友好城市的倡议目标之一是：让每一位儿童免受剥削、暴力和虐待，有权获取高质量的基本社会服务。为使所有儿童都可以平等享受包括心理健康服务在内的基本社会服务，很多国家尤其关注了弱势儿童群体。

梳理我国目前的儿童优先和友好城市建设的现况可以发现，其主要集中在一线发达城市、东部沿海地区的发达城市。随着新型城镇化的发展，流动儿童、留守儿童等特殊群体出现，大量农村人口涌入城市，而在我国现有的户籍制度限制下，追求优质教育资源的他们又被迫“回流”，成为生活在基层县市的“回流儿童”。儿童优先和友好城市建设应关注新型城镇化下产生的特殊群体，可以进一步下沉至基层县市，并结合流动儿童、留守儿童的特点，用儿童本位的思路构建属于他们的儿童优先和友好城市。贫困、残疾和流离失所的儿童，更易受到疾病和营养不良的威胁。儿童友好城市建设会保障这些儿童与普通儿童平等享受医疗与健康资源，获得更好的成长，这类健康服务会贯穿其整个生命周期，包括出生前、新生儿期与儿童期等各个阶段。

参考文献

[1] 白文飞，徐玲 . 流动儿童社会融合的身份认同问题研究——以北京市为例 [J]. 中国社会科学院研究生院学报，2009（02）：18–25.

[2] 鲍美红，李心怡 . 互联网环境下农村留守儿童媒介接触行为对其社会化影响的研究 [J]. 新闻传播，2023（24）：36–38.

[3] 蔡昉 . 社会流动性如何影响生育率？ [J]. 社会学研究，2024（01）：45–63.

[4] 蔡昉 . 生育意愿、社会流动和福利国家 [J]. 经济学动态，2024（03）：3–12.

[5] 蔡昉 . 人口负增长时代：中国经济增长的挑战与机遇 [M]. 北京：中信出版集团，2023.

[6] 蔡昉 . 以农民工市民化推进城镇化 [J]. 经济研究，2013，48（03）：6–8.

[7] 蔡昉 . 城市化与农民工的贡献——后危机时期中国经济增长潜力的思考 [J]. 中国人口科学，2010（01）：2–10+111.

[8] 蔡昉，都阳，王美艳 . 户籍制度与劳动力市场保护 [J]. 经济研究，2001（12）：41–49+91.

[9] 蔡昉 . 打破“生育率悖论”[J]. 经济学动态，2022（01）：3–13.

[10] 蔡昉 . 户籍制度改革的效应、方向和路径 [J]. 经济研究，2023，58（10）：4–14.

[11] 蔡昉 . 促进社会流动的市场机会、社会政策和家庭养育 [J]. 劳动经济研究，2024，12（02）：3–16.

[12] 蔡昉，李雪松，陆旸 . 中国经济将回归怎样的常态 [J]. 中共中央党校（国家行政学院）学报，2023，27（01）：5–12.

[13] 蔡和，牛颖楠，罗良 . 新时代义务教育资源配置的水平测度与均衡演进 [J]. 南京师大学报（社会科学版），2024（01）：36–52.

[14] 曹燕娟，麦合权，毕晓娟 . 深圳市 0 ~ 36 月流动儿童营养不良的分布特征及影响因素分析 [J]. 河南预防医学杂志，2018（01）：5–8.

[15] 常向东，袁大伟，金霞芳，等 . 初中生自杀意念影响因素分析 [J]. 中国健康心理学杂志，2014，22（10）：1556–1559.

[16] 常子毅 . 流动儿童家庭教养方式与心理健康的关系 [D]. 广西师范大学，2019.

[17] 常青，夏绪仁 . 农村留守儿童人格特征研究 [J]. 心理科学，2008，31（06）：1406–1408+1405.

[18] 陈丹，权治行，艾梦瑶，等 . 青少年心理健康状况及影响因素 [J]. 中国健康心理学杂志，2020，28（09）：1402–1409.

[19] 陈传锋，陈文辉，董国军，等 . 中学生课业负担过重：程度、原因与对策——基于全国中学生学习状况与课业负担的调查 [J]. 中国教育学刊，2011（07）：11–16.

[20] 陈福宗 . 流动儿童心理健康问题的社会工作介入研究 [D]. 湖南师范大学，2018.

[21] 陈曦，钟华．压力、负面情绪与中国流动儿童的越轨行为 [J]. 青少年犯罪问题，2012（05）：22–33.

[22] 陈静仪．广州市在校流动儿童体质健康状况 [J]. 中国学校卫生，2014（11）：1694–1697.

[23] 陈宁静，刘可，卜秀青，等．广州市流动儿童与户籍儿童卫生服务需求与利用状况的比较研究 [J]. 中国全科医学，2018（12）：1471–1475.

[24] 陈晓珊．人工智能时代教师应如何存在？——基于技术现象学视角的思考 [J]. 开放教育研究，2024，30（01）：73–82.

[25] 陈晓珊，戚万学．"技术"何以重塑教育 [J]. 教育研究，2021，42（10）：45–61.

[26] 陈之秀．儿童肥胖防控刻不容缓——专访北京大学公共卫生学院教授马冠生 [J]. 食品界，2023（04）：18–21.

[27] 陈媛媛，邹月晴，宋扬．异地中考门槛与流动人口子女的留守 [J]. 经济学（季刊），2024，24（01）：119–135.

[28] 池瑾，胡心怡，申继亮．家庭背景与留守儿童生活满意度的关系 [J]. 心理研究，2008，1（02）：57–61.

[29] 程梦瑶．迈向高质量发展：基于"七普"数据考察我国人口城镇化新阶段 [J]. 人口与发展，2022，28（02）：93–103+57.

[30] 程梦瑶，段成荣．迁徙中国形态得到进一步确认 [J]. 人口研究，2021，45（03）：75–81.

[31] 崔颖，徐卓君．留守还是流动？——家庭化迁移对儿童认知能力和非认知能力的影响 [J]. 人口与发展，2024，30（01）：96–109.

[32] 邓长明，陈光虎，石淑华．隔代带养儿童心理行为问题对比分析 [J]. 中国心理卫生杂志，2003（03）：196.

[33] 刁华．基于青春期知信行的同伴教育对青春期留守儿童心理弹性的干预研究 [D]. 重庆医科大学，2020.

[34] 董会芹．影响小学生问题行为的家庭因素研究 [J]. 教育研究，2016，37（03）：99–109.

[35] 杜柏玲，陈维举．农村留守小学生心理资本的实证研究——基于陇南市 320 名农村留守小学生的调查数据 [J]. 甘肃高师学报，2020，25（01）：80–86.

[36] 谈娟娟．流动儿童问题与社会工作介入方法研究 [D]. 安徽大学，2017.

[37] 邓林园，李蓓蕾，靳佩佩，等．父母陪伴与儿童自我价值感的关系：城市与流动儿童的对比研究 [J]. 教育学报，2017，13（05）：71–78.

[38] 段丹辉，朱明元，罗家有，等．中国部分农村地区 2 ～ 7 岁留守儿童膳食营养现况研究 [J]. 中华流行病学杂志，2009（04）：326–330.

[39] 段成荣，邱玉鼎，黄凡，等．从 657 万到 3.76 亿：四论中国人口迁移转变 [J]. 人口研究，2022，46（06）：41–58.

[40] 段成荣，吕利丹，王涵，等．从乡土中国到迁徙中国：再论中国人口迁移转变 [J]. 人口研究，2020，44（01）：19–25.

[41] 段成荣，赖妙华，秦敏 .21 世纪以来我国农村留守儿童变动趋势研究 [J]. 中国青年研究，2017（06）：52–60.

[42] 段成荣．利用出生地资料进行人口迁移分析 [J]. 人口学刊，2000（03）：21–26.

[43] 凡勇昆，邬志辉．我国城乡义务教育资源均衡发展研究报告——基于东、中、西部 8 省 17 个区（市、县）的实地调查分析 [J]. 教育研究，2014，35（11）：32–44+83.

[44] 方晋．投资儿童早期发展，阻断贫困代际传递 [J]. 民主与科学，2020（03）：49–51.

[45] 方征，谢辰．"县管校聘"教师流动政策的实施困境与改进 [J]. 教育发展研究，2016，36（08）：72–76.

[46] 方晓义，范兴华，刘杨．应对方式在流动儿童歧视知觉与孤独情绪关系上的调节作用 [J]. 心理发展与教育，2008

（04）：93–99.

［47］ 方圆，王雅芯，李翀，等 . 乡村儿童心理健康及其影响因素数据集 [J]. 中国科学数据（中英文网络版），2023，8（03）：375–383.

［48］ 范昕，李敏谊，叶品 . 托幼服务治理模式国际比较及中国路径选择 [J]. 比较教育研究，2021，43（01）：104–112.

［49］ 范斌，宋耀萌 . 儿童权利视域下儿童友好城市建设研究 [J]. 城市问题，2023（08）：46–53.

［50］ 冯仰存，任友群 . 教育信息化 2.0 时代的教育扶智：消除三层鸿沟，阻断贫困传递——《教育信息化 2.0 行动计划》解读之三 [J]. 远程教育杂志，2018，36（04）：20–26.

［51］ 费孝通 . 乡土中国 [M]. 上海：上海人民出版社，2006.

［52］ 傅维利，张淼 . 论城市化进程对中国义务教育班级、学校规模的影响 [J]. 华东师范大学学报（教育科学版），2014，32（01）：1–10.

［53］ 葛岩，尹丽娜 . 初中生学习压力与考试焦虑、自我效能、学习策略的关系研究 [J]. 教育导刊，2013（10）：24–28.

［54］ 葛新斌，张玲 . 城乡教师"新数字鸿沟"之缘由与弥合路径探析——从"知沟"的理论视角出发 [J]. 华南师范大学学报（社会科学版），2021（04）：42–51+205.

［55］ 哥斯塔·埃斯平·安德森 . 福利资本主义的三个世界 [M]. 北京：商务印书馆，2010.

［56］ 国家发展和改革委员会社会发展司，国务院妇女儿童工作委员会办公室 . 中国儿童友好型城市发展报告（2023）[M]. 北京：中国计划出版社，2023.

［57］ 韩嘉玲，张业楠，刘月 . 流动儿童与留守儿童定义的变迁及新特征 [J]. 民族教育研究，2020，31（06）：81–88

［58］ 韩嘉玲 . 流动儿童蓝皮书——中国流动儿童教育发展报告（2021 ～ 2022）[M]. 北京：社科文献出版社，2023.

［59］ 韩嘉玲 . 农村留守儿童的家庭监护能力研究 [J]. 南京工业大学学报（社会科学版），2016，15（02）：82–91.

［60］ 韩嘉玲，余家庆 . 离城不回乡与回流不返乡——新型城镇化背景下新生代农民工家庭的子女教育抉择 [J]. 北京社会科学，2020（06）：4–13.

［61］ 何冬丽 . 农村留守经历对大学生成人依恋风格和主观幸福感的影响 [J]. 中国健康心理学杂志，2013，21（02）：280–281.

［62］ 贺丹，庄亚儿，杨胜慧 . 婴幼儿托育：家庭需求与机构供给 [J]. 人口与社会，2021，37（04）：15–23.

［63］ 侯亚杰，段成荣，王宗萍 . 异地高考流动青少年基本状况分析——对异地高考流动青少年规模的估计 [J]. 中国青年研究，2015（06）：51–57.

［64］ 黄大湖，丁士军，陈玉萍 . 劳动力流动对农村居民消费的影响——基于空间效应视角的分析 [J]. 经济问题探索，2022（04）：142–153.

［65］ 黄仕权 . 生态系统视角下社会工作介入流动儿童心理健康服务研究 [D]. 集美大学，2023.

［66］ 黄潇潇，张亚利，俞国良 .2010 ～ 2020 中国内地小学生心理健康问题检出率的元分析 [J]. 心理科学进展，2022，30（05）：953–964.

［67］ 黄艳苹，李玲 . 不同留守类型儿童心理健康状况比较 [J]. 中国心理卫生杂志，2007（10）：669–671.

［68］ 和学新 . 班级规模与学校规模对学校教育成效的影响——关于我国中小学布局调整问题的思考 [J]. 教育发展研究，2001（01）：18–22.

［69］ 怀进鹏 . 数字变革与教育未来——在世界数字教育大会上的主旨演讲 [J]. 中国教育信息化，2023，29（03）：3–10.

［70］ 虎二梅，乜勇．教育数字鸿沟的类型及其影响因素研究 [J]. 开放学习研究，2023，28（06）：41–50.

［71］ 胡惠闵，王小平．国内学界对课业负担概念的理解：基于 500 篇代表性文献的文本分析 [J]. 教育发展研究，2013（33）：18–24.

［72］ 胡晓莹．流动儿童心理健康、生活满意度、社会支持及其关系研究 [D]. 河北师范大学，2015.

［73］ 贾勇宏，吴恩慈．农村留守儿童更易遭受校园欺凌吗？——基于 1487 份农村中小学生问卷调查的实证分析 [J]. 教育与经济，2022，38（02）：79–87.

［74］ 江波，沈倩倩．同伴依恋对流动儿童学校适应的影响机制 [J]. 苏州大学学报（教育科学版），2019，7（03）：102–111.

［75］ 江璇．论城市化中农村家庭结构的变化 [J]. 特区经济，2010（10）：172–173.

［76］ 姜美茹，曹晓君，曹冉，等．家庭抚养模式对学前儿童安慰观念及行为的影响 [J]. 学前教育研究，2021（10）：44–54.

［77］ 姜玉峰．以教育数字化转型助推教育强国建设 [N]. 光明日报，2023–08–28.

［78］ 金久仁．信息技术促进教育公平的耦合可能与限度约束 [J]. 现代远程教育研究，2022，34（04）：55–64.

［79］ 靳凯丽．留守女孩的回归——一例留守初中生的心理辅导案例 [J]. 中小学心理健康教育，2020（07）：49–51.

［80］ 匡卉，郑欣．留守儿童家庭的智能设备使用及管控 [J]. 北京社会科学，2024（02）：108–119.

［81］ 雷望红，吕国治．减负政策与学生教育机会的城乡分化 [J]. 苏州大学学报（教育科学版），2018（06）：74–80.

［82］ 李涛，邬志辉．中国城镇化与教育发展 [J]. 教育发展研究，2019，39（21）：1–10.

［83］ 雷雅娴，吴小凤，魏勇刚．儿童友好城市建设的实践路向：基于国际经验的启示 [J]. 少年儿童研究，2023（03）：79–87+103.

［84］ 李强，臧文斌．父母外出务工对留守儿童健康的影响 [J]. 经济学（季刊），2011（01）：341–360.

［85］ 李秀云．浅谈外卖餐饮食品安全监管对策及思考 [J]. 食品界，2023（11）：117–119.

［86］ 李红阳，邵敏．城市规模、技能差异与劳动者工资收入 [J]. 管理世界，2017（08）：36–51.

［87］ 李红娟，宁颖丹．异地中考政策的区域差异及思考——基于 60 个城市的政策文本分析 [J]. 教育测量与评价，2020（01）：29–34.

［88］ 李强，王昊．什么是人的城镇化？[J]. 南京农业大学学报（社会科学版），2017，17（02）：1–7+150.

［89］ 李涛，宋玉波．中国统筹城乡教育综合改革的全景透析：从历史到现状 [J]. 江淮论坛，2011（01）：145–153+103+193.

［90］ 李晓青，常在萍．“医育结合”托起初升的太阳 [N]. 乌鲁木齐晚报（汉），2023–06–13.

［91］ 李春凤．流动儿童宽恕倾向、应对方式与心理健康的关系 [D]. 上海师范大学，2015.

［92］ 李敏和，王强强，康静梅．学优生和“学困生”学业压力的比较研究 [J]. 中国健康心理学杂志，2015，23（04）：614–617.

［93］ 李其容，李春萱，龚淑英，等．双职工核心家庭父母工作狂与青少年情绪症状、品行问题：情绪耗竭的中介作用 [J]. 心理研究，2023，16（03）：260–272.

［94］ 李姣媛，方向明．我国儿童社会医疗保险参与和报销情况分析与思考——基于中国家庭追踪调查 CFPS 数据 [J]. 江西财经大学学报，2018（02）：61–70.

[95] 李新宇，邵蓉，白铭钰，等 . 我国儿童药品保障政策文本量化分析——基于政策工具、政策目标的二维框架 [J]. 中国卫生政策研究，2022（08）：68–73.

[96] 李庆丰 . 农村劳动力外出务工对“留守子女”发展的影响——来自湖南、河南、江西三地的调查报告 [J]. 上海教育科研，2002（09）：25–28.

[97] 李小青，邹泓，王瑞敏，等 . 北京市流动儿童自尊的发展特点及其与学业行为、师生关系的相关研究 [J]. 心理科学，2008（04）：909–913.

[98] 李晓巍，邹泓，金灿灿，等 . 流动儿童的问题行为与人格、家庭功能的关系 [J]. 心理发展与教育，2008（02）：54–59.

[99] 李冰冰，汪德华 .1950—2021 年中国财政支出科目体系的历史演变 [J]. 财经智库，2022，7（04）：33–58+145–146.

[100] 李志凯 . 留守儿童心理弹性与社会支持的关系研究 [J]. 中国健康心理学杂志，2009，17（04）：440–442.

[101] 李玉顺，付苏豪，安欣 . 数字经济时代学生数字素养的培育——时代价值、理论建构与实践进路 [J]. 中国电化教育 . 2023（09）：27–33.

[102] 李飞，关艳华 . 边远地区农村留守儿童人际心理问题的调查分析 [J]. 通化师范学院学报，2020，41（03）：117–123.

[103] 李莉 . 多元智能理论在小学音乐教学中的应用研究 [D]. 四川师范大学，2013.

[104] 黎煦，朱志胜 . 回流对贫困地区农村儿童心理健康的影响——基于农村寄宿制学校的实证检验 [J]. 北京师范大学学报（社会科学版），2018（04）：26–38.

[105] 凌辉，郑梦娇，张建人，等 . 隔代教养对 6–12 岁儿童自立行为的影响：孙辈性别的调节作用 [J]. 中国临床心理学杂志，2021，29（04）：799–802.

[106] 刘欣怡，崔丽娟 . 留守儿童共情能力特点、发展影响因素及其干预探究 [J]. 苏州大学学报（教育科学版），2020，8（03）：65–75.

[107] 柳建坤，何晓斌，张云亮 . 体育锻炼、亲子关系与青少年心理健康——来自中国教育追踪调查的证据 [J]. 中国青年研究，2021（05）：103–112.

[108] 楼玮群，齐铱 . 高中生压力源和心理健康的研究 [J]. 心理科学，2000（02）：156–159+155+253.

[109] 路海东 . 聚焦中国儿童学习压力：困境与出路 [J]. 东北师大学报（哲学社会科学版），2008（06）：24–28.

[110] 罗银英 . 流动儿童生活事件与心理健康的关系研究 [D]. 南宁师范大学，2020.

[111] 陆铭 . 取消城市落户限制的影响 [J]. 上海国资，2021（05）：14.

[112] 刘云，赵振国 . 隔代教养对学前儿童情绪调节策略的影响 [J]. 学前教育研究，2013（02）：37–42.

[113] 刘书臣 . 托育服务对劳动供给的影响研究 [D]. 中国社会科学院大学，2024.

[114] 刘吉，张沛 .“城中村”问题分析与对策研究 [J]. 西安建筑科技大学学报（自然科学版），2003（03）：243–247.

[115] 吕利丹，程梦瑶，谭雁潇，等 . 我国流动儿童人口发展与挑战（2000—2015）[J]. 青年研究，2018（04）：1–12+94.

[116] 吕明杰，杨俊峰 . 洞察全球智能在线教育：2021—2023：与学习者同行 [M]. 北京：中国科学技术出版社，2023.

[117] 马健生，吴佳妮 . 为什么学生减负政策难以见成效？——论学业负担的时间分配本质与机制 [J]. 北京师范大学学报（社会科学版），2014（02）：5–14.

[118] 马军，董彦会，王鑫鑫，等. 中国儿童青少年健康危险行为状况分析报告[J]. 中国校外教育，2022（06）：61-78.

[119] 马伟玲，种波，蔡滨，等. 苏州市流动儿童参加社会基本医疗保险制度实施现状分析[J]. 中国农村卫生事业管理，2013（10）：1090-1093.

[120] 马晓辉. 近30年来我国儿童心理健康教育政策的发展分析[J]. 少年儿童研究，2019（10）：51-61.

[121] 彭海云，盛靓，王金睿，等. 2001—2019年我国青少年孤独感的变迁：横断历史研究的视角[J]. 心理发展与教育，2023，39（03）：449-456.

[122] 彭希哲，胡湛. 当代中国家庭变迁与家庭政策重构[J]. 中国社会科学，2015（12）：113-132+207.

[123] 秦敏，朱晓. 父母外出对农村留守儿童的影响研究[J]. 人口学刊，2019，41（03）：38-51.

[124] 谯锡琴. 教育扶贫视阈下农村婴幼儿养育现状及对策思考[J]. 教育导刊（下半月），2019（08）：11-14.

[125] 谯瑞. 沙盘游戏与绘画治疗在解决农村小学留守儿童心理问题中的个案研究[J]. 心理月刊，2020，15（04）：59.

[126] 邱婴芝，陈宏胜，李志刚，等. 基于邻里效应视角的城市居民心理健康影响因素研究——以广州市为例[J]. 地理科学进展，2019，38（02）：283-295.

[127] 任远. 人的城镇化：新型城镇化的本质研究[J]. 复旦学报（社会科学版），2014，56（04）：134-139.

[128] 单丹丹. 城市流动儿童社会身份认同及其对心理健康的影响[D]. 陕西师范大学，2011.

[129] 沈亚芳，胡雯，张锦华. 子女随迁入学对农民工迁移决策的影响——基于"千村调查"的数据分析[J]. 复旦教育论坛，2020，18（01）：76-83.

[130] 申梦晗. 中国大型城市流动儿童医疗保险参保问题研究——基于断点回归与双重差分模型的实证分析[J]. 社会保障评论，2022（02）：74-87.

[131] 宋月萍，张耀光. 农村留守儿童的健康以及卫生服务利用状况的影响因素分析[J]. 人口研究，2009，33（06）：57-66.

[132] 宋月萍. 父母流动对农村大龄留守儿童在校行为的影响——来自中国教育追踪调查的证据[J]. 人口研究，2018，42（05）：68-77.

[133] 师保国，徐玲，许晶晶. 流动儿童幸福感、安全感及其与社会排斥的关系[J]. 心理科学，2009，32（06）：1452-1454+1458.

[134] 石伟. 体育游戏对留守儿童心理健康的促进作用[J]. 小学科学（教师版），2020（08）：133-134.

[135] 史晓浩，王毅杰. 流动儿童城市社会交往的逻辑——指向一种质量互释的混合研究[J]. 南方人口，2010，25（02）：32-41+31.

[136] 孙延林，王志庆，姚家新，等. 体育锻炼与心理健康：认知、焦虑、抑郁和自我概念的研究进展[J]. 生理科学进展，2014，45（05）：337-342.

[137] 沈奕斐. 隔代育儿对儿童发展影响的实证研究述评[J]. 妇女研究论丛，2023（03）：113-128.

[138] 田旭，黄莹莹，钟力，等. 中国农村留守儿童营养状况分析[J]. 经济学（季刊），2017（01）：247-276.

[139] 唐鸣. 音乐游戏对乡村留守儿童安全感缺失的干预研究意义及策略[J]. 黄河之声，2020（13）：81-82.

[140] 唐慧，郭鸿，曹芳，等. 2005—2015年中国0~14岁儿童恶性肿瘤流行特征研究[J]. 中国全科医学，2022（08）：984-989+1006.

[141] 滕晓雨，杜继鹏，蔡雅君，等. 屏幕暴露对学龄前儿童睡眠时间和质量的影响[J]. 中国妇幼健康研究，2021，32

（04）：477–483.
［142］谭深．人口流动对农村贫困和不平等的影响 [J]. 开放时代，2009（10）：81–95.
［143］田鸽，张勋．数字经济、非农就业与社会分工 [J]. 管理世界，2022，38（05）：72–84.
［144］万增奎 .20 年流动儿童心理健康研究的文献计量分析 [J]. 心理研究，2020，13（06）：544–550.
［145］万婷月，陈俊江，吴志力，等．耳机使用对 14~28 岁学生听力损伤的影响因素分析 [J]. 中国学校卫生，2023（09）：1396–1398.
［146］万永春，孟亚．中国儿童青少年心理健康研究 20 年：研究热点、知识图谱与发展趋势 [J]. 心理研究，2024，17（01）：87–96.
［147］王冬．城中村人群健康：城市化进程中不可忽视的问题 [J]. 医学与哲学（人文社会医学版），2007（02）：31–33.
［148］王维芳．家庭社会资本、同伴关系和流动儿童的心理健康 [D]. 山东大学，2020.
［149］王卫华，肖林根．教育内卷化的实质及现象学的破解之道 [J]. 首都师范大学学报，2023（05）：1–16.
［150］王雪娜，杜雯雯，张萌，等．新型冠状病毒肺炎期间学龄前儿童屏幕暴露与心理健康 [J]. 中国健康心理学杂志，2021，29（04）：564–568.
［151］王晰，殷涛，杨慧敏，等．我国 27 家社区卫生服务中心儿童诊疗服务投入产出效率分析 [J]. 中华医院管理杂志，2021（02）：167–171.
［152］王岩．人口流动、城市效应与流动儿童健康——以上海市都市社区调查（SUNS）为例 [J]. 人口与健康，2019（09）：17–21.
［153］王玥，许志星．校内外课业负担对初中学生发展水平的影响——家庭社会经济地位的双重效应 [J]. 教育科学研究，2019（09）：52–60.
［154］王云峰，郝懿，李美娟．小学生课业负担与学业成绩的关系研究 [J]. 中国教育学刊，2014（10）：59–63.
［155］王俊，史毅，刘鸿雁．经合组织国家托育公共支出和家庭支出比较 [J]. 人口与健康，2023（01）：31–34.
［156］王红英，李胜，刘应淼，等．隔代照顾对中国儿童健康状况的影响 [J]. 中国学校卫生，2021（01）：46–49.
［157］王跃生．中国当代人口迁移政策演变考察——立足于 20 世纪 50—90 年代 [J]. 中国人民大学学报，2013，27（05）：103–111.
［158］王茹，胡竞尹，徐舒，等．随迁还是留守：异地入学门槛对农村流动人口子女的影响 [J]. 经济学（季刊），2023，23（06）：2156–2173.
［159］王善迈．教育公平的分析框架和评价指标 [J]. 北京师范大学学报（社会科学版），2008（03）：93–97.
［160］王卓，李天成．义务教育可及性对农民工居留意愿的影响 [J]. 华南农业大学学报（社会科学版），2024，23（01）：48–62.
［161］王永固，许家奇，丁继红．教育 4.0 全球框架：未来学校教育与模式转变——世界经济论坛《未来学校：为第四次工业革命定义新的教育模式》之报告解读 [J]. 远程教育杂志，2020，38（03）：3–14.
［162］王红军，段云峰．5G+ 智慧教育：重塑未来教育新图景 [M]. 北京：人民邮电出版社，2022.
［163］王素，苏红，袁野，等．中国基础教育数字化转型：现状研判及深化对策——基于全国 21 个省市中小学的调查研究 [J]. 中国教育学刊，2024（02）：22–28.
［164］王国珍．青少年的网瘾问题与网络素养教育 [J]. 现代传播（中国传媒大学学报），2015，37（02）：143–147.

[165] 王冬 . 留守与非留守儿童幸福感影响因素之比较 [D]. 华东师范大学，2020.

[166] 王晓丹，陈旭 . 留守儿童与非留守儿童社交焦虑及认知偏差的比较研究 [J]. 四川师范大学学报（社会科学版），2010，37（02）：57–61.

[167] 王玉花 . 有童年期留守经历的大学生成人依恋、社会支持与主观幸福感关系的研究 [D]. 华中科技大学，2008.

[168] 魏义方 . 儿童友好城市建设的国际经验与启示 [J]. 人口与健康，2022（05）：35–38.

[169] 文思雁，于旭晨，金磊 . 儿童青少年家庭功能障碍与心理健康关系的三水平元分析 [J]. 心理科学进展,2024（05）：1–19.

[170] 温世博，郭芷琪，王天依，等 . 中国儿童青少年视屏时间与健康风险的 Meta 分析 [J]. 中国预防医学杂志，2023（07）：662–667.

[171] 伍倩云，潘杰 . 1991—2015 年中国 5 ～ 12 岁儿童健康公平性变化趋势及其社会决定因素分析 [J]. 预防医学情报杂志，2020（05）：633–640.

[172] 武昭凡，雷会霞 . 儿童友好型城市研究进展与展望 [C]// 中国城市规划学会，成都市人民政府 . 面向高质量发展的空间治理——2021 中国城市规划年会论文集（07 城市设计），2021.

[173] 武昭凡 . 城市治理视角下的中国儿童友好型城市规划 [C]// 中国城市规划学会 . 人民城市，规划赋能——2022 中国城市规划年会论文集（11 城乡治理与政策研究）. 西安建大城市规划设计研究院，2023.

[174] 吴重涵，戚务念 . 留守儿童家庭结构中的亲代在位 [J]. 华东师范大学学报（教育科学版），2020，38（06）：86–101.

[175] 吴方文，宋映泉，黄晓婷 . 校园欺凌：让农村寄宿生更“受伤”——基于 17841 名农村寄宿制学校学生的实证研究 [J]. 中小学管理，2016（08）：8–11.

[176] 吴贾，韩潇，林嘉达 . 父母工作时间的代际影响：基于城市和流动人口子女认知和非认知能力的分析 [J]. 劳动经济研究，2019，7（03）：56–83.

[177] 吴新慧 . 关注流动人口子女的社会融入状况——“社会排斥”的视角 [J]. 社会，2004（09）：10–12.

[178] 吴愈晓，王鹏，杜思佳 . 变迁中的中国家庭结构与青少年发展 [J]. 中国社会科学，2018（02）：98–120+206–207.

[179] 吴开俊，周丽萍，廖康礼 . 随迁子女义务教育中央与地方财政责任的现状、问题及对策 [J]// 载韩嘉玲主编《中国流动儿童教育发展报告（2023—2024）. 北京：社会科学文献出版社，2024.

[180] 肖月，孙潭霖，赵琨，等 . 我国儿童药品供应保障体系核心问题及对策 [J]. 卫生经济研究，2021（06）：6–9.

[181] 肖昕雨，洪灿林，毕媛昕，等 . 中国 5 岁以下儿童生长障碍疾病负担现状与趋势 [J]. 公共卫生与预防医学，2023（01）：11–15.

[182] 熊猛，叶一舵，曾鑫 . 流动儿童心理健康的干预实验：基于心理健康双因素模型和教育干预的整合取向 [J]. 心理学探新，2016，36（04）：378–384.

[183] 辛自强，张梅 .1992 年以来中学生心理健康的变迁：一项横断历史研究 [J]. 心理学报，2009，41（01）：69–78.

[184] 许程姝，邬志辉 . 城乡义务教育一体化视阈下的教育治理研究——来自“成都经验”的制度分析模型 [J]. 广西社会科学，2020（01）：165–171.

[185] 许婧雪，张文忠，谌丽 . 杭州城市人口密度对人居环境感知的影响 [J]. 地理科学，2022，42（02）：208–218.

[186] 徐琳，万丽君 . 我国儿童友好城市研究进展、趋势与展望 [J]. 江苏第二师范学院学报，2023，39（05）：38–

45+124.

［187］徐贲．人文的互联网：数码时代的读写与知识 [M]. 北京：北京大学出版社，2019.

［188］薛二勇．区域内义务教育均衡发展指标体系的构建——当前我国深入推进义务教育均衡发展的政策评估指标 [J]. 北京师范大学学报（社会科学版），2013（04）：21–32.

［189］严从根．身份认同的“内卷化”：危险及其消解的策略——论农民工子弟学校学生的身份认同危机 [J]. 现代教育管理，2009（05）：17–19.

［190］杨钋，刘永烨，梁净．幼儿园班级规模与儿童发展：来自县域追踪调查的证据 [J]. 北京大学教育评论，2020，18（03）：60–85+188–189.

［191］杨淑芝．关注儿童听力，预防隐形伤害 [N]. 家庭医生报，2016–02–29.

［192］杨宗凯．以数字化夯实教育强国基点 [J]. 中国教育学刊，2024（02）：1.

［193］杨剑霞，陈旭，瞿斌．留守儿童解释偏向的跨情境比较研究 [J]. 中国健康心理学杂志，2011，19（06）：720–721.

［194］叶苑，邹泓，李彩娜，等．青少年家庭功能的发展特点及其与心理健康的关系 [J]. 中国心理卫生杂志，2006（06）：385–387.

［195］叶曼，张静平，贺达仁．留守儿童心理健康状况影响因素分析及对策思考 [J]. 医学与哲学（人文社会医学版），2006（06）：67–69.

［196］叶敬忠，王伊欢，张克云，等．父母外出务工对留守儿童生活的影响 [J]. 中国农村经济，2006（01）：57–65.

［197］喻月慧，李珍．中国儿童健康保障现状、问题及三医协同治理策略 [J]. 社会保障研究，2023（03）：18–28.

［198］余胜泉，刘恩睿．构建嵌入式服务生态，破解教育公共服务平台隔离难题 [J]. 开放教育研究，2023，29（03）：59–68.

［199］俞国良．中国学生心理健康问题的检出率及其教育启示 [J]. 清华大学教育研究，2022，43（04）：20–32.

［200］俞国良．学校心理健康教育研究的回顾与展望——基于我个人 20 年研究实践的梳理与再分析 [J]. 中国教育科学，2018，1（01）：62–76+140–141.

［201］俞国良，黄潇潇．学生心理健康问题检出率比较：元分析的证据 [J]. 教育研究，2023，44（06）：105–121.

［202］岳颂华，张卫，黄红清，等．青少年主观幸福感、心理健康及其与应对方式的关系 [J]. 心理发展与教育，2006（03）：93–98.

［203］袁晓娇，方晓义，刘杨，等．流动儿童社会认同的特点、影响因素及其作用 [J]. 教育研究，2010，31（03）：37–45.

［204］袁月．小组工作介入流动儿童心理健康问题的研究 [D]. 华中科技大学，2014.

［205］袁振国．教育数字化转型：转什么，怎么转 [J]. 华东师范大学学报（教育科学版），2023，41（03）：1–11.

［206］曾守锤．流动儿童的社会适应状况及其风险因素的研究 [J]. 心理科学，2010，33（02）：456–458.

［207］詹姆士・J. 海克曼．提升人力资本投资的政策 [M]. 上海：复旦大学出版社，2003.

［208］章恩友，陈胜．中小学校园欺凌现象的心理学思考 [J]. 中国教育学刊，2016（11）：13–17.

［209］张胜利，丁娟，平和光．城乡义务教育高位均衡发展模式探析——上海市城乡义务教育一体化发展的路径及启示 [J]. 教育理论与实践，2016，36（34）：27–31.

［210］张亚平．中国中小学生体质与健康状况的地域分异规律 [D]. 陕西师范大学，2011.

[211] 张倩 . 中国中小学生营养与健康改善十年回顾与展望 [J]. 卫生研究，2022（05）：696–699.

[212] 张艺珂 . 父母外出务工对农村留守儿童健康的影响研究 [D]. 中南财经政法大学，2020.

[213] 张茜洋，冷露，陈红君，等 . 家庭社会经济地位对流动儿童认知能力的影响：父母教养方式的中介作用 [J]. 心理发展与教育，2017，33（02）：153–162.

[214] 张红霞 . 儿科用药现状与分析 [J]. 医药前沿，2015（05）：12.

[215] 张沁洁 . 中国儿童医疗保障的家庭依赖度研究——以 4180 个样本为例 [J]. 卫生经济研究，2022（04）：11–14.

[216] 张春泥，潘修明 . 中国儿童家庭养育投入现状报告 [J]// 载苑立新主编：儿童蓝皮书：中国儿童发展报告（2022）. 北京：社会科学文献出版社，2022.

[217] 张伟 . 数字时代的跨境教育——知识的全球共建与共享 [M]. 北京：中国人民大学出版社，2023.

[218] 赵楚欣 . 彰显与弥合——新教育数字鸿沟现实样态的剖析与应对研究 [D]. 东北师范大学，2022.

[219] 赵凡 . 利用游戏有效促进农村留守儿童语言发展的策略 [N]. 咸阳日报，2020–07–01.

[220] 赵景欣 . 养育者行为监控与农村留守儿童的孤独、反社会行为 [J]. 中国临床心理学杂志，2013，21（03）：500–504.

[221] 赵如婧，周皓 . 儿童健康发展的比较研究 [J]. 青年研究 . 2018（01）：34–46.

[222] 赵丹，范先佐，郭清扬 . 如何优化乡村小规模学校布局 [J]. 湖南师范大学教育科学学报，2024，23（01）：63–72.

[223] 赵星月 . 儿童健康水平持续提高 中国儿童发展纲要实施首年进展顺利 [N]. 健康报，2023–05–04.

[224] 郑力 . 班级规模会影响学生的非认知能力吗？——一个基于 CEPS 的实证研究 [J]. 教育与经济，2020（01）：87–96.

[225] 郑友富，俞国良 . 流动儿童身份认同与人格特征研究 [J]. 教育研究，2009，30（05）：99–102.

[226] 郑磊，李虔，张绘 . 中国城乡义务教育一体化的发展现状、动力机制及政策路径 [J]. 教育学报，2023，19（03）：86–99.

[227] 郑磊，郑逸敏，陈荣雨 . 从缩小差距到融合发展：城乡义务教育一体化的现实与思考 [J]. 教育经济评论，2023，8（06）：57–74.

[228] 郑蓉，姚天红，童梅玲 . 医教结合促进儿童早期发展 [J]. 早期儿童发展，2023（03）：50–55.

[229] 中国儿童中心课题组 . 新时代儿童事业发展开启新征程——2021 年中国儿童发展现状、问题与展望 [J]. 中国校外教育，2022（05）：15–27.

[230] 中国疾病预防控制中心 . 中国儿童青少年伤害流行状况回顾报告 [M]. 北京：人民卫生出版社，2018.

[231] 中国初级卫生保健基金会儿科专家委员会，中国医药教育协会儿科专业委员会，中国研究型医院学会儿科学专业委员会，等 . 儿童医院和妇幼保健院发热门诊运营情况调查 [J]. 中华实用儿科临床杂志，2023（12）：921–926.

[232] 钟登华 . 深入推进教育信息化 2.0 发展更加公平更有质量的教育 [J]. 中国教育信息化，2019（11）：1–7.

[233] 钟芳芳，朱小蔓 . 重构爱的联结：乡村教师对留守儿童家庭的情感教育支持 [J]. 教育理论与实践，2017，37（04）：43–47.

[234] 周国霞，曹艳 . 外来务工人员子女膳食营养状况调查分析——以昆明市中学生为例 [J]. 昆明学院学报，2014（03）：116–118.

[235] 周文，赵方，杨飞，等 . 土地流转、户籍制度改革与中国城市化：理论与模拟 [J]. 经济研究，2017，52（06）：183–197.

[236] 周乐泓，黄兴文．有流动经历大学生心理健康影响因素的关系研究 [J]. 黑河学刊，2020（02）：122–125.

[237] 周凯．有童年期留守经历的中学生心理健康、心理弹性与主观幸福感的关系研究 [D]. 曲阜师范大学，2011.

[238] 朱斌，王元超．流动的红利：儿童流动状况与学业成就研究 [J]. 人口与发展，2019，25（06）：38–51+95.

[239] Abdel–Rahman，H. M.，Anas，A. Theories of systems of cities. In handbook of regional and urban economics[J]. Elsevier. 2004（04）：2293–2339.

[240] Anna Têhlová．Hop，Skip And Make：Creating Child–Friendly Environment In Dandora. In Rosa Danenberg，Vivian Doumpa & Hans Karssenberg（Eds.），The city at eye level for kids[J]. Rotterdam：Stipo Publishing.2018，63–67.

[241] Barrett N.，Toma E. F.. Reward or punishment? Class size and teacher quality[J]. Economics of education review. 2013，35：41–52.

[242] Best P.，Manktelow R.，Taylor B.. Online communication，social media and adolescent wellbeing：A systematic narrative review[J]. Child. Youth Serv. Rev. 2014，41：27 – 36.

[243] Boers E.，Afzali M. H.，Newton N.，et al.. Association of screen time and depression in adolescence[J]. Jama pediatrics，2019，173（09）：853–859.

[244] Bowne J. B.，Magnuson K. A.，Schindler H. S.，et al.. A meta–analysis of class sizes and ratios in early childhood education programs：Are thresholds of quality associated with greater impacts on cognitive，achievement，and socioemotional outcomes?[J]. Educational Evaluation and Policy Analysis，2017，39（03）：407–428.

[245] Blanden J.. Cross–country Rankings in Intergenerational Mobility：A Comparison of Approaches from Economics and Sociology[J]. Journal of Economic Surveys，2013，27（01）：38–73.

[246] Caroline Brown，Ariane de Lannoy，Deborah McCracken，et al.. Special issue：child–friendly cities[J]. Cities & Health，2019（03）.

[247] Christian，HayleyZubrick，Stephen R.Foster，et al.. The influence of the neighborhood physical environment on early child health and development：a review and call for research[J]. Health & place，2015（33）.

[248] Clifton–Sprigg J. M.. Out of sight，out of mind? The education outcomes of children with parents working abroad[J]. Oxford economic papers，2019，71（01）：73–94.

[249] Cooper C. E.，McLanahan S. S.，Meadows S. O.，et al. Family structure transitions and maternal parenting stress[J]. Journal of Marriage and Family，2009，71（03）：558–574.

[250] Dyer C.，Rajan V.. Left behind? Internally migrating children and the ontological crisis of formal education systems in South Asia[J]. Compare：A Journal of Comparative and International Education，2023，53（02），287–304.

[251] Doyle L.，Treacy M. P.，Sheridan A.. Self - harm in young people：Prevalence，associated factors，and help - seeking in school–going adolescents[J]. International journal of mental health nursing，2015，24（06）：485–494.

[252] Dunton G. F.，Kawabata K.，Intille S.，et al. Assessing the social and physical contexts of children' s leisure–time physical activity：an ecological momentary assessment study[J]. American Journal of Health Promotion，2012，26（03）：135–142.

[253] Emmers D.，Jiang Q.，Xue H.，et al. Early childhood development and parental training interventions in rural China：a systematic review and meta–analysis[J]. Bmj Global Health，2021，6（08）：e005578.

[254] Evans G. W.，Lercher P.，Kofler W. W.. Crowding and children' s mental health：the role of house type[J]. Journal of

environmental psychology, 2002, 22 (03), 221–231.

[255] Eliana Riggio. Child friendly cities: good governance in the best interests of the child[J]. Environment & Urbanization, 2002 (14) .

[256] Fauman, Michael A.. Cyber bullying: Bullying in the digital age[J]. American Journal of Psychiatry, 2008, 165 (06): 780–781.

[257] Fang Nan. Policy innovation on building child friendly cities in China: Evidence from four Chinese cities[J]. Children and Youth Service Review, 2020 (118) .

[258] Finn J. D., Pannozzo G. M., Achilles C. M.. The "why' s" of class size: Student behavior in small classes[J]. Review of educational research, 2003, 73 (03): 321–368.

[259] Flouri E., Midouhas E., Joshi H.. The role of urban neighbourhood green space in children' s emotional and behavioural resilience[J]. Journal of environmental psychology, 2014, 40: 179–186.

[260] Fomby P., Cherlin A. J.. Family instability and child well–being[J]. American sociological review, 2007, 72 (02): 181–204.

[261] Geron T.. Ethical Decision–Making in the "Crowded Classroom" [J]. Harvard Educational Review, 2023, 93 (03) 342–365.

[262] Hanushek E. A.. The economics of schooling: Production and efficiency in public schools[J]. Journal of economic literature, 1986, 24 (03), 1141–1177.

[263] Han W. J., Timothy W., Xupeng M.. One Roof, Three Generations: Grandparental Co–residence and Child Outcomes in China.[J].Family process, 2019, 59 (03): 1144–1160.

[264] Moreno Megan A., Whitehill Jennifer M.. Influence of Social Media on Alcohol Use in Adolescents and Young Adults[J]. Alcohol research : current reviews, 2014, 36 (01): 91–100.

[265] Howard Sharp K. M., Fisher R. S., Clark O. E., et al. Long–term trajectories of depression symptoms in mothers of children with cancer[J]. Health Psychology, 2020, 39 (02): 89.

[266] Heckman James, Jora Stixrud, Sergio Urzua. The Effects of Cognitive and Noncognitive Abilities on Labor Market Outcomes and Social Behavior[J]. Journal of Labor Economics, 2006 (24): 411–482.

[267] Heckman James, Rubinstein Yona. The Importance of Non–Cognitive Skills: Lessons from the GED Testing Program[J]. American Economic Review 91, 2001 (02) .

[268] Jakupec V., Meier B.. Economic edifice, urbanisation and rural education in developing countries[R]. 2015.

[269] Kleven H., Landais C., Posch J., et al.. Child Penalties across Countries: Evidence and Explanations[J].AEA Papers and Proceedings, 2019, 109: 122–126.

[270] Konrath S.. The empathy paradox: Increasing disconnection in the age of increasing connection[M]//Handbook of research on technoself: Identity in a technological society. IGI Global, 2013: 204–228.

[271] Lisa Cameron, Xin Meng, Dandan Zhang. "Does being 'left – behind' in childhood lead to criminality in adulthood? Evidence from data on rural–urban migrants and prison inmates in China" [J]. Journal of Economic Behavior and Organization, 2022, 202: 675–693.

［272］Lu M.，Wan G.. Urbanization and urban systems in the People’s Republic of China：research findings and policy recommendations[J]. China’s Economy：A Collection of Surveys，2015：83–98.

［273］Malone K.. The bubble - wrap generation：children growing up in walled gardens[J]. Environmental Education Research，2007，13（04）：513–527.

［274］Meadows S. O.，McLanahan S. S.，Brooks–Gunn J.. Stability and change in family structure and maternal health trajectories[J]. American sociological review，2008，73（02）：314–334.

［275］Moreno M. A.，Cox E. D.，Young H. N.，et al. Underage college students’ alcohol displays on Facebook and real–time alcohol behaviors[J]. Journal of Adolescent Health，2015，56（06）：646–651.

［276］Mustillo S.，Li M.，Wang W.. Parent work - to - family conflict and child psychological well - being：Moderating role of grandparent coresidence[J]. Journal of Marriage and Family. 2021，83（01）：27–39.

［277］Nie N. H.，Hillygus D. S.，Erbring L.. Internet use，interpersonal relations，and sociability：A time diary study[J]. The Internet in everyday life，2002（36）：213–243.

［278］Osborne C，McLanahan S.. Partnership instability and child well-being[J]. Journal of Marriage and Family，2007，69（04）：1065–1083.

［279］Peters K.. Being together in urban parks：Connecting public space，leisure，and diversity[J]. Leisure Sciences，2010，32（05）：418–433.

［280］Rauch J. E.. Comparative advantage，geographic advantage and the volume of trade[J]. The Economic Journal，1991，101（408），1230–1244.

［281］Shensa A.，Sidani J. E.，Escobar–Viera C. G.，et al.. Emotional support from social media and face–to–face relationships：Associations with depression risk among young adults[J]. Journal of affective disorders，2020，260：38–44.

［282］Simon R. W.. Revisiting the relationships among gender，marital status，and mental health[J]. American journal of sociology，2002，107（04）：1065–1096.

［283］Sperlich S.，Arnhold–Kerri S.，Geyer S.. What accounts for depressive symptoms among mothers? The impact of socioeconomic status，family structure and psychosocial stress[J]. International journal of public health，2011，56（04）：385.

［284］Schmeer K.. Father absence due to migration and child illness in rural Mexico[J].Social Science & Medicine，2009（08）：1281–1286.

［285］Twenge J. M.，Campbell W. K.. Associations between screen time and lower psychological well–being among children and adolescents：Evidence from a population–based study[J]. Preventive medicine reports，2018，12：271–283.

［286］Van der Burgt D.，Gustafson K.. “Doing Time” and” Creating Space”：A Case Study of Outdoor Play and Institutionalized Leisure in an Urban Family[J]. Children，Youth and Environments，2013，23（03）：24–42.

［287］Wen G. J.，Xiong J.. The Hukou and land tenure systems as two middle income traps—the case of modern China[J]. Frontiers of Economics in China，2014，9（03），438–459.

［288］World Health Organization，United Nations Children’s Fund，World Bank Group. Nurturing Care for Early Childhood Development：A Framework for Helping Children Survive and Thrive to Transform Health and Human Potential，WHO，

Geneva[R]. 2018.

[289] Zhang Y., Mavoa S., Zhao J., et al.. The association between green space and adolescents' mental well-being: a systematic review[J]. International journal of environmental research and public health, 2020, 17 (18): 6640.

[290] Zhou S., Cheung M.. Hukou system effects on migrant children' s education in China: Learning from past disparities[J]. International social work, 2017, 60 (06): 1327-1342.

本书背景报告

背景报告名称	报告作者
《新型城镇化背景下受人口流动影响儿童的发展状况与挑战》	段成荣、梅自颖
《人口变迁与学前教育资源优化配置》	张守礼
《新型城镇化背景下儿童早期照护服务现状、挑战及建议》	张悦、赵凤华
《新型城镇化下职业教育改革和发展》	孙诚、吕华
《新型城镇化进程中儿童的营养问题及对策》	霍军生
《新型城镇化背景下的中国儿童健康》	肖月
《教育政策对流动和留守儿童心理健康的影响》	陈祉妍、方圆
《城乡儿童数字鸿沟与信息化教育》	李玉顺
《新型城镇化背景下的儿童福利与保护制度体系建设》	王振耀
《流动儿童保护法律制度研究》	佟丽华、王羽
《流动儿童教育财政政策改革研究》	张绘
《儿童友好城市倡议及良好实践》	张本波
《流动儿童早期发展状况及政策建议》	杜智鑫、李奇文、李雨童、何伟